Markus Beile

ERNEUERN
ODER
UNTERGEHEN

Evangelische Kirchen
vor der Entscheidung

»Nach zwanzig Jahrhunderten haben sich so viele Anschauungen geändert, dass wir religiös in eine andere Haut schlüpfen müssen. Die Formeln haben sich verengt und verhärtet: Sie behindern uns und erregen uns nicht mehr. Um weiter zu leben, müssen wir uns häuten.«*

Teilhard de Chardin

* Teilhard de Chardin, Mein Glaube, 1934, S. 114

INHALT

VORWORT

Vor einiger Zeit fuhr ich mit der Bahn zu einem dienstlichen Termin. Der Zug war nur spärlich gefüllt. Nach einer Weile kam eine junge Frau ins Abteil und setzte sich mir gegenüber. Wir kamen miteinander ins Gespräch, begannen mit freundlichen Eingangsfloskeln, hielten uns dann eine Weile bei politischen Themen auf und landeten schließlich bei grundsätzlichen Lebensfragen. Immer wieder stellten wir fest, dass wir in vielerlei Hinsicht auf einer Wellenlänge lagen. Irgendwann fragte sie mich nach meinem Beruf. Ihr irritierter Blick machte offenkundig, dass sie mit der Antwort, dass ich Pfarrer sei, nicht gerechnet hatte. Sie hatte mich wohl für einen modernen, vernünftigen Menschen gehalten ... Die Verstörung, die ich durch meine Antwort hervorgerufen hatte, führte dazu, dass unsere Unterhaltung unversehens ins Stocken und dann ziemlich rasch an ihr Ende kam.

Dieses Erlebnis ist kein Einzelfall. Mir ist es schon öfter begegnet, dass ich mit interessanten Leuten ins Gespräch komme, die dann, wenn ich meinen Beruf nenne, merklich von mir abrücken. Kirche ist in den Augen dieser Gesprächspartner eine vergangene, verblichene Institution, die mit ihrem Lebensgefühl und ihren Lebensfragen nichts zu tun hat. Die nicht in die moderne Zeit passt.

Dass viele Menschen heute diese Sichtweise teilen, spiegelt sich in den hohen Austrittszahlen, die die katholische wie auch die evangelische Kirche in den westlichen Industriegesellschaften Europas schmerzhaft trifft.

Haben die evangelischen Kirchen überhaupt noch eine Zukunft? Die harte Entscheidung, vor der die evangelischen Landeskirchen in Deutschland und der Schweiz, den Stammländern der Reformation, stehen (und um sie geht es mir, wenn ich verallgemeinernd von der evangelischen oder protestantischen Kirche bzw. dem Protestantismus spreche), heißt meines Erachtens: erneuern oder untergehen. Wenn wir so weitermachen wie bisher, wird es uns bald nicht mehr geben. Um eine reelle Überlebenschance zu haben, braucht es eine tiefgreifende Reform und nicht nur ein paar Schönheitsreparaturen. Aus unserer Entstehungsgeschichte wissen wir eigentlich, wie wichtig es ist, eingeschliffene Gewohnheiten und Sichtweisen radikal infrage zu stellen. Aber dieses Wissen scheint uns verloren gegangen zu sein.

Die Zeit drängt. In zwanzig, dreißig Jahren wird es für einen fundamentalen Erneuerungsprozess zu spät sein. Welche Veränderungen ich mir als aufgeklärter, postmoderner Theologe[1] dabei vorstelle, darum soll es in diesem Buch gehen.

Es besteht aus drei Teilen: Im ersten, eher kurzen Teil stelle ich die dramatische Lage dar, in der sich der Protestantismus in Deutschland und der deutschsprachigen Schweiz befindet. Wenn Ihnen diese bereits zur Genüge vertraut ist, können Sie direkt zum zweiten Teil des Buches übergehen.

In diesem, dem Hauptteil des Buches, formuliere ich in einer These, worin meiner Meinung nach die Zukunftsfähigkeit des Protestantismus besteht. Ich skizziere zwölf Merkmale einer zukunftsfähigen Kirche und leite daraus die aus meiner Sicht notwendigen Maßnahmen ab. Vielleicht schmecken Ihnen meine – durchaus weitreichenden – Vorschläge nicht und Sie sehen die Lösung der Probleme in einer ganz anderen Richtung. Dann lassen Sie uns darüber ins Gespräch kommen! Denn das ist meine eigentliche Absicht: mit meinen Überlegungen einen längst überfälligen Diskussionsprozess anzustoßen.

Im dritten und letzten Teil präsentiere ich in einer visionären Skizze, wie ich mir eine zeitgemäße protestantische Kirche konkret vorstelle. Wer wissen will, in welche Richtung meine Überlegungen gehen, dem sei empfohlen, diesen Teil zuerst zu lesen und anschließend zu verfolgen, wie ich zu dieser Sicht einer Kirche der Zukunft komme.

Noch ein paar lesetechnische Hinweise:

Sie werden merken, dass sich manche Kapitel bzw. Passagen des Buches leicht lesen lassen, andere hingegen etwas komplizierter sind. Ich hoffe, Sie kommen damit gut zurecht und empfinden den Wechsel sogar als willkommene Abwechslung.

Außerdem werden Sie feststellen, dass ich manche Themen im Verlauf des Buches wiederholt aufgreife. Das geschieht in voller Absicht. Mir geht es darum, aus unterschiedlichen Perspektiven einen Blick auf die zentralen Herausforderungen des Christentums zu werfen. Der Philosoph Ludwig Wittgenstein schreibt in der Einleitung zu seinen »Philosophische Untersuchungen« von der Natur der Untersuchung, die dazu zwingt, »ein weites Gedankengebiet, kreuz und quer, nach allen Richtungen hin zu durchreisen«[2]. Eine ähnliche Anlage der Überlegungen erwartet Sie auf den nächsten 320 Seiten.

Die zahlreichen Anmerkungen dienen nicht nur dazu, die aufgeführten Zitate zu belegen, sondern enthalten auch ergänzende Gedanken bzw. zeichnen meine Überlegungen ein in das Geflecht wissenschaftlicher Überlegungen und Ansätze. Das Buch lässt sich jedoch ohne Weiteres – und entspannter – unabhängig von den Anmerkungen lesen.

Sie werden in dem Buch deutlich konturierte Positionen und klare Abgrenzungen vorfinden. Diese sind schärfer und eindeutiger formuliert, als ich eigentlich denke. Für Sie als Lesende macht es die Lektüre jedoch einfacher – und mich angreifbarer.

Ich wünsche Ihnen eine anregende Lektüre,

Ihr Markus Beile

I.

DIE SITUATION
DES
PROTESTANTISMUS

GESELLSCHAFTLICHE VERÄNDERUNGEN

Vor Kurzem war ich wieder einmal in der Stadt, in der ich vor mehr als 35 Jahren mein Abitur gemacht habe. Als ich durch die Gassen der Altstadt schlenderte, kam mir alles so vertraut vor, als ob ich nie weggewesen wäre. Der Marktplatz, die Gasthäuser, die Treppe hinauf zur Burg: Alles war wie früher. Selbst die Bäckerei, in der wir regelmäßig eingekauft haben, gab es noch. Die Häuser der Altstadt werden wie damals vom Turm der evangelischen Stadtkirche überragt. Im Großen und Ganzen, so schien es mir für einen Moment, hat sich nichts verändert.

Doch dieser Eindruck trügt! Auch wenn äußerlich vieles an die Zeit von damals erinnert: Die Welt ist eine andere geworden. Die gesellschaftlichen Veränderungen der letzten Jahrzehnte sind tiefgreifend und wirken zurück auf das Selbst- und Wirklichkeitsverständnis jedes Einzelnen – auch wenn dies nicht allen gleichermaßen bewusst ist. In den größeren Städten sind die gesellschaftlichen Veränderungen unübersehbar. Aber auch auf dem Land machen sie sich bemerkbar, wenngleich vielleicht erst auf den zweiten Blick. Schlagwortartig lassen sich die gesellschaftlichen Entwicklungen der letzten Jahrzehnte folgendermaßen benennen:

PLURALISIERUNG

Unsere Gesellschaft ist in vielerlei Hinsicht plural geworden.

Sie ist gekennzeichnet durch eine Vielfalt von Weltsichten.[1] Das war früher anders. Im Mittelalter hatte – zumindest offiziell – die Kirche die Deutungshoheit für alle wichtigen Lebensbereiche. Dieses Monopol ist im Lauf der Zeit verloren gegangen; das Zeitalter der Aufklärung spielte dabei eine wichtige emanzipatorische Rolle.

Die vielen verschiedenen Weltsichten, die die europäische Gesellschaft heute prägen, haben unterschiedlichen Charakter und sind in sich vieldimensional. Es gibt die naturwissenschaftliche Weltsicht, die marktwirtschaftliche Weltsicht, die Weltsichten der Kunst und Poesie, politisch-gesellschaftliche Weltsichten (Demokratie, Marxismus u. a.), religiöse Weltsichten (Christentum, Buddhismus, Esoterik usw.) und viele weitere. Alle haben sie einen Wahrheitsanspruch, jede auf ihre Weise. Es liegt am Einzelnen, ihnen einen Wahrheitswert zuzumessen – oder auch nicht. Während einige dieser Weltsichten, vor allem die naturwissenschaftliche, die marktwirtschaftliche und mit Einschränkungen auch die demokratische Weltsicht, in ihrer Geltung weithin unumstritten sind und die spätmoderne Gesellschaft entsprechend prägen, gelten andere Weltsichten aus Sicht der Mehrheit als optional beziehungsweise sind in ihrem Wahrheitsanspruch angefochten.

Auch Werte und Lebenseinstellungen haben sich pluralisiert. Das früher dominante Familienmodell, bestehend aus Vater, Mutter und (zwei) Kindern – um ein Beispiel zu nennen –, wurde abgelöst von einer Vielzahl von Lebensformen: Es gibt immer mehr Singles und Patchworkfamilien und gleichgeschlechtliche Lebensformen sind gesellschaftlich anerkannt.

Die Pluralisierung zeigt sich auch in der zunehmenden Multikulturalität unserer Gesellschaft: Über zehn Millionen Menschen mit Migrationshintergrund leben in Deutschland – so viele wie nie zuvor.

TECHNISIERUNG

Die rasante technische Entwicklung der letzten Jahrzehnte bestimmt unser Leben immer mehr. Waren noch vor 30 Jahren Telefon, Fernsehen und Radio die vertrauten Kommunikationsmittel, so ergibt sich heutzutage eine völlig neue Situation: Internet und Smartphone ermöglichen es, überall und jederzeit erreichbar zu sein und auf alle aktuellen Informationen zurückgreifen zu können. Medien informieren jedoch nicht nur, sie unterhalten, dienen der Kommunikation und eröffnen virtuelle Welten. Die Nutzung der Medien nimmt beständig zu. Ihre Rolle ist kaum zu überschätzen: Sie vermitteln uns immer mehr das, was wir »Welt« nennen, und filtern bzw. strukturieren unsere Erfahrungen (dies kommt nicht zuletzt in der Diskussion um »Fake News« zum Ausdruck).

Welche Entwicklungen aufgrund einer fortschreitenden Automatisierung und Digitalisierung noch auf uns zukommen, lässt sich kaum absehen. In der Industrie zeichnet sich eine fortschreitende Digitalisierung der Fertigungstechnik ab (»Industrie 4.0«). Die allgemeine wirtschaftliche Entwicklung liegt zunehmend in der Hand weniger digitaler Großkonzerne (Google, Amazon, Apple, Facebook). Derzeit wird die Gefahr einer universalen Überwachung heftig diskutiert. Zusätzlich rückt das Thema »Künstliche Intelligenz« in den Fokus. Möglicherweise steht uns auch eine »Datenreligion« bevor, die die komplette Wirklichkeit nach algorithmischen Maßstäben bewertet und eine hohe Eigendynamik gewinnt.[2]

GLOBALISIERUNG

Noch vor 30 Jahren waren Politik und Wirtschaft in erster Linie national orientiert. Dies hat sich in den letzten Jahrzehnten massiv verändert. Die internationalen Verflechtungen nehmen in allen Lebensbereichen zu. Damit steigt der ökonomische Druck. Die Leistungskraft der nationalen Wirtschaft muss sich auf dem Weltmarkt beweisen.

Auch in unserer Wahrnehmung ist die Welt ein globales Dorf geworden. Ob ein Regierungswechsel in den USA ansteht, ein Taifun über die Philippinen zieht oder ein afrikanisches Land ins politische Chaos gerät: Zu jeder Stunde bringen uns die Nachrichten auf den neuesten Stand, und wer will, kann sich jederzeit im Internet oder auf Fernsehkanälen informieren, die rund um die Uhr Nachrichten aus aller Welt senden.

ÖKONOMISIERUNG

Bestimmender Faktor unserer Gesellschaft ist der omnipräsente Markt: Bezog sich dieser früher auf den engeren Bereich von Gütern und Waren, so dringt er in heutiger Zeit in alle Bereiche der Gesellschaft (Medizin, Medien, Kunst, Familie, Politik, Recht, Bildung, Wissenschaft) vor. Der Patient wird zum Kunden. Moderne Kunst wird als Geldanlage betrachtet, dabei werden irre Summen ausgegeben. Die öffentlich subventionierte Kultur steht hingegen unter einem immer größeren Rechtfertigungsdruck. Das ökonomische Prinzip des »Immer mehr« wirkt sich auch auf Arbeit und Freizeit der Einzelnen aus. Selbst die Partnerwahl wird vermehrt unter dem Gesichtspunkt einer Investition mit erwartbarer Rendite betrachtet. Das wirtschaftliche System hinter all diesen

Phänomenen ist der Kapitalismus, der sich inzwischen auch in den kommunistischen und ehemals kommunistischen Ländern durchgesetzt hat.

VERSCHÄRFTE POLITISCH-GESELLSCHAFTLICHE KONFLIKTLAGEN

Die Globalisierung und Ökonomisierung der Welt hat politisch-gesellschaftliche Entwicklungen zur Folge, die in ihrer Schärfe und Dramatik vor 30 Jahren kaum absehbar gewesen sind. Der Raubbau an der Natur hat massive Konsequenzen, was sich vor allem im Klimawandel deutlich dokumentiert. Die Schere zwischen arm und reich klafft immer weiter auseinander – nicht nur global, sondern auch innerhalb der Industrieländer. Kriege gehören wieder zur Tagesordnung, selbst in Europa. Dabei spielen die Religionen häufig eine problematische Rolle. Kriege, die Folgen des Klimawandels und Armut führen zu großen Migrationsbewegungen Richtung Europa.

FLEXIBILISIERUNG

Organisationen und Personen müssen sich einer sich rasch verändernden Welt immer wieder neu anpassen. Das bedeutet für das Management von Wirtschaftsunternehmen eine stete Herausforderung. Leiharbeit und Zeitverträge tragen dieser Entwicklung Rechnung, projektbezogenes Arbeiten ist gefordert. Von Arbeitnehmern wird Flexibilität hinsichtlich der Arbeitszeit und des Arbeitsortes sowie permanente Erreichbarkeit erwartet. Lebenslanges Lernen ist selbstverständlicher Bestandteil einer Berufsbiografie. Menschen sind kaum mehr ein ganzes Leben bei einer Firma angestellt. Das bringt häufige Umzüge mit sich – und die Notwendigkeit, sich immer wieder neu einzuleben.

VERMINDERTE POLARITÄT

Die Freizeitbereich übernimmt die Rolle einer Art Gegenwelt zur Arbeit, die das Leben Berufstätiger immer mehr bestimmt. Ausspannen oder aktive Freizeitgestaltung, allein oder mit der Familie bzw. Freunden, in virtuellen Welten unterwegs sein, einkaufen gehen oder Events besuchen: Es gibt unendlich viele Möglichkeiten, den Feierabend, das Wochenende oder den Urlaub zu nutzen. Der Wunsch, etwas Besonderes zu erleben, ist ausgeprägt. Entsprechend steigen die Anforderungen an das Freizeitangebot: Man ist bereit, viel Geld auszugeben und weite Entfernungen zurückzulegen, erwartet im Gegenzug aber auch ein entsprechendes Erlebnis.

Während die einen versuchen, ihre Freizeit hermetisch gegenüber der Arbeit abzuschotten, lassen die anderen – und ihre Anzahl steigt beständig – bewusst zu, dass die Arbeit immer mehr in ihre Freizeit eingreift.

GESTEIGERTE MOBILITÄT

Mobilität ist eine Grundsignatur unserer Gesellschaft. Die tägliche Fahrt zum Arbeitsplatz und zurück, die für manche mehrere Stunden dauert, die Fahrten, die man in der Freizeit zurücklegt: All das ist zeitintensiv. Statistisch gesehen, verbringt ein deutscher Bürger durchschnittlich rund zweieinhalb Jahre seines Lebens im Auto.

INDIVIDUALISIERUNG

In der unendlichen Vielzahl von Weltsichten, Arbeitsbe-
reichen und Freizeitaktivitäten muss jeder seinen individuellen Weg finden. Vorgaben gibt es immer weniger,
Handlungsoptionen immer mehr.

War die Lebenswelt früher geprägt durch klar bestimm-
bare soziale Gruppierungen (ständische Gesellschaft), ist
sie in den letzten Jahrzehnten immer unübersichtlicher
geworden. Ähnlichkeiten anhand von Wertorientierun-
gen, Lebenszielen und Lebensweisen bzw. -stilen werden
mithilfe des Milieubegriffs gekennzeichnet.

INSZENIERUNG

Reichte es früher, für ein Dorf- oder Stadtteilfest ein paar
Bänke sowie Essen und Getränke bereitzustellen oder
ein Lokal für eine private Hochzeitsfeier zu reservieren,
so genügt das heute den Erwartungen kaum mehr. Anlässe und Feste werden heute mit zum Teil erheblichem
Aufwand inszeniert. Im professionellen Bereich hat sich
der Berufszweig des Eventmanagements etabliert und
Maßstäbe gesetzt, an dem sich auch nichtprofessionelle
Festausrichtende orientieren (müssen). Die Bewerbung
und Gestaltung eines Anlasses ist dadurch eine zeitauf-
wändige und kostspielige Angelegenheit geworden.

Neben der Inszenierung von Festen und anderen Anlässen spielt auch die Selbstinszenierung eine wichtige
Rolle. Wie ich mein Äußeres gestalte, wie ich mich gebe
und darstelle – darin bin ich erkennbar und danach sollen
die anderen mich beurteilen. Diese Selbstinszenierung
findet vor allem auch im Internet statt. Dabei wird vermehrt mit verschiedenen Identitäten experimentiert.

DAS CHRISTENTUM IN DER HEUTIGEN GESELLSCHAFT

Ich habe ein paar Faktoren zusammengetragen, die unsere Gesellschaft heute prägen. Welche Rolle spielt nun das Christentum in ihr, das noch im Mittelalter in Mitteleuropa die alleinige Deutungshoheit innehatte?

In dem Ort, an dem ich einst Abitur gemacht habe, überragt, äußerlich gesehen, die Stadtkirche weiterhin die Häuser der Altstadt. Aber der äußere Eindruck trügt. Nur wenige, vor allem ältere Menschen nehmen noch aktiv am kirchlichen Leben teil. Und das ist nicht nur in dieser Kleinstadt so, sondern eher der Normalfall. Das Christentum in Deutschland und der Schweiz verliert überall an Boden. Die folgenden Wahrnehmungen sind eine beispielhafte Auswahl aus den vielen Beobachtungen, die ich mache:

- Gehe ich in eine größere, gut sortierte Buchhandlung, finde ich kaum noch christliche Literatur. Wenn ich fündig werden möchte, muss ich meist in den Regalen unter den Rubriken »Esoterik« oder »Ratgeber« schauen. Am ehesten verkaufen sich noch die Bücher, die die Kirchen und den christlichen Glauben kritisch betrachten.
- Vermehrt werden am Sonntagvormittag sportliche Aktivitäten durchgeführt und kulturelle Veranstaltungen platziert. Verkaufsoffene Sonntage nehmen überall zu.
- Lese ich die Todesanzeigen in der Zeitung, finde ich darin – anders als früher – kaum noch einen Bibelvers. Stattdessen werden Sinnsprüche verwendet, die zum Ausdruck bringen, dass man den Toten schmerzlich vermisst und er in den Herzen der Angehörigen weiterlebt.

- Als ich – mitten im Advent – in der Stadtkirche meiner Heimatstadt am Sonntagsgottesdienst teilnahm, waren außer mir gerade noch weitere 21 (!) Menschen anwesend, außer mir alle jenseits der Siebzig. Früher war die Kirche regelmäßig gut gefüllt.
- Viele Kinder in meinem Religionsunterricht kennen Geschichten aus der Bibel nicht mehr, die früher kulturelles Allgemeingut waren. Vor Kurzem fragte ein Mädchen, was »Beten« sei. Sie hatte keine Vorstellung, was man darunter versteht.

Dieser Reigen an persönlichen Eindrücken wird von handfesten Zahlen und prominenten Äußerungen unterfüttert:

- Jedes Jahr treten in Deutschland durchschnittlich mehr als eine Viertelmillion Menschen aus den beiden Großkirchen aus (und im Verhältnis dazu sehr wenige ein).
- Der traditionelle konfessionelle Religionsunterricht an staatlichen Schulen wird gesellschaftlich immer mehr hinterfragt. Viele Schülerinnen und Schüler wechseln in das alternativ angebotene Fach »Ethik«.
- Durchschnittlich 3,7 Prozent der evangelischen Kirchenmitglieder Deutschlands nehmen an einem normalen Sonntagsgottesdienst teil. Anders gesprochen: 96,3 Prozent der evangelischen Kirchenmitglieder (nicht der Bundesbürger insgesamt!) nehmen an einem normalen Sonntagsgottesdienst *nicht* teil.
- Wolfgang Huber, ehemaliger oberster Repräsentant der evangelischen Kirche in Deutschland, spricht davon, dass wir »es in vielen Hinsichten mit einem weittragenden Traditionsabbruch zu tun (haben). Dieser Traditionsabbruch betrifft in besonderer Weise die beiden bislang dominierenden christlichen Kirchen, die evangelische noch immer mehr als die katholische.«[1]

Das folgende Foto bringt den Relevanzverlust des Christentums bildlich zum Ausdruck:

Foto: New York, Wallstreet, Trinity Church, © Kamira – shutterstock.com

Die Häuser rechts und links der Straße sind der Kirche buchstäblich über den Kopf gewachsen und zwängen sie von allen Seiten ein. Sie wirkt wie ein Relikt aus einer vergangenen Welt. Man muss schon genau hinschauen, um sie nicht zu übersehen.

Wie ist es dazu gekommen? Was hat dazu geführt, dass die Kirchen im zentralen Europa einen solch massiven Bedeutungsverlust erlitten haben und weiter erleiden?

DER BEDEUTUNGSVERLUST
DES CHRISTENTUMS IM LAUFE
DER LETZTEN JAHRZEHNTE

Im Jahr 2014 wurden unter dem Titel »Religion und Spiritualität in der Ich-Gesellschaft« die Ergebnisse einer großangelegten empirischen Untersuchung zur Religiosität in der Schweiz publiziert.[1] Sie war ein Gemeinschaftsprojekt einer Lausanner und St. Galler Forschungsgruppe und ist die dritte eidgenössische Studie ihrer Art.

Der Auswertungsband stellt nicht nur die Ergebnisse der Untersuchung vor, sondern zeichnet auch die Entwicklung des Christentums in den letzten 50 Jahren nach. Die Verfasser sind sich der spezifischen regionalen Situation ihres Untersuchungsbereichs durchaus bewusst. Sie sind jedoch aufgrund des Vergleichs mit der internationalen Literatur der Auffassung, dass »zumindest die allgemeinen Mechanismen, die wir beschreiben, durchaus für die meisten westeuropäischen Gesellschaften verallgemeinert werden können«[2].

Folgende Faktoren spielen ihrer Meinung nach bei der Entwicklung des Christentums seit dem 19. Jahrhundert eine wichtige Rolle[3]:

DAS CHRISTENTUM IN DER
INDUSTRIELLEN GESELLSCHAFT
(19. BIS MITTE DES 20. JAHRHUNDERT)

In der industriellen Gesellschaft kam es unter den maßgebenden politischen und gesellschaftlichen Gruppen, zu denen auch die Kirchen gehörten, zu verschiedenen

Konflikten um Macht, Einfluss und Deutungshoheit.[4] Dabei verloren die Kirchen ständig Funktionen und wurden innerlich geschwächt. Dieser Niedergang wurde allerdings nicht oder nur zum Teil gesellschaftlich bewusst. Die Menschen lebten bis zum Ende der 1950er-Jahre in der Vorstellung, eine christliche Gesellschaft zu sein.[5]

Die Zeit der industriellen Gesellschaft wird in den Erzählungen der älteren Befragten in der empirischen Untersuchung lebendig: Noch in den 1950er-Jahren gab es eine stark normierte religiöse Praxis. Taufen, Hochzeiten und Beerdigungen waren selbstverständlich, Mess- und Gottesdienstbesuch waren insbesondere in katholischen Gegenden sozial erwartet. Religiöse Erziehung erschien notwendig und wurde notfalls mit Zwang durchgeführt. Ehepartner/innen wurden vor allem in der eigenen Konfessionsgruppe gesucht; gemischt-konfessionelle Heiraten waren ungern gesehen. Die bürgerlichen Geschlechterrollen waren religiös legitimiert, den Frauen wurde eine religiöse Praxis nahegelegt. Zugleich hielten die Männer weiterhin alle wichtigen Ämter in der Kirche besetzt.

DAS CHRISTENTUM IM ÜBERGANG ZUR ICH-GESELLSCHAFT (AB MITTE DES 20. JAHRHUNDERTS)

Mit den 1950er-Jahren vollzieht sich ein allmählicher Übergang von der industriellen Gesellschaft hin zur Ich-Gesellschaft. Das sogenannte »Wirtschaftswunder« erhöhte den Lebensstandard der Bevölkerung deutlich. Dies weitete die säkularen Optionen der Menschen extrem aus und setzte die Angebote der Kirchen unter Druck. Trotzdem blieben vorläufig die bürgerlichen

Geschlechterrollen, die Pflicht- und Akzeptanzwerte wie auch die Religiosität und der Konfessionalismus zumindest oberflächlich bestehen.

In den 1960er-Jahren kam es in fast allen westlichen Ländern zu einer kulturellen Revolution, die als Generationenkonflikt begann: Junge Menschen lehnten sich gegen die Älteren und deren – aus Sicht der Jüngeren – veraltete, spießige und langweilige Lebens- und Wertvorstellungen auf. Dabei griffen die Jugendlichen und jungen Erwachsenen auch die Kirchen an.

In der Folge setzte sich allmählich die Ich-Gesellschaft durch. Immer stärker galten Religion und Konfession als private und optionale Identitätsmerkmale, das Christentum wurde mehr und mehr als nur eine Religion unter anderen betrachtet. Da religiöse Praxis nicht mehr sozial erwartet wurde, sahen sich die religiösen Angebote in den Bereich der Freizeit gedrängt, wo sie in Konkurrenz zu anderen Formen von »Freizeitbeschäftigung« und »Selbstentfaltung« gerieten. Die Auswirkungen dieses Übergangs zur Ich-Gesellschaft spiegeln sich in den Ansichten der Befragten deutlich wider:

- Religiöse Praxis gilt als fakultativ. Die Befragten bewerten sie danach, ob sie ihnen etwas »bringe«.
- Analog wird die religiöse Sozialisierung der Kinder beurteilt: Die Eltern überlegen sich, welchen Nutzen eine religiöse Entwicklung und Erziehung im Vergleich zu anderen, säkularen Möglichkeiten aufweist. Außerdem möchten Eltern ihren Kindern nichts Religiöses »aufzwingen«, damit die Kinder die Möglichkeit haben, selbst auszuwählen.
- Bei der Partnerwahl ist Konfession normalerweise kein Auswahlkriterium mehr. Zivile und kirchliche Heirat sind keine notwendigen Voraussetzungen mehr für ein Zusammenleben von Lebenspartnern.

- Mit der Emanzipation der Frauen sind die bürgerlichen Geschlechterrollen großteils verschwunden. Frömmigkeit als konstitutives Element der weiblichen Geschlechterrolle gehört ebenso der Vergangenheit an wie die Barrieren, welche die Erwerbsarbeit von Frauen erschwerten. Damit sind wichtige Ursachen der hohen Religiosität der Frauen in der industriellen Gesellschaft beseitigt worden, und auch sie haben sich stark säkularisiert. Insbesondere in der Übergangszeit der 1960er- und 70er-Jahre hatten sie zunächst den Weg über alternative Spiritualität gesucht, um so einerseits spirituelle Bedürfnisse zu befriedigen und sich andererseits von bürgerlichen Geschlechterrollen emanzipieren zu können.
- Die religiöse Welt wird ganz allgemein immer mehr als Angebot betrachtet, die die Individuen nach Leistung und Preis beurteilen (Konsumorientierung).

DAS CHRISTENTUM IN DER SPÄTMODERNEN GESELLSCHAFT: VIER GLAUBENSTYPEN

Um Ordnung in die Komplexität der individuellen religiösen Erfahrungen und Handlungen zu bringen, schlagen die Verfasser der Studie »Religion und Spiritualität in der Ich-Gesellschaft« eine Typologie vor, die ich im Folgenden vorstellen möchte.

Die Typologie basiert auf zwei Kriterien: der institutionellen Religiosität und der alternativen Spiritualität. Als institutionelle Religiosität wird eine individuelle, mit den Angeboten und Lehrinhalten christlicher Kirchen verbundene Religiosität bezeichnet. Alternative Spiritualität meint Glaubensinhalte und Praxisformen, die sich auf Angebote alternativ-spiritueller Anbieter beziehen und sich gleichzeitig von der Kirche abgrenzen.

Zeichnet man die vielfältigen religiösen Auffassungen[1] und Formen der Partizipation in eine zweidimensionale Tabelle ein, lassen sich vier Typen des (Un-)Glaubens unterscheiden[2]:

Grafik 3.1: Vier Typen (höhere Ebene)

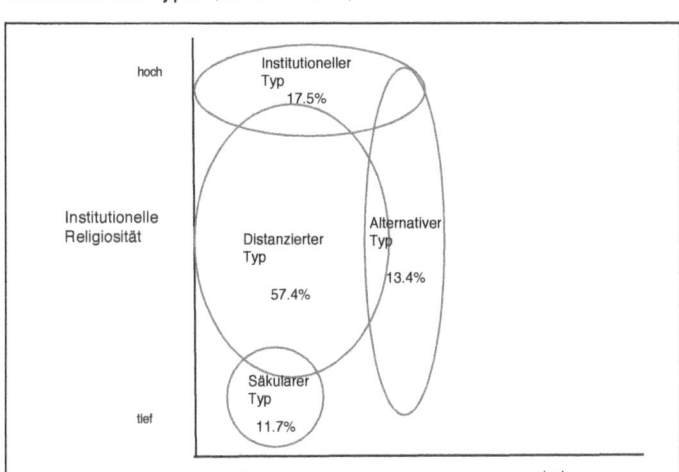

Aus: Jörg Stolz u.a.: Religion und Spiritualität in der Ich-Gesellschaft. Vier Gestalten des (Un-)glaubens, Edition NZN, © Theologischer Verlag Zürich TVZ AG, Zürich 2014.

Nach dieser allgemeinen Bestimmung nehmen die Autoren eine Differenzierung vor, indem sie die Gesellschaft gleichsam aus tieferer Flughöhe betrachten.[3] Dabei sind für unseren Zusammenhang im Bereich des institutionellen Typs die Subtypen »Freikirchliche« und »Etablierte« (die Mitglieder der Volkskirchen) von Bedeutung (während die Subtypen der anderen Bereiche für unseren Zusammenhang weniger wichtig sind).[4]

Grafik 3.2: Neun Subtypen: Aggregate und Milieus (tieferliegende Ebene)

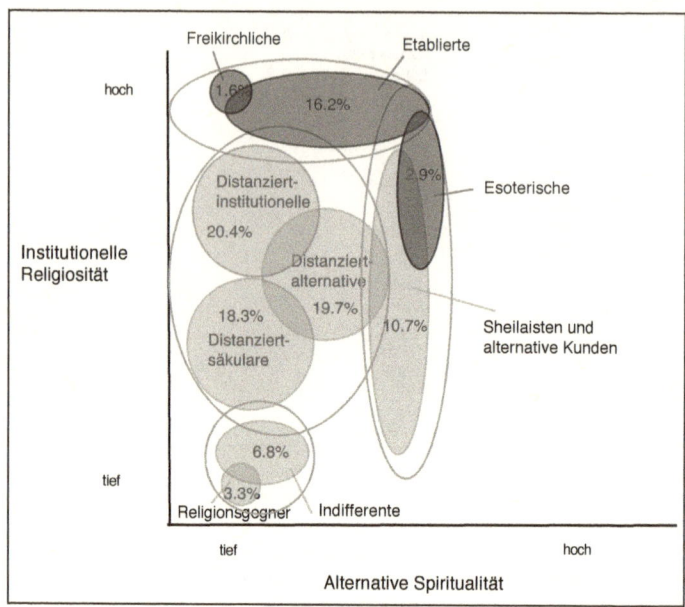

Aus: *Jörg Stolz u.a.: Religion und Spiritualität in der Ich-Gesellschaft. Vier Gestalten des (Un-)glaubens, Edition NZN*, © *Theologischer Verlag Zürich TVZ AG, Zürich 2014.*

Zu Grafik 3.1 und 3.2: Die Prozentzahlen der Subtypen lassen sich aufgrund fehlender Werte nicht perfekt addieren, um zu den Prozentzahlen der Typen zu gelangen.

Wie sehen die Glaubensansichten und religiösen Praktiken (sofern vorhanden) der einzelnen Typen näherhin aus? Die Verfasser der empirischen Studie kennzeichnen sie folgendermaßen:

INSTITUTIONELLE

Die Institutionellen, die 17,5 % ausmachen, »messen dem christlichen Glauben und der christlichen Praxis im eigenen Leben einen großen Stellenwert zu [...] Institutionelle glauben an einen einzigen, persönlichen und überweltlichen Gott. Rund 99 % glauben (völlig oder eher), dass dieser Gott sich für jeden einzelnen Menschen interessiert, und die meisten sind überzeugt, dass das Leben nur durch Gott und Jesus Christus einen Sinn hat. 63 % der Institutionellen glauben an ein Leben nach dem Tod. Einige (vor allem die Freikirchlichen) sehen säkulare oder atheistische Einstellungen sehr kritisch und lehnen auch alternativ-spirituelle Überzeugungen vehement ab. Andere Institutionelle können säkulare Einstellungen akzeptieren und sind alternativer Spiritualität gegenüber manchmal sehr aufgeschlossen. Institutionelle weisen eine ausgeprägte religiöse Praxis auf, die meist im Zusammenhang mit den Vorstellungen und Angeboten der Kirchen und ihrer Kerngemeinden steht. Unter den Institutionellen gehen 72 % mindestens einmal im Monat in die Kirche, 69 % beten täglich.«[5]

ALTERNATIVE

Die unter dem Glaubenstyp »Alternative« zusammengefassten Menschen (13,4 %) weisen holistische[6] und esoterische Glaubensansichten und Praktiken auf. »Sofort erkennt man, dass schon das Vokabular im Vergleich zu den Institutionellen ein ganz anderes ist. Sie sprechen beispielsweise eher von ›Spiritualität‹ als von ›Religion‹, und es geht ihnen weniger um ›Glauben‹ als um ›Erfahrung‹ und ›Wissen‹. Rund 52 % der Alternativen sind der Meinung, dass es eine Wiedergeburt oder Reinkarnation des Menschen in verschiedenen Leben gebe. 58 % halten es für wahrscheinlich, dass es Personen gibt, die die Zukunft vorhersagen können. Alternative interessieren sich für das Gesetz des Karma, Kontakte mit Engeln und Geistern, kosmische Energien, Chakren, Fähigkeiten geheimer Meister und die heilenden Kräfte von Steinen, Pflanzen, Kristallen oder Berührung/Handauflegung. Unter den Praktiken der Alternativen finden sich – neben der Lektüre esoterischer Literatur – Techniken der Wahrsagerei (Tarot, Channeling, Handlesen), geistliche Heilung (Schamanen, Faiseurs du secret), Atem- und Bewegungstechniken (z.B. Tai-Chi, Kinesiologie, Alexander-Technik, Yoga, Meditation), Heilungstechniken, die über die Hände wirken (z.B. Reiki, Massage, Akupressur) und diverse andere Techniken und Rituale.«[7]

Drei grundlegende Eigenschaften ihrer Glaubensansichten (Wissen, Erfahrung) und Praktiken lassen sich erheben: »Holismus, Synkretismus (d.h. die Vermischung verschiedener Religionen, Konfessionen oder philosophischer Anschauungen) und Naturverbundenheit.«[8]

DISTANZIERTE

Die Distanzierten bilden die größte Gruppe in der Typologie (57,4 %). »Distanzierte glauben und praktizieren nicht nichts, sie haben gewisse religiöse und spirituelle Vorstellungen und Praktiken. Diese sind in ihrem Leben aber nicht besonders wichtig und/oder werden nur in seltenen Fällen aktiviert. Distanzierte glauben oft, dass es ›irgendetwas Höheres‹ oder irgendeine ›Energie‹ gibt, sie machen sich Gedanken über den ›Sinn des Lebens‹ oder die ›Reinkarnation‹, aber sehr viel spezifischer können oder wollen sie nicht werden. Distanzierte gehen vielleicht an großen Festen (v.a. Weihnachten) in die Kirche, aber ansonsten zieht es sie nicht in die Gotteshäuser. Sie verwenden vielleicht die eine oder andere alternative

Technik (z.B. Yoga, Reiki, Wahrsagen), aber sie messen dieser meist keine besondere spirituelle Dimension bei. Distanzierte bezeichnen sich meist als Mitglieder einer der großen Konfessionen und bezahlen dementsprechend Kirchensteuern – aber die Konfessionszugehörigkeit hat bei ihnen lebenspraktisch keine große Bedeutung. Die Kirchen, sagen die Distanzierten, bringen ihnen persönlich nicht viel, aber sie spüren noch einen Rest an Verbundenheit, der sie am Austritt hindert.«[9]

SÄKULARE

»Die vierte Gruppe sind die Säkularen mit einem Anteil von 11,7 %. Hier handelt es sich um Personen ohne jede religiöse Praxis und ohne religiöse Glaubensüberzeugungen. Rund 44 % der Säkularen behaupten, nicht an Gott zu glauben, 83 % betrachten die Kirchen für sich persönlich nicht als wichtig, 73 % gehen nie in die Kirche, und rund 50 % sind vollständig einverstanden mit der Aussage, dass Religionen eher zu Konflikt als zu Frieden führen. Das alles heißt nicht, dass diese Personen ohne philosophische Überzeugungen wären – ganz im Gegenteil. In diesem Typus finden wir Personen mit oft sehr klaren Ansichten zu allgemeinen Fragen wie der Entstehung des Menschen, Fragen gesellschaftlicher Gerechtigkeit und Sinn des Lebens. Nur sind die Antworten nicht oder sogar anti-religiös.«[10]

Diese Typologie lege ich meinen folgenden Überlegungen zugrunde. Ich gehe davon aus, dass sie auch für den bundesdeutschen Kontext eine sinnvolle Klassifizierung der verschiedenen Glaubensansichten – auch innerhalb der Volkskirchen – darstellt.

REAKTIONEN DER PROTESTANTISCHEN KIRCHE AUF IHREN BEDEUTUNGSVERLUST

Die Situationsbeschreibung der vorgestellten empirischen Untersuchung enthüllt die dramatische Lage, in der sich die reformierte Kirche in der Schweiz befindet. Nicht viel besser geht es den protestantischen Landeskirchen in Deutschland:

In der badischen Landeskirche, der ich zugehöre, geht man davon aus, dass sich im Vergleich zum Jahr 2040 die Mitgliederzahl um bis zu 20 % verringern wird. Damit steht die badische Landeskirche noch vergleichsweise gut da, andere Landeskirchen verlieren Prognosen zufolge bis zu diesem Zeitpunkt fast die Hälfte ihrer Mitglieder. Laut einer Studie von Finanzwissenschaftlern der Universität Freiburg (Stand Mai 2019), die von den Kirchen in Auftrag gegeben wurde, verlieren die evangelischen Landeskirchen bis 2060 sogar die Hälfte ihrer Mitglieder. Die Coronakrise im Jahr 2020/21 beschleunigt diesen Prozess noch zusätzlich.

Was von außen als zahlenmäßig klein werdende Landeskirchen wahrgenommen wird, bedeutet nach innen hin einschneidende Veränderungen. Verteilungskämpfe werden immer heftiger ausgetragen, ganze Arbeitsbereiche müssen zusammengestrichen oder gar aufgegeben werden. Auf die Pfarrerinnen und Pfarrer kommt eine immer höhere Arbeitslast zu: Einzelne Kirchengemeinden müssen immer größere geografische Bereiche abdecken, die Anforderungen werden vielfältiger. Zugleich müssen die Pfarrpersonen damit zurechtkommen, dass bei allem Einsatz immer mehr Menschen die Kirche verlassen.

Die Studie »Religion und Spiritualität in der Ich-Gesellschaft« spricht von einem anhaltenden »säkularisie-
renden Driften«: Wer »in einem institutionellen Elternhaus aufwuchs, der wird mit hoher Wahrscheinlichkeit
im gleichen Typ bleiben oder aber in den alternativen
oder distanzierten Typus abwandern. Wer in einem distanzierten Elternhaus aufwuchs, wird in diesem Typus
verbleiben – oder aber in den säkularen Typus abwandern.
Und wer im säkularen Typus aufwuchs, wird mit höherer
Wahrscheinlichkeit in diesem Typus verbleiben.«[1] Das
bedeutet, dass der Anteil der »Etablierten« immer weiter
schrumpft.

Grafik 9.10: Typenwechsel finden vor allem vom etablierten zum distanzierten und vom distanzierten zum säkularen Typ statt

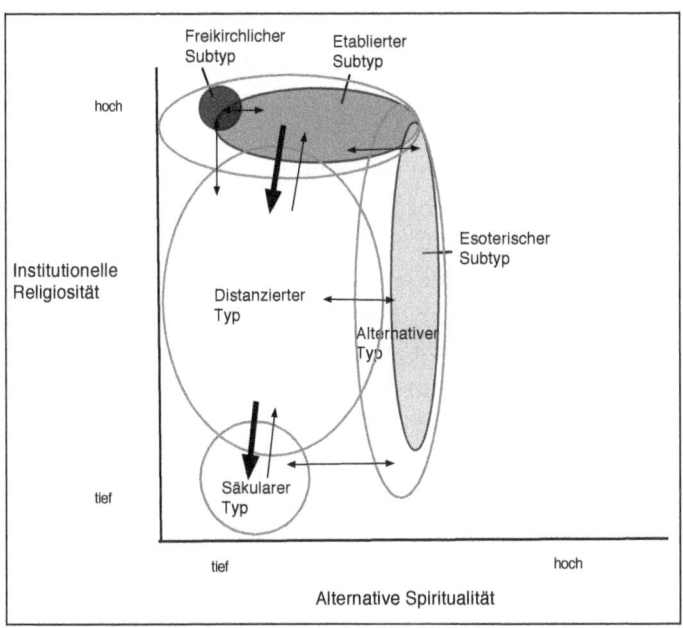

Aus: Jörg Stolz u.a.: Religion und Spiritualität in der Ich-Gesellschaft. Vier Gestalten
des (Un-)glaubens, Edition NZN, © Theologischer Verlag Zürich TVZ AG, Zürich 2014.

Die Veränderungen gehen nicht, wie man früher vermutet hat, vor allem in Richtung alternativreligiöser Weltsichten und Praktiken. Aus Christen werden nur in geringem Maße Buddhisten oder überzeugte Esoteriker. Die Veränderung geht hauptsächlich hin zu immer stärkerer Religionslosigkeit.

Wie reagieren die protestantischen Kirchen auf diese dramatischen Veränderungen? Ich nehme fünf Strategien wahr:

1. STRATEGIE:
WEITERMACHEN WIE BISHER

Die erste Strategie ist eigentlich gar keine Strategie. Sie bedeutet schlicht: Nichts tun. Mit nichts tun ist nicht gemeint, dass die Kirchengemeinden untätig sind. Die normale Arbeit geht selbstverständlich weiter. Und in den Kirchenleitungen werden Überlegungen angestellt, wie man mit dem geringer werdenden Etat zurechtkommen kann. Was jedoch nicht geschieht, ist, die Grundlagen und kirchliche Praxis einer eingehenden und grundsätzlichen Prüfung zu unterziehen. Man macht weiter wie bisher, auch wenn man merkt, dass einem die Felle davonschwimmen. Man lernt, damit zu leben, dass sich immer weniger Menschen für den sonntäglichen Gottesdienst oder das jährliche Gemeindefest interessieren.

Zusammenlegungen von Landeskirchen, Kirchenbezirken oder Gemeinden gehören für mich zu diesem Bereich. Das ist in der Regel keine inhaltliche Strategie, sondern schlicht den knapper werdenden finanziellen Ressourcen geschuldet. Die Grundsatzdiskussionen auf kirchenleitender Ebene über das Verständnis von Kirche verlaufen regelmäßig im Sand und führen zu keinerlei Konsequenzen.

Weitermachen wie bisher: Das ist für mich eine bizarre Mischung aus Trotz, Realitätsverweigerung, Angst vor Veränderungen (»Jetzt nicht noch die letzten Treuen verprellen!«), Durchhalteparolen, Hilflosigkeit, Bequemlichkeit, Überforderung und Resignation. Was einem ein wenig Trost gibt, ist, dass es anderen Institutionen (z.B. vielen Vereinen, den Gewerkschaften und der katholischen Kirche) auch nicht besser geht. Nicht wenige Pfarrerinnen und Pfarrer blicken schon sehnsüchtig auf den Ruhestand, wenn sie endlich das sinkende Schiff verlassen können.

Weitermachen wie bisher führt unweigerlich zum schleichenden Tod des Protestantismus. Wer will, dass die Kirche bleibt, wie sie ist, der will nicht, dass sie bleibt.

2. STRATEGIE:
KIRCHE BESSER VERMARKTEN

Nicht zuletzt aus der Erkenntnis heraus, dass ein einfaches »Weiter so« nicht weiterhilft, hat sich in den letzten Jahrzehnten der immer größer werdende Einfluss der Wirtschaft auch in den Kirchen bemerkbar gemacht. Kundenorientierung und modernes Marketing wurden in der Kirche breit rezipiert und führten zu einer neuen Strategie.

Eine bessere Vermarktung ihrer selbst und der kirchlichen Angebote scheint vielen Kirchengemeinden die Lösung zu sein, der immer stärkeren Marginalisierung zu begegnen: Eine optimierte Werbung (eigene Homepage, höhere Qualität der Gemeindebriefe), Konzipierung eines unverwechselbaren Erscheinungsbildes als Element einer Corporate Identity (z.B. eigenes Logo, individuelle Briefbögen usw.), Mitgliederbefragungen in der eigenen

Gemeinde und die Anwendung manch anderer betriebswirtschaftlicher Marketinginstrumente sollen dazu führen, dass die Kirche und ihre Angebote mehr angenommen werden.

Allerdings hat die bessere Vermarktung der protestantischen Kirche, die in den letzten Jahren mit großem Eifer durchgeführt wurde, nicht dazu geführt, dass sich ihre Situation grundlegend verbessert hat. Weiterhin treten Kirchenmitglieder in Scharen aus.

In vielerlei Hinsicht gleicht daher die Situation der Kirche folgender Geschichte: Die Einführung eines neuen Hundefutters wurde mit riesigem Marketingaufwand betrieben. Dennoch setzte es sich nicht auf dem Markt durch. Warum nicht? Das Hundefutter hat den Hunden nicht geschmeckt!

Es ist sehr fraglich, ob allein ein verbessertes Marketing das Kernproblem lösen kann: dass der Inhalt die Leute immer weniger anspricht.

3. STRATEGIE: DAS ANGEBOT DIVERSIFIZIEREN

Das Prinzip der Kundenorientierung führte dazu, dass Erkenntnisse der Milieuforschung in den Kirchen breit angewendet wurden. Die katholische Kirche steckte viel Geld in eine Sinus-Studie für ihre Mitglieder, und auch in der protestantischen Kirche wird in dieser Richtung intensiv geforscht.

Die grundlegende Erkenntnis, dass in der spätmodernen Gesellschaft die unterschiedlichen Milieus ein immer spezifischeres Profil gewinnen und die bisherige kirchliche Praxis nur noch wenige Milieus erreicht, führte

in den letzten Jahrzehnten in Kirchengemeinden und

Kirchenbezirken vermehrt zu einer Verbreiterung des Angebots. Man versucht, den unterschiedlichen Milieus gerecht zu werden, und zwar durch entsprechend zugeschnittene Veranstaltungen und gleich mehreren Gottesdiensten am Wochenende und zu besonderen Gelegenheiten, man bietet thematische Seminare und Vorträge an, führt Kunstausstellungen und andere Projekte durch und offeriert unterschiedlichste Events für verschiedene Interessengruppen. Gleichzeitig versucht man, die Kommunikationskanäle zu den Mitgliedern zu verbreitern und die Mitgliederpflege zu intensivieren.

Ich bewundere Kolleginnen und Kollegen für ihre Einsatzfreude, stelle aber auch fest, dass viele Gemeinden und Bezirke diesen Aufwand selten lange durchhalten. Die Gefahr ist groß, dass engagierten Mitarbeitern und Mitarbeiterinnen immer mehr aufgebürdet wird und sie die Arbeitslast irgendwann nicht mehr auf sich nehmen können oder wollen. Dies passiert umso schneller, je weniger der hohe Aufwand von Erfolg gekrönt ist. Und nach meiner Wahrnehmung ist das leider oft der Fall: Weiterhin verlässt ein gleichbleibend hoher Prozentsatz von Menschen die Kirche. Und das breite Angebot wird nicht wirklich angenommen.

Solange die theologischen Grundlagen und die kirchliche Praxis nicht insgesamt auf den Prüfstand kommen und tiefergehende Erklärungen für den stetigen Mitgliederschwund der Kirche gefunden werden, bleibt Intensivierung der Bemühungen an der Oberfläche und ist nicht wirksam. Dann handelt es sich nur um eine Flucht in die Betriebsamkeit, die kurzatmig ist und schnell ins Burnout führen kann.

4. STRATEGIE: SICH AUF DIE GEFRAGTEN ANGEBOTE FOKUSSIEREN

Die Einsicht, dass Aktionismus allzu häufig Raubbau an den begrenzten Ressourcen ist, führt zu einer ganz anders gearteten Strategie: »Konzentrieren wir uns doch auf die Gelegenheiten, wo wir als Kirche gefragt sind.« Das sind zum einen die traditionellen kirchlichen Amtshandlungen Taufe, Konfirmation, Trauung und Beerdigung (die sogenannten klassischen Kasualien) sowie Amtshandlungen, die in den letzten Jahren neu hinzugekommen sind wie z.B. der immer wichtiger werdende Schulanfängergottesdienst. Neben diesen Anlässen erfreuen sich besondere Gottesdienste im Jahreslauf (vor allem die Heiligabendgottesdienste, aber auch Gottesdienste an Ostern und Erntedank) anhaltender Beliebtheit.

In der Tat scheint es auf den ersten Blick verlockend, sich als Kirche auf diese gesellschaftlich gefragten Angebote zu fokussieren. Das Selbstbild dieser kirchlichen Strategie ist das einer Serviceanstalt, die für die Wünsche ihrer »Kunden« da ist.

Ob diese Strategie erfolgsträchtig ist? Das ist die große Frage! Die anhaltende gesellschaftliche Attraktivität der klassischen Kasualien besteht zu einem großen Teil darin, dass sie entscheidende persönliche Lebensübergänge erlebbar begleiten: Die Kindertaufe steht im Zusammenhang der Geburt, die Konfirmation bildet eine wichtige Station auf dem Weg des Erwachsenwerdens, die Trauung steht am Anfang der auf Langfristigkeit zielenden Paarbeziehung und die Beerdigung am Ende des Lebens. Eine rituelle und seelsorgliche Begleitung an diesen Lebensübergängen wird anscheinend auch in der spätmodernen Zeit als wichtig angesehen.

Diese kirchlichen Amtshandlungen, die sich an die Lebensübergänge angelagert haben, enthalten allerdings ein spezifisches inhaltliches Profil. Bei der Interpretation der Lebensübergänge setzen sie voraus, dass ihre »Kunden« bewusste Christen sind. Dazu gehört, dass bei demjenigen, der die Amtshandlung wünscht, nicht nur davon ausgegangen wird, dass der christliche Glaube in seinem Leben eine wichtige Rolle spielt, sondern auch, dass er am kirchengemeindlichen Leben teilnimmt. Das ist ganz offensichtlich bei der Taufe und der Konfirmation, in eingeschränkter Weise auch bei der Trauung der Fall.

Weil der Bezug zur Kirche allgemein und zur Ortsgemeinde immer mehr schwindet, entsteht eine zunehmend größere Spannung: Die kirchliche Sichtweise und der moderne Alltag passen immer weniger zueinander. Mit dieser Spannung muss die Kirche umgehen. Ich stelle die Tendenz fest, dass vielerorts die traditionellen Inhalte bei den Kasualien immer weiter zurückgenommen werden, um diese Spannung zu verringern. Die Taufe entwickelt sich zu einem Segensritual anlässlich der Geburt, die Konfirmation zu einer allgemeinen Adoleszenzbegleitung. Dazu passt, dass die protestantischen Kirchen die formalen Voraussetzungen für die kirchlichen Amtshandlungen immer mehr lockern. In einigen Schweizer Kirchen muss man als Taufpate nicht mehr einer christlichen Kirche angehören, auch als Eltern von Täuflingen muss man nicht mehr Kirchenmitglied sein. Auf dem Weg zu einer bedürfnisorientierten Serviceanstalt ist das letztlich konsequent.

Unabhängig von der Frage, ob dieses Handeln überzeugen kann, stellt sich die Kirche dadurch in Konkurrenz zu der wachsenden Zahl anderer Anbieter, die sich ebenfalls auf die Begleitung von Lebensübergängen spezialisieren. Die anhaltende Beliebtheit der Jugendweihe in den neuen

Bundesländern zeigt, dass das Alleinstellungsmerkmal der Konfirmation latent bedroht ist. Erinnern möchte ich an das Namensgebungsfest in der ehemaligen DDR, das die Taufe ersetzt hat. Derzeit entstehen neue Riten anlässlich der Geburt eines Kindes (»Geburtsfeste«).

Zudem nimmt in Deutschland und der Schweiz – und das müsste den Verfechtern der Fokussierung auf die Kasualien nun wirklich zu denken geben – die Akzeptanz der klassischen Amtshandlungen langfristig ab. Bei Trauungen ist das offensichtlich, aber auch Beerdigungen werden, selbst von Kirchenmitgliedern, vermehrt ohne kirchliche Würdenträger vollzogen. Am stabilsten scheinen derzeit noch Taufe und Konfirmation zu sein. Aber auch hier ist ein Abwärtstrend erkennbar. Außerdem lehren die Erfahrungen in anderen europäischen Ländern, dass die Akzeptanz der kirchlichen Kasualien innerhalb kurzer Zeit deutlich zurückgehen kann.[2] Und das überrascht auch nicht wirklich: Warum soll Kirche an wenigen Stellen im Leben bedeutungsvoll sein, wenn man sich ihr im Alltag völlig entfremdet hat?

Ähnlich ist die Entwicklung bei den Gottesdiensten im Kirchenjahr, die sich noch großer Beliebtheit erfreuen. Auch hier ist die langfristige Stabilität nicht in Stein gemeißelt. Schon seit Längerem haben nichtchristliche Ersatzsymbole und -rituale (Osterhase, Weihnachtsmann, Laternenfest ohne Bezug zur Martinslegende) Einzug gehalten, die es immer weniger notwendig erscheinen lassen, diese Feste kirchlich zu begehen.

Und selbst wenn: Für die wenigen Gelegenheiten, für die man Kirche brauchen könnte, erscheint vielen Menschen die monatliche Kirchensteuer zu hoch.

Ich bezweifle sehr, dass die Fokussierung auf die (noch) gefragten kirchlichen Angebote und die damit einhergehenden inhaltlichen Umcodierungen für die Kirchen ein

Erfolgsmodell sein wird. Meiner Meinung nach schafft sich die Kirche so nur selbst ab.

5. STRATEGIE: SICH DEN FREIKIRCHEN ANGLEICHEN

Diametral entgegengesetzt zur Kirche als bedürfnisorientierter Serviceanstalt ist die Strategie, sich an den theologischen Ansichten und der Praxis der Freikirchen zu orientieren. Dort werden die biblisch-christlichen Inhalte hochgehalten und nicht immer weiter verwässert. Anders als die großen Volkskirchen konnten die Freikirchen, aufs Ganze gesehen, ihren Mitgliederstamm in den letzten Jahrzehnten immerhin halten. Manche Freikirchen konnten ihre Mitgliederzahl sogar signifikant erhöhen und haben sogar viele jüngere und aktive Mitglieder in ihren Reihen.

Was die Praxis betrifft, gibt es bei den Freikirchen durchaus interessante Konzepte, auf die ich später noch eingehen werde.

Deutlich kritischer sehe ich jedoch ihre Inhalte. Welche Überzeugungen vertreten die Freikirchlichen? Ein paar Schlaglichter: In der Studie »Religion und Spiritualität in der Ich-Gesellschaft« stimmte die Hälfte der befragten Mitglieder einer Freikirche der Aussage zu: »Die Bibel muss streng wörtlich genommen werden.«[3] Gott ist für die Freikirchlichen eine »übermächtige Autoritätsperson«[4]. »Alles, was geschieht, ist durch Gott bewirkt. Er heilt, sorgt für das Finden einer Lehrstelle ...«[5] In Yoga und Meditation kann hingegen für viele der Teufel wirksam sein.[6] »Bei allen Freikirchlichen zeigt sich in unserem Material eine spontane Gegenüberstellung von Himmel und Hölle und die Vorstellung, dass das Leben auf der

Erde die Zuweisung zu einem der beiden Jenseits-Orte beeinflussen könnte«[7], heißt es in der Schweizer Studie. Das wirkt sich auf das Lebensgefühl der Menschen entsprechend aus. Eine großangelegte Schuldmaschinerie wirkt in das Leben hinein.

Die Strategie, sich den Freikirchen anzugleichen, wird in den protestantischen Landeskirchen und Kirchengemeinden in Deutschland und der Schweiz immer beliebter. Als Vorbilder fungieren dabei seit Längerem amerikanische Mega-Churches wie »Saddleback« und »Willow Creek«. Das äußere Erscheinungsbild dieser Freikirchen wirkt modern (mediale Inszenierung von Gottesdiensten, moderne Musik, telegene Predigtpersonen), aber inhaltlich transportieren sie eine rückwärtsgewandte und antiaufklärerische Theologie. Zuweilen gibt sie sich gemäßigt, in vielen anderen Fällen agiert sie offen wissenschaftsfeindlich.

Ich bin außerordentlich skeptisch, ob man mit dem Versuch, sich der Frömmigkeit der Freikirchen anzugleichen, auf Dauer Menschen der Spätmoderne überzeugen kann. Das Wörtlichnehmen einer komplexen Bildsprache und die inhaltliche Schwarzweiß-Malerei erscheinen mir hierfür in keiner Weise geeignet. Außerdem: »Wer in die Apotheke geht und eine Kopfschmerztablette kauft, ein Auto oder Flugzeug besteigt, den Herd oder auch nur das Licht einschaltet (von Fernseher oder Computer gar nicht zu reden!), der hat im Grund jedes Mal schon unterschrieben, wie sehr er sich auf die Erkenntnisse der Wissenschaft verlassen kann und auch tatsächlich verlässt.«[8]

Auf die Zumutung, im Bereich der Kirche ein Weltbild abzulehnen, das man im Alltag bejaht, wird sich nur eine kleine Minderheit der Menschen der Spätmoderne einlassen, die bei den Freikirchen meines Erachtens gut aufgehoben ist.

Der Protestantismus sollte sich deshalb gut überlegen, ob er wirklich alle theologischen Erkenntnisse preisgeben möchte, die in der Auseinandersetzung mit den Wissenschaften und der Philosophie in den letzten Jahrhunderten gewonnen worden sind.

FAZIT

Keine der genannten Strategien ist meines Erachtens geeignet, den stetigen Bedeutungsverlust des Protestantismus aufzuhalten. Sicher enthalten die einzelnen Strategien auch Wahrheitsmomente. An der Tatsache, dass es immer klarer ausgeprägte gesellschaftliche Milieus gibt, kommt kirchliches Handeln nicht vorbei. Auch eine bessere Öffentlichkeitsarbeit steht der Kirche gut an. Und im Bereich der Freikirchen gibt es zweifellos viele innovative Gemeindeaufbauideen. Dennoch bin ich davon überzeugt, dass eine Lösung für die grundsätzlichen Probleme mit den aufgeführten Strategien nicht erreicht werden kann. Sie muss anders ansetzen. Die Frage ist nur, wie?

NEUESTE KIRCHLICHE ENTWICKLUNGEN

Ernüchternd war für mich der Besuch der letzten Kirchentage. Meiner Wahrnehmung nach haben sie ihre innovative Kraft inzwischen weitgehend verloren: Die hohen Kirchenaustritte werden dort größtenteils totgeschwiegen oder weggelächelt, ihre Gründe kaum thematisiert, die politischen Diskussionen auf den großen Bühnen finden häufig ohne erkennbaren religiösen Bezug statt, wie überhaupt die Themen »Glaube« und »Religion« auf der Diskursebene weitgehend ausfallen. Gleichzeitig war die

meistbesuchte Veranstaltung auf den letzten Kirchenta-
gen wie immer das Konzert der Wise Guys. Dort geht es
um die »Deutsche Bahn« und die Bedeutung von Bananen,
aber nicht einmal im Ansatz um tiefergehende Lebensfragen. Ich kann mich des Eindrucks nicht erwehren, dass
man auf dem Kirchentag freudig tanzend dem eigenen
Untergang schicksalsergeben entgegenzieht.

Auch das Jahr 2017, das von der protestantischen Kirche als Jubiläumsjahr der Reformation gefeiert wurde,
empfinde ich als eine verpasste Gelegenheit. Anstatt im
Sinne Luthers den Ist-Zustand der Kirche kritisch in den
Blick zu nehmen und nach Lösungen zu suchen, um dem
kontinuierlichen Bedeutungsabschwung entgegenzuwir-
ken, feierten die Protestanten ein Jahr lang Lutherkirmes.
Sie ließen sich als Gäste zu Luthers Tisch einladen, wo
man wie damals gekleidet war und speiste, und ergötzten
sich dabei an den Tischreden des Bruder Martinus. Die
Feierlichkeiten im Reformationsjahr werfen ein beklem-
mendes Bild auf eine Kirche, die ihr Heil vor allem in der
Rückwärtsbewegung sucht.

Im Jahr 2020 veröffentlichte die Evangelische Kirche
in Deutschland 11 Leitsätze einer Zukunftskommission,
deren Mitglieder vor allem aus hohen kirchlichen Funk-
tionären bestanden. Die Leitsätze wurden noch einmal
überarbeitet und, auf 12 Leitsätze erweitert, von der
EKD-Synode im November beschlossen. Die Einleitung
des Zukunftspapieres, wie es genannt wird, stellt u.a. fest:
»Christlicher Glaube hat für viele Menschen an Plausibilität und Relevanz verloren.« Die Möglichkeit, dass hierfür inhaltliche Gründe eine Rolle spielen könnten, wird
offenbar gar nicht erst erwogen. Stattdessen werden in
bewährter Manier Bibelstellen und die üblichen Glau-
bensformeln in Stellung gebracht. Die Zukunft der Kirche
besteht nach Ansicht der Verfasserinnen und Verfasser

allein in formaler Veränderung. Unter anderem sollen ortsgemeindliche Strukturen rückgebaut und das Gottesdienstangebot verkleinert werden. Was an ihre Stelle treten könnte, erscheint trotz vieler gedankenreicher Überlegungen insgesamt eher unbestimmt und diffus. Konkret wird das Zukunftspapier beim Thema »Digitalisierung«. Sie erscheint als die geeignete Zauberformel, die Zukunftsfähigkeit der Kirche unter Beweis zu stellen. Außerdem soll die Mitgliedschaft in der Kirche flexibilisiert und für jüngere Leute finanziell entlastender gehandhabt werden, um sie noch irgendwie bei der Stange zu halten.

Das soll also die Zukunft der Kirche sein? Nach meiner Meinung wirkt es vielmehr, als ob die Kirche mit den fundamentalen Herausforderungen der heutigen Zeit heillos überfordert ist.

AUF DER SUCHE NACH LÖSUNGEN

Die schon mehrfach zitierte Schweizer Studie »Religion und Spiritualität in der Ich-Gesellschaft« führt Meinungen und Aussagen einzelner Befragter auf, die meines Erachtens darüber Aufschluss geben, in welcher Richtung nach tragfähigen Lösungen für eine zukunftsfähige Kirche gesucht werden muss. Ich liste sie in lockerer Anordnung ohne innere Systematik auf, um meine Suchbewegung zum Ausdruck zu bringen.

KIRCHE IST »ALTMODISCH« BZW. »NICHT MEHR ZEITGEMÄSS«[1]

Wie kommt es zu diesem Urteil über die etablierten Kirchen?

In den 1960er-Jahren hat sich, wie schon erwähnt, ein tiefgreifender Wertewandel vollzogen. Pflicht- und Akzeptanzwerte wie Gehorsam, Unterordnung, Pflicht usw. verlieren in den westlichen Gesellschaften an Bedeutung, während Selbstentfaltungswerte wie Individualismus, Fantasie, Kreativität und Unabhängigkeit immer wichtiger werden.[2]

Ein wesentlicher Teil des Wertewandels bezieht sich auf Familien- und Sexualitätsnormen.[3] Dazu gehört sowohl die Überzeugung, dass Frauen die gleichen Rechte und Möglichkeiten haben sollen wie Männer, wie auch die Meinung, dass gegenüber traditionellen Lebensformen andere Lebensformen als gleichberechtigt anzusehen sind. Homosexualität wird als etwas Normales betrachtet, das nicht schamhaft versteckt werden muss, sondern ausgelebt werden darf und soll.

Viele Institutionelle haben den Wertewandel nur beschränkt mitgemacht oder sich ihm sogar bewusst entgegengestellt. Gerade darum werden ihre Positionen »von den anderen (Glaubens-)Typen manchmal als ›altmodisch‹ und ›nicht mehr zeitgemäß‹ angesehen«. Die protestantische Kirche wird insgesamt als aufgeschlossener gegenüber modernen Werten eingestellt wahrgenommen als beispielsweise die katholische Kirche. Dennoch wird ihr in diesem Zusammenhang das Prädikat »altmodisch« ebenfalls angeheftet. Es scheint unklar zu sein, wofür die protestantische Kirche in diesem Bereich steht. Zumindest ein Teil ihrer Mitglieder wird im Vergleich zu anderen Gesellschaftsmitgliedern als konservativ empfunden.

Hier besteht Klärungsbedarf: Wie positioniert sich die protestantische Kirche zum eingetretenen Wertewandel? Wie steht sie zur Gleichberechtigung von Frau und Mann? Akzeptiert der Protestantismus alternative Lebensformen?

DIE PROTESTANTISCHE KIRCHE IST »UNERKENNBAR«

Ein Grundproblem des Protestantismus ist, dass man ganz allgemein nicht genau weiß, wofür er steht. Die Evangelisch-Reformierten, stellt die Schweizer Studie fest, haben anders als die Katholiken »nicht so sehr mit einem ambivalenten, als vielmehr mit einem fehlenden Image zu kämpfen. Sie kommen als unterscheidbare Größe im Material fast nicht vor.«[4] »Es ... bleibt unklar, *wofür* sie genau stehen. In Abwandlung des berühmten Buchtitels von Musil könnte man von einer ›Kirche ohne Eigenschaften‹ sprechen.«[5]

Gerade in einer pluralistischen Gesellschaft ist es wichtig, erkennbar zu sein und Profil zu zeigen. Das gelingt dem Protestantismus offensichtlich nicht. Das kann und wird meiner Meinung nach auf Dauer nicht gut gehen! »In einer sich als ›offen‹ verstehenden Gesellschaft braucht es keine zusätzliche Institution, deren Profil ebenfalls ›Offenheit‹ ist.«[6]

DAS CHRISTENTUM HAT »HÄUFIG EINE SEHR DUNKLE ROLLE GESPIELT«[7]

Die Verfasser der Studie waren überrascht über »die Häufigkeit und Vehemenz gerade der kritischen Haltungen gegenüber ›Religion(en) an sich‹«[8]. Als Negativbeispiele wurden häufig genannt: die Kreuzzüge, die Inquisition, die Konquistadoren oder die Kriege in Ex-Jugoslawien. Anhand dieser Beispiele wird deutlich: Es ist das Christentum, auf das die Kritik vor allem zielt. »85 % unserer Befragten sind eher oder voll einverstanden mit der Äußerung: ›Wenn man so sieht, was in der Welt passiert, führen Religionen eher zu Konflikten als zum Frieden‹.«[9]

Das Christentum als eine Religion, die viel von Liebe spricht, aber zugleich viel Gewalt ausgeübt hat, hat ein Glaubwürdigkeitsproblem. Wie ehrlich verhält es sich zu seiner Geschichte? Und wie authentisch stellt es sich in der Gegenwart dar? Davon scheint einiges abzuhängen.

RELIGIONEN ALLGEMEIN SIND »INTOLERANT«[10]

Die spätmoderne Gesellschaft ist pluralistisch verfasst. Von daher kann es nach der Meinung der überwiegenden Anzahl der Befragten für keine Religion, also auch

nicht für das Christentum, einen exklusiven Wahrheitsanspruch geben. Wie steht das Christentum zu dieser Ansicht? Kann es andere Wahrheitsansprüche tolerieren?
Oder hält es an seinem traditionellen Absolutheitsanspruch fest? Das sind wichtige Fragen, für die der Protestantismus eine Lösung finden muss.

»DAS CHRISTENTUM HAT NICHTS ZU TUN MIT MEINEN LEBENSFRAGEN«

Diese Äußerung bekomme ich immer wieder zu hören. Sie
offenbart die »wachsende innere Distanz zum Christentum«[11]. Glaube gilt vielen Menschen als nicht lebensrele-
vant. Allenfalls für kranke und schwache Persönlichkeiten
mag er eine »psychische Stütze«[12] sein. Warum ist das so?
Das Christentum – so wirkt es auf viele – gibt Antworten
auf Fragen, die keiner (mehr) stellt. Aber es ist sprachlos
bei dem, was Menschen in ihrem Leben bewegt.

Religion hat nach Ansicht der Befragten dann eine
Chance, wenn es ihr gelingt, den Menschen »›Halt‹, ›Kraft‹
und ›Werte‹«[13] zu vermitteln. Ganz allgemein gilt: »Inwiefern religiöse Gehalte, Vorstellungen, Überzeugungen,
Praktiken und Orientierungen sich als hilfreich für die
alltägliche Lebenspraxis erweisen, entscheidet wesentlich
über ihre Akzeptanz und Aufnahme.«[14]

»ADAM UND EVA ... ABER WAS IST MIT DARWIN?«[15]

Die religiöse Sprache des Christentums wird von vielen
modernen Menschen nicht mehr verstanden. Das zeigt
sich in doppelter Weise:

Wie das Zitat in der Überschrift illustriert, betrachten viele »religiöse Erzählungen ... aus einer modern wissenschaftlichen Perspektive und halten sie für falsch«[16]. Ungeklärt ist also das Verhältnis von Glaube und Naturwissenschaft bzw. von religiöser und naturwissenschaftlicher Sprache.

Zum anderen zeigt sich selbst bei den überzeugten Mitgliedern der etablierten Kirchen eine große Unsicherheit, was sie eigentlich denn nun glauben. Wie ist das mit Gott? »Die Etablierten sehen Gott als eine transzendente Gestalt, die verständnisvoll und gütig zuhört.«[17] »Dagegen scheint Gott kaum in die physische und historische Welt einzugreifen, wenngleich er dies – so die meisten Etablierten – wahrscheinlich könnte ... Wenn doch Gott eigentlich eingreifen könnte, warum tut er es dann nicht? ... Mit Fragen dieser Art ringen viele Etablierte. Oft lösen sie das Problem, indem sie Gott einfach trotzdem weiter vertrauen.«[18]

Was das Jenseits betrifft, weisen volkskirchliche Christen »meist recht unklare und oft auch schwankende Vorstellungen ... auf. Das Thema kommt meist erst auf Nachfrage der Interviewerin zur Sprache.«[19]

Die beiden Beispiele zeigen: Die Mitglieder der etablierten (Volks-)Kirchen haben große Schwierigkeiten, die religiösen Begriffe und Vorstellungen des Christentums für sich aufzuschließen. Sie sind unsicher, wie sie diese in ein sinnvolles Verhältnis zu den Erkenntnissen der Naturwissenschaften setzen können. Hier gibt es großen Klärungsbedarf.

ES IST »KEINESWEGS NÖTIG ..., IN DIE KIRCHE ZU GEHEN ODER SONST ZU PRAKTIZIEREN, UM CHRIST ZU SEIN«[20]

Mir scheint: In dieser Aussage kommt eine typisch protestantische Haltung zum Ausdruck. Der Protestantismus betont in besonderer Weise die inhaltliche Ebene. Es geht ihm in erster Linie um die richtige Lehre, um die verbale Vermittlung, um das Kommunikationsmittel »Sprache«. Diese Wortlastigkeit hat bewirkt, dass das Christentum immer stärker als theoretische Weltsicht betrachtet wird, als eine Ansammlung von Lehren und Behauptungen. Laut der Studie sind alle Befragten – mit Ausnahme der freikirchlich Orientierten – von der Richtigkeit der Meinung überzeugt, dass man nicht in die Kirche gehen oder in anderer Weise religiös praktizieren muss, um Christ zu sein.

Meines Erachtens ist diese Ansicht die Hauptursache für den schleichenden Bedeutungsverlust der Kirche. Die protestantischen Kirchen, aber auch das Christentum allgemein haben auf längere Sicht keine Überlebenschance, wenn es ihnen nicht gelingt, die Bedeutung religiöser Praxis für die christliche Weltsicht herauszustellen.

Ich bin davon überzeugt, dass Kirche vor allem dann plausibel ist, wenn sich mit der Praxis kirchlichen Lebens positive Erfahrungen verknüpfen. Bleiben diese Erfahrungen aus, wachsen die kritischen Vorbehalte. Dies zeigt sich auch in der vorliegenden Studie: Bei den bewussten Christen innerhalb der Volkskirchen, den »Etablierten«, die eine ausgeprägte Praxis aufweisen, ist die Einstellung zur Kirche positiv, auch wenn sie mancherlei inhaltliche Schwierigkeiten haben. Die kritischste Gruppe, die Säkularen, sind Personen ohne jede religiöse Praxis.

Die spätmoderne Gesellschaft zeichnet sich aus durch eine hohe Erlebnisorientierung (»Erlebnisgesellschaft«). Es werden intensive Erlebnisse gesucht, die das Individuum persönlich ansprechen. Dies wirkt sich auch auf den Bereich der Religion aus: »Es reicht nicht aus, dass Religion auf Fragen und Themen des Subjektes reagiert, sondern ein über Einsicht und Erkenntnis hinausgehendes Erlebnis muss hinzukommen. Viele Menschen möchten innerlich beteiligt und durchaus auch ›ergriffen‹ sein von religiösen Phänomenen, Stimmungen und Ereignissen.«[21]

Wie passt dieses Interesse an Erlebnissen auch im religiösen Bereich zusammen mit der weithin verbreiteten Meinung, dass es »keineswegs nötig sei, in die Kirche zu gehen oder sonst zu praktizieren, um Christ zu sein«? Offensichtlich werden religiöse Erlebnisse nicht (mehr) mit den traditionellen Kirchen in Verbindung gebracht. Dies ist nicht nur Ausdruck des »Erfolgs« des protestantischen Verständnisses des Christentums als Lehre, es spiegeln sich darin auch entsprechende Negativerfahrungen mit dem kirchlichen Angebot.

»DIE GOTTESDIENSTE KOMMEN FAD HERÜBER«[22]

Dieses Urteil über die reformierten Gottesdienste in der Schweiz ist sicherlich keine Einzelmeinung und würde bezogen auf die protestantischen Gottesdienste in Deutschland wohl nicht viel anders lauten: An einem normalen Sonntag nehmen, wie schon erwähnt, in Deutschland nur 3,7 % der Kirchenmitglieder an den Gottesdiensten ihrer Kirchengemeinde teil. Dies ist ernüchternd: Viel wurde über den Gottesdienst diskutiert in den letzten Jahrzehnten! Viele gottesdienstliche Experimente wurden durchgeführt. Eine Agendenreform wurde auf den

Weg gebracht. Betrachtet man die Zahlen, hat aufs Ganze gesehen alles nichts genützt: Die Protestanten bleiben in der überwältigenden Mehrzahl den zentralen Veranstaltungen ihrer Kirche fern.

Wie müssten die Gottesdienste und die weiteren religiösen Angebote des Protestantismus beschaffen sein, dass die Mitglieder gerne und regelmäßig an ihnen teilnehmen? Von dieser Frage hängt vieles, vielleicht sogar alles ab.

Fazit

Allgemein steht die protestantische Kirche vor einer großen Herausforderung. Sie muss sich in Theorie und Praxis auf die veränderte gesellschaftliche Lage einstellen, die sich in den letzten Jahrzehnten herausgebildet hat. In der spätmodernen Gesellschaft, in der viele Religionen und Weltsichten existieren, kann sie keine vorgängige Zustimmung mehr beanspruchen. Sie muss sich in ihren Formen und Inhalten neu plausibilisieren. Sonst wird sie für entbehrlich gehalten und geht unter.

Wie die protestantische Kirche diese große Herausforderung bewältigen kann, darum soll es im – größeren – zweiten Teil gehen.

Ich weiß mich in meinen Überlegungen von der reformatorischen Grundüberzeugung geleitet, die einmal so formuliert wurde: Ecclesia semper reformanda. Auf Deutsch übersetzt heißt dies: Kirche muss sich immer wieder erneuern. Nachdem wir in den letzten Jahrzehnten bei den grundsätzlichen Themen einen Reformstau hatten, werden die notwendigen Veränderungen jetzt grundlegender sein müssen. Sie werden wehtun! Aber anders ist der Untergang des Protestantismus in Deutschland und der Schweiz wohl nicht aufzuhalten.

II.

KENNZEICHEN EINES ZUKUNFTSFÄHIGEN PROTESTANTISMUS

ANSATZ UND GRUNDLEGENDE THESE

Im vorangegangenen Teil dieses Buches haben wir festgestellt, dass es nicht gut steht um die protestantische Kirche. Der II. Teil diskutiert die Veränderungen, die die Kirche meiner Meinung nach vornehmen muss. Diese müssen tiefgreifend und umfassend sein, wenn sie erfolgreich sein sollen. Deshalb fallen die Fragen entsprechend grundsätzlich aus: Wozu brauchen wir eigentlich überhaupt *Kirche*? Was ist ihr Sinn, ihre grundlegende Bedeutung? Diese Fragen lassen sich meines Erachtens nicht hinreichend beantworten, wenn wir nicht weitere Aspekte in den Blick nehmen.

Kirche ist kein Selbstzweck. Sie ist für die *Menschen* da. Um sie geht es eigentlich, wenn wir das Thema »Kirche« in den Blick nehmen, um die existenziellen Erlebnisse, Fragen und Herausforderungen der Menschen. Menschliches Dasein ist gekennzeichnet durch das Streben nach Welterschließung und Selbstdeutung. Was ist der Mensch?, fragt der Philosoph Immanuel Kant. Was kann er wissen? Was soll er tun? Worauf darf er hoffen?

Um die Welt zu erschließen und sich selbst zu deuten, hat der Mensch unterschiedliche Weltsichten entwickelt. Das Nebeneinander einer Vielzahl von Weltsichten kennzeichnet die heutige *Spätmoderne*. Was heißt es für die Menschen, in der Spätmoderne zu leben? Und was bedeutet es für die Kirche?

Dass die Kirche in der Spätmoderne an Boden verliert, hängt mit einem weiteren Aspekt zusammen, der für das Thema von zentraler Bedeutung ist: der *Religion*. Was Religion ist, erörtere ich in einem der folgenden Kapitel genauer. Soviel sei vorweggenommen: Religion ist nach meinem Verständnis als spezifische Form menschlicher Welt- und Selbstdeutung ein allgemeinkulturelles Phänomen. Ihr geht es darum, die Welt als Teil eines größeren Ganzen anzusehen (Schleiermacher: »Religion ist Sinn und Geschmack für das Unendliche«). So verstanden, kennen Menschen auch in heutiger Zeit religiöse Gefühle und Sehnsüchte.[1] Die Kirche ist jedoch dafür immer seltener Resonanzraum und Deutungsrahmen.

Kirche muss wieder religiös werden. Das ist meines Erachtens ihre große Aufgabe für die Zukunft. Entsprechend lautet – etwas konkreter formuliert – die Grundthese dieses Buches: Kirche muss, wenn sie eine Überlebenschance haben will, von der Welterschließung und Selbstdeutung heutiger Menschen in der Spätmoderne ausgehen und ihre eigene Tradition als inspirierende religiöse Deutungen ins Spiel bringen.

Diese These ist zugegebenermaßen nicht sehr originell. Auch andere haben sie in ähnlicher Weise formuliert. Allerdings unterscheidet sich ihr Argumentationsgang in charakteristischer Weise von meinem. Entsprechend anders fallen ihre Schlussfolgerungen aus.[2]

Worum es mir geht und zu welchen Konsequenzen ich komme, davon handelt der folgende II. Teil dieses Buches. Ich nenne zwölf Kennzeichen, die meiner Meinung nach für eine zukunftsfähige protestantische Kirche wesentlich sind. Sie entfalten die vorgestellte Grundthese.

1. KAPITEL:
LEBENSWELTORIENTIERTE KIRCHE

Ganz bewusst stelle ich das Kapitel »Lebenswelt-orientierte Kirche« an den Anfang. Denn das muss Kirche ja doch eigentlich sein wollen: lebenswelt-orientiert.
Was macht die spätmoderne Lebenswelt aus? Welche Dimensionen kennzeichnen sie ganz allgemein? Und was bedeutet das für die Kirche? Das sind die Themen in diesem Kapitel.

Dass die Kirche lebensweltorientiert sein muss, darüber gibt es innerhalb der protestantischen Kirchen keinen größeren Dissens. Allerdings ist Lebensweltorientierung ein außerordentlich hoher Anspruch. »Lebenswelt«[1] ist heute nämlich nicht nur ein multiples, sondern zugleich ein hochgradig fluides System.

Alle großen gesellschaftlichen Institutionen haben immense Schwierigkeiten, sich auf die Komplexität und stete Veränderung spätmoderner Lebenswelt einzustellen. Die Erosion der großen Volksparteien etwa ist ein deutliches Signal dafür.

Die protestantische Kirche ist von dieser großen Herausforderung nicht ausgenommen. Die Kirchen haben sich in den letzten Jahren vermehrt darum bemüht, die unterschiedlichen Milieus wahrzunehmen, die sich allerdings stetig umgestalten bzw. neu gruppieren. Die Frage ist jedoch, welche Konsequenzen aus dem komplexen Befund zu ziehen sind. Ist es überhaupt noch möglich, zwischen den verschiedenen Milieus, die durch jeweils unterschiedliche Lebenssituationen und Lebensstile gekennzeichnet sind, zu vermitteln? Gibt es überhaupt noch eine gemeinsame Sprache, einen gemeinsamen Musikgeschmack, eine Möglichkeit gemeinsamer Rituale? Oder prägen einzelne Milieus in Zukunft ihre je eigene religiöse Praxis aus, wenn sie überhaupt noch daran interessiert sind?

Das Prinzip »Lebensweltorientierung« ist für die protestantische Kirche demnach ein schwieriges Unterfangen. Es geht nicht nur darum, die unterschiedlichen Lebenssituationen von Menschen in der Spätmoderne, ihre Lebensgefühle und ihre Herausforderungen zu kennen und die vielfältigen lebensweltlichen Entwicklungen und Trends aufmerksam zu verfolgen. Lebensweltorientierung heißt auch, den Menschen etwas vermitteln zu können, was sie als hilfreich und weiterführend erleben. Geht man von den stetig hohen Austrittszahlen aus, löst die protestantische Kirche diesen Anspruch nicht nur nicht ein, sondern scheint sich immer weiter von der spätmodernen Lebenswelt zu entfernen. »Das Christentum hat mit meinen Lebensfragen nichts zu tun«, so sagen es viele Zeitgenossen. Warum also sollen sie einer Institution angehören, die ihnen nicht dabei helfen kann, ihr Leben zu bewältigen? Diese Frage ist durchaus berechtigt.

Doch was sind die Lebensfragen von heute? Was bewegt Menschen milieuübergreifend in der Tiefe, was fordert sie heraus?

GRUNDBEFINDLICHKEITEN SPÄTMODERNER MENSCHEN

Auf den ersten Blick ist das Leben in der spätmodernen Gesellschaft »ein aufgeklärtes, informiertes, anspruchsvolles und an Freiheiten unübersehbar reiches Leben –

ein Paradies freier Möglichkeiten, technisch garantierter Sicherheiten, maximaler Selbstverwirklichung und luxuriöser Bequemlichkeit«[2].

Dass der Segen spätmoderner Existenz mit seinen unerschöpflich erscheinenden Potenzialen zugleich ihr Fluch ist, wurde in den letzten Jahren immer deutlicher. Kratzt man ein wenig an der Oberfläche spätmoderner Existenz, offenbaren sich neben dem Gefühl von Freiheit und der Lust an der Selbstentfaltung noch ganz andere Befindlichkeiten[3]:

a) Das Gefühl der Leere

Der größte Teil der Menschen in Westeuropa kann sich heute Dinge leisten, die für unsere Großeltern unerreichbar waren, und nutzt Konsumartikel, von denen frühere Generationen nicht einmal träumten. »Bedürfnisse sind zum Dreh- und Angelpunkt des Lebens geworden ... Der Konsummarkt bedient und provoziert immer neue Weil-Bedürfnisse.«[4] Weil wir permanent von neuen Artikeln umworben werden, in Prospekten blättern, einkaufen gehen, entsteht jedoch gerade nicht das Gefühl der Zufriedenheit. Was wir uns angeschafft haben, befriedigt uns nur kurzzeitig. Es entsteht schnell wieder das Gefühl einer inneren Leere, die wieder neu gefüllt werden will. Dieser Kreislauf bewirkt auf Dauer eine emotionale Abstumpfung: Der neue Artikel muss besser sein, das nächste Event intensiver, der nächste Urlaub muss mindestens auf die Malediven gehen, um uns zumindest kurzzeitig zufriedenzustellen. Das Leben gerät so immer mehr zur »lustlosen Lustbefriedigung«[5]. Die Sehnsucht nach dauerhafter Erfüllung bleibt ungestillt.

b) Das Gefühl der Unruhe

Zugleich führt »die permanente Suche nach Reizen«[6] zu innerer Unruhe und Unausgeglichenheit. Früher saß man nach getaner Arbeit auf dem Bänkchen vor dem Haus und genoss in Ruhe die Abendsonne – für uns heute fast undenkbar. In Ruhe zu sitzen und nichts zu tun – das können wir gar nicht mehr.

Vor Kurzem war ich in einer Vorlesung an der Uni. Der Student neben mir hatte seinen Laptop aufgeklappt und ab und zu schaute er mal zur Dozentin. Meist machte er jedoch etwas anderes: schrieb Mails, sah sich einen Film an oder war auf Amazon unterwegs. Zusätzlich war er auch noch mit seinem Smartphone beschäftigt.

Wir sind selten konzentriert, sondern zumeist im Modus des Switchens, sind selten ganz bei einer Sache, halten immer schon Ausschau nach anderem. Wir hasten von Termin zu Termin, sind viel unterwegs – und kommen nicht mehr an.

c) Das Gefühl der Verlorenheit

Unsere Welt ist in einer Weise vielfältig, wie sie es noch nie gewesen ist. Zur ohnehin schon vieldimensionalen realen Welt ist noch eine Vielzahl virtueller Welten hinzugekommen. Das eröffnet unendliche Möglichkeiten, aber zugleich kann man sich in ihr auch verloren vorkommen. Zudem ist durch Migrationsbewegungen eine kulturelle Vielfalt entstanden, die viele zunehmend überfordert. Das Gefühl verloren zu gehen greift immer mehr um sich.

Eine Reaktion darauf ist der Rückzug ins Private, in die vertrauten vier Wände. Dies kann schnell zu einem Verlust von Außenbeziehungen führen: Einsamkeit ist in der heutigen Zeit ein bekanntes Phänomen, über das Fernseher und Computer nur scheinbar hinweghelfen. Die Sehnsucht nach Sinn, nach Geborgenheit, nach Wertschätzung, nach Gemeinschaft bleibt vielfach unerfüllt.

d) Das Gefühl der Unsicherheit

Während früher Wohnort, Lebensform, manchmal sogar der Beruf meist vorgegeben waren, können wir heute weitgehend selbst entscheiden, wie wir unser Leben gestalten wollen. Aber ich muss es auch. Entscheide ich mich für etwas, entscheide ich mich zugleich gegen etwas anderes. Das erzeugt bei vielen ein Gefühl der Unsicherheit: War die Entscheidung, die ich getroffen habe, richtig? Wäre nicht das/der/die Andere besser gewesen?

Zwar haben wir viele Möglichkeiten, Entscheidungen zurückzunehmen. Wir wechseln den Beruf, den Partner, den Wohnort, das Haus. Diese Veränderungen erzeugen aber nur neue Unsicherheiten. Der Modus des Zweifels bleibt bestehen: So viele andere Lebensmöglichkeiten bleiben ungenutzt. Wenn ich mich mit anderen vergleiche – und das tue ich permanent –, fällt der Vergleich nicht unbedingt schmeichelhaft für mich aus.

e) Das Gefühl der Erschöpfung

Das moderne Leben ist gegenüber früher freier, aber auch bedrängender geworden. Die Krake »Arbeit« greift immer mehr in unser Leben ein: Arbeitszeiten werden ausgedehnt, über Handy und Computer sind wir permanent erreichbar, durch Homeoffice schwindet die Trennung von Arbeit und Zuhause immer mehr. Die Aufgaben werden vielfältiger, die technischen Neuerungen herausfordernder. Auch im privaten Bereich steigen die Anforderungen. Die vielen Termine bedürfen einer komplexen Planung, Kontakte wollen gepflegt, wichtige Besorgungen erledigt werden. Das Leben dreht sich immer schneller. Viele Menschen fühlen sich dauerhaft erschöpft. »Burnout« ist eine verbreitete Zivilisationskrankheit unserer Zeit.

Entschleunigung, aus dem Hamsterrad heraustreten, zumindest für eine gewisse Zeit: Das wird immer schwieriger, funktioniert häufig nicht einmal mehr am Wochenende oder im Urlaub.

f) Das Gefühl des Versagens

Die Leistungsgesellschaft ist erbarmungslos: Wer sein Soll nicht erbringt, fällt schnell durch das Raster. Die Gefahr, aussortiert zu werden, ist immer präsent. Wir definieren uns immer mehr über unsere Leistung, nicht nur bei der Arbeit: Das ganze Leben wird letztlich nach Leistung bemessen. Man ist nur etwas wert, wenn man Leistung erbringt. Wer versagt, ist schnell auf der Verliererstraße und bekommt vermittelt: Man selbst ist an allem schuld. Schnell gerät man in einen Teufelskreis von »Grübelei und Selbstbespiegelung, ... Suchtverhalten und Apathie«[7]. Es ist unendlich schwer, da wieder herauszukommen.

g) Das Gefühl der Angst

Letztlich lauert hinter allem eine latente Angst – vielleicht das Grundgefühl unserer Zeit. Sie zeigt sich in vielen Facetten: Angst zu versagen, Angst, keine Kraft mehr zu haben, Angst, von den anderen nicht wertgeschätzt zu werden, Angst verloren zu gehen, Angst, am Leben vorbei zu leben, zu kurz zu kommen, manchmal auch ganz handfeste materielle Existenzängste. Hinzu kommen gesellschaftliche Ängste: Angst vor Kriegen, vor Krankheiten, vor dem ökologischen Kollaps, Angst vor Flüchtlingsströmen, die Angst vor der Zukunft allgemein. Mit dem diffusen Gefühl der Angst lebt es sich nicht besonders gut.

DIE EINDIMENSIONALITÄT DER MODERNE

Das Leben in der Spätmoderne bietet fast unendlich viele Möglichkeiten. Dies hat jedoch, wie ich zu zeigen versucht habe, nicht nur positive Aspekte, sondern durchaus Schattenseiten.

Diese ambivalente Situation hängt mit einer Entwicklung der letzten zwei Jahrhunderte zusammen. Im Zuge der Individualisierung wurde nur noch das übernommen, was subjektiv einleuchtete und von der eigenen Erfahrung gedeckt war. Damit sind große Bereiche generationenalter Erfahrungen weggebrochen, die sich mit menschlichen Grundfragen und der Schattenseiten menschlicher Existenz beschäftigten. »Ganze Dimensionen von Wissen und Erfahrung verschwanden so allmählich aus dem Bewusstsein, – denn wer sagt sich schon selber gerne das Schwere und Unwillkommene, die Schatten? Im Banne einer zunehmenden Markt-, Konsum- und Medienorientierung wurde mehr nach Glück als nach Wahrheit, mehr nach Gesundheit als nach Sterben und Leid, viel nach ›Ich‹ und wenig nach ›Wir‹ gefragt. Das ist es, was H. Marcuse die entstehende ›Eindimensionalität‹ der modernen Welt nannte.«[8]

SPÄTMODERNE LEBENSWELT UND
DIE PROTESTANTISCHE KIRCHE

Wenn die protestantische Kirche eine lebenszugewandte Kirche sein möchte, dann muss sie die ambivalente Situation, in der sich Menschen heute befinden, kennen und verstehen. In dem Maße, in dem die Kirche diese Situation wahrnimmt, zeigt sie seelsorgliche Kompetenz.

Im Blick auf die Spätmoderne hat Kirche nicht nur vielfältige Anknüpfungsmöglichkeiten, sondern durchaus auch Substanzielles zu bieten. Die protestantische Kirche als religiöse Institution hat nämlich »in ihren Symbolen, Deutungen und Ritualen ... ein tiefes Wissen um Bedeutung, Würde, Schönheit und Sinn aufbewahrt«[9]. Außerdem verfügt sie über »Gemeinschaften und ... über eine interne Selbstklärung namens Theologie«[10]. Sie hat die entsprechenden Mittel, Gesten und Ausdrucksformen für die Situationen bereitzustellen, »die im öffentlichen Leben weitgehend ausgeblendet werden: für Leiden, Tod, Abschied und Ohnmacht; vor allem aber auch für eine wirklich erfüllte Beziehung zur Welt und für ein sinnvolles Dasein«[11].

Es scheint, dass die Menschen in der Spätmoderne trotz oder vielleicht auch wegen der immer stärkeren Individualisierung um die Bedeutung überindividueller, tradierter Erfahrungsbereiche durchaus wissen. In der empirischen Untersuchung »Religion und Spiritualität in der Ich-Gesellschaft« äußerten die Befragten jedenfalls die Erwartung, dass Religion ihnen »Halt«, »Kraft« und »Werte« vermittelt. Als Hilfe für ein gelingendes Leben hätte die protestantische Kirche, so gesehen, auch in der heutigen Zeit durchaus Chancen.

Dennoch verliert die Kirche immer mehr an Boden. Warum? Diese Frage wird uns in den nächsten Kapiteln intensiv beschäftigen.

Resümee

Lebenswelt ist in spätmoderner Zeit ein hochgradig komplexes und fluides System. Eine Kirche, die den Anspruch hat, lebensweltorientiert zu sein, muss die ambivalente Situation kennen und verstehen, in der Menschen heute milieuübergreifend stehen. Auf der einen Seite bietet die Spätmoderne Menschen ein ungeheures Maß an Freiheit und Selbstverwirklichungsmöglichkeiten. Auf der anderen Seite leiden Menschen unter Leere und Unruhe, Verlorenheit und Unsicherheit, Erschöpfung und Versagen. Hinter all dem steht als Grundgefühl Angst.

Kirche hätte mit ihren kirchlichen Gemeinschaften sowie ihren Symbolen, Lebensdeutungen und Ritualen in dieser ambivalenten Situation durchaus Substanzielles zu bieten. Denn sie nimmt damit existenzielle Situationen in den Blick, die in der Öffentlichkeit oft ausgeblendet werden.

Sie hätte auch deshalb grundsätzlich Chancen, da Menschen in der Spätmoderne durchaus die Funktion von Religion darin sehen, Halt, Kraft und Werte zu vermitteln.

Allerdings gelingt es der Kirche immer weniger, sich heutigen Menschen plausibel zu machen.

2. KAPITEL:
TRADITIONSBEZOGENE KIRCHE

*Kirche bezieht sich auf die spätmoderne Lebenswelt –
zumindest ihrem Anspruch nach. Zugleich bezieht sie
sich auf vielerlei Traditionen, die für sie prägend geworden sind. Tradition und Spätmoderne: Wie passt
das zusammen?*

*Nach dem Urteil vieler Zeitgenossen haben sich
christliche Traditionen weitgehend überlebt. Können
Traditionen, die in einer anderen Zeit entstanden sind
und von zeitbedingten Fragestellungen ausgehen,
Menschen in heutiger Zeit überhaupt noch Resonanzräume bieten? Und wenn ja, wie kann das gelingen?*

Wir haben im letzten Kapitel gesehen, dass das Christentum das Potenzial hat, spätmodernen Menschen mit
ihren existenziellen Lebensfragen und Sehnsüchten Substanzielles zu bieten. Kennzeichnend für das Christentum
ist nun aber, dass dieses Substanzielle, wie auch immer
man es näher bestimmt, nicht als Bündel zeitloser Ideen
und Formen vorliegt, sondern in geschichtlich gewachsenen Anschauungen und Ausdrucksgestalten zu suchen
ist. In dem also, was wir »Tradition« nennen.

Damit sind die Schwierigkeiten schon angeklungen,
die sich ergeben: Die von der Kirche vertretenen Inhalte
und Formen spiegeln die Auseinandersetzung mit geschichtlichen Herausforderungen und sind von daher immer bezogen auf eine bestimmte (frühere) Zeit. Das gilt
nicht nur für die Traditionen, die sich im Laufe der Kirchengeschichte herausgebildet haben. Auch die Bibel, die

Protestanten gerne gegen diese Art von Traditionsbildung als Korrektiv ins Feld führen, ist ihrerseits Ausdruck einer bestimmten Zeit. Sie spiegelt die Lebensverhältnisse und Ansichten von Menschen vor 2000 Jahren und früher im Land Israel und seinem umgebenden Kulturkreis wider. Das weist auf das Grundproblem, dem die Kirche immer wieder ausgesetzt war und das sich in der pluralistischen Spätmoderne noch einmal verschärft stellt: Tradition bezieht sich auf Vergangenheit. Und es ist nicht von vorneherein ausgemacht, dass sie geeignet ist, Antworten zu finden für die Fragen der Gegenwart und der Zukunft.

Wie soll die protestantische Kirche mit dieser Herausforderung umgehen? Soll sie das Problem ignorieren und ihre Traditionen hüten und konservieren wie bisher? Allerdings erleben wir einen massiven Traditionsabbruch. Reine Traditionspflege scheint also nicht mehr auszureichen. Soll sich das Christentum radikal neu erfinden? Oder liegt die Lösung in dem Versuch, Tradition so auf die moderne Lebenswelt zu beziehen, dass sie inspirierend wirkt? Dann müsste die Kirche aufzeigen, wie das konkret aussehen könnte.

Im Folgenden soll es darum gehen, wichtige Aspekte des Themas »Tradition« allgemein in den Blick zu nehmen, um Perspektiven für eine Kirche entwickeln zu können, die auf der Höhe der Zeit ist.

TRADITION IST UNVERZICHTBAR

Angesichts der Herausforderungen, vor denen die Kirche steht, ist der Wunsch, das Christentum noch einmal neu zu erfinden, durchaus verständlich. Einmal abgesehen davon, dass lebendige Religionen nicht am Schreibtisch entstehen: Was wären die Kriterien für eine solche Neuerfindung des Christentums? Welche auch immer man benennt: Es werden Elemente der christlichen Tradition sein, die man für maßgeblich hält. Wie sollte es anders auch gehen? Eine Erneuerung des Christentums, egal wie sie aussieht, wird sich immer auf gewisse Teile der christlichen Tradition berufen. Identität ist ohne Traditionsbezug nicht zu haben.

TRADITION WIRD KRITISCH BEWERTET

Auch wenn viele Menschen mit der christlichen Tradition nicht mehr viel am Hut haben, bewerten sie Kirche und Christentum nicht nur negativ.

Äußerlich werden immer noch viele kirchliche Feste wahrgenommen und einige davon sogar aktiv mitvollzogen, auch wenn ihr Sinngehalt immer weniger bekannt ist. Vor allem die Symbolik des Weihnachtsfestes und der Adventszeit spielt auch in der spätmodernen Gesellschaft immer noch eine zentrale Rolle. An Übergängen des Lebens und in Krisensituationen werden die Dienste der Kirche weiterhin in Anspruch genommen. Kirchenmusik – alte und neue – wird vielfach geschätzt, ebenso wie die besondere Atmosphäre von Kirchenräumen. Und die Leistungen der Kirche im sozialen Bereich erkennen auch kirchenkritische Menschen durchaus an.

Auch hinsichtlich der Inhalte der christlichen Tradition ist die Bewertung nicht nur negativ: Der Glaube an Gott ist immer noch in der Gesellschaft verankert, auch wenn er schwächer wird und die meisten Menschen immer mehr Schwierigkeiten haben, zu diesem Thema nähere Auskunft zu geben.[1] In Notlagen beten mehr Menschen, als man vermutet. Die meisten wissen aber gar nicht mehr so richtig, wie das geht. Den Menschen Jesus finden viele immer noch interessant. Sein Programm der radikalen Nächstenliebe wird in der Regel positiv gesehen, wie überhaupt die Bedeutung christlicher Werte von vielen anerkannt wird.

Andererseits kritisieren die gleichen Menschen viele Traditionen des Christentums, weil sie ihrer Meinung nach veraltet oder grundsätzlich abzulehnen sind. Vor allem die katholische Kirche bietet hier offensichtliche Angriffsflächen, sei es der Zölibat oder der Ausschluss von Frauen vom Priesteramt. Die Unfehlbarkeit des Papstes in Lehrangelegenheiten, die restriktive Sexualmoral und ganz allgemein das hierarchische System der katholischen Kirche werden von den allermeisten ebenfalls negativ beurteilt.

Der Protestantismus kommt erst einmal besser weg. Dennoch hängt ihm aus der Sicht vor allem jüngerer Menschen ebenfalls zumeist das Prädikat »altbacken« bzw. »vergangen« an. Das Gemeindeleben wird als unattraktiv empfunden. Im Fokus der Kritik stehen dabei in erster Linie die Gottesdienste. Befragte in der Studie »Religion und Spiritualität in der Ich-Gesellschaft« beurteilen sie häufig negativ. Konfirmandenbefragungen machen deutlich: Die meisten Predigten kommen bei Konfirmandinnen und Konfirmanden schlecht weg[2]: Sie werden als öde und nichtssagend erlebt. Sicherlich richtet sich die Kritik dabei auch darauf, dass es Gottesdienste und Predigten oft an Qualität fehlen lassen. Meines Erachtens geht die Kritik aber tiefer: Sie betrifft viele christliche Inhalte an sich.[3] Das personale Gottesbild, die Gottesebenbildlichkeit des Menschen, die Vorstellung eines Gottessohnes, der die Menschen von ihren Sünden erlöst, indem er für sie am Kreuz stirbt, die Wunder, die von Jesus erzählt werden, seine Auferstehung und Himmelfahrt, das Jüngste Gericht, ewiges Leben ... Nahezu alles, was man

70

mit der Lehre der Kirche in Verbindung bringt – und im Apostolischen Glaubensbekenntnis Sonntag für Sonntag im Gottesdienst bezeugt wird –, hat sich nach zeitgenössischem Urteil überlebt.[4] Auch die Bibel, die im Protestantismus so hochgehalten wird, spielt im Leben heutiger Menschen kaum mehr eine Rolle.

Die Krise des Protestantismus ist also nicht nur eine Krise traditioneller kirchlicher Ausdrucksformen. Sie ist auch und vor allem eine Krise traditioneller Glaubensinhalte.[5]

TRADITION IST VERKETTET

Es scheint ein einfaches Rezept zu geben, um dem Protestantismus neues Leben einzuhauchen: Wir trennen uns von allen Traditionen, die sich überlebt haben, und halten uns nur noch an die Traditionen, die wir für weiterhin wichtig halten. Wir machen sozusagen Generalinventur und räumen offensichtliche Ladenhüter und alles, was inhaltlich schwer verdaulich bzw. gar ungenießbar (geworden) ist, aus den Regalen.

Allerdings würden wir dann schnell feststellen, dass sich das Vorhaben nicht so einfach umsetzen ließe. Um im Bild zu bleiben: Die Gegenstände, die wir aussortieren möchten, lassen sich nämlich von den Gegenständen, die wir gerne in den Regalen belassen wollen, nicht einfach trennen. Es ist, als seien sie regelrecht miteinander verkettet. In der Tat ist Tradition ein Gesamtsystem, bei dem sich die einzelnen Glaubensinhalte und Ausdrucksformen vielfältig aufeinander beziehen. Traditionen »bestehen nicht aus einem Sammelsurium von Einzelelementen, sondern verbinden die auf verschiedenen Ebenen angesiedelten Muster zu einem in sich halbwegs konsistenten

Gesamtzusammenhang. Sie bilden ein geordnetes Gefüge, aus dem sich ein einzelnes Element nicht ohne Bedeutungsverlust herausbrechen lässt.«[6]

TRADITION IST VIELSTIMMIG UND DISKURSIV

Und doch sind die einzelnen Traditionen nicht über jede Diskussion erhaben. Es handelt sich vielmehr um vielstimmige Auslegungsangebote. Sie sind geradezu »anhaltendes Streitgespräch um die richtige Interpretation der Traditionsinhalte ... Die jüdisch-christliche Glaubensüberlieferung ist ein Musterbeispiel dafür, wie spannungsreich die innere Pluralität einer Tradition sein kann.«[7] Ihre Plausibilität ist »abhängig von ihrer Einbettung in gemeinschaftlich geteilte Lebensformen«[8]. Tradition lässt sich verstehen als »eine Art geordneten Regelwerks. Wer es verstehen möchte, muss den Wandel der durch die Tradition im Laufe der Zeit hervorgebrachten Lesarten ein Stückweit überschauen und die diesem Transformationsprozess zugrunde liegenden generativen Strukturen mindestens in Ansätzen entziffern können.«[9] Um den Reichtum der Tradition, ihren inneren Zusammenhang, ihre Transformation und ihren grundlegenden Bezug auf die gemeinschaftlich geteilten Lebensformen im Blick zu behalten, ist es wichtig, »sich um Formen des Verstehens zu bemühen, die einigermaßen sicherstellen, dass wir in der Begegnung mit der Tradition nicht immer nur dem begegnen, was wir aus unseren Erfahrungen schon zu wissen glauben«[10]. Gerade in ihrer Widerständigkeit gegenüber einfachen Einverleibungsversuchen eröffnen Traditionen ein ungeahntes Potenzial kreativer Veränderung der Perspektive.

TRADITION GIBT ORIENTIERUNG

Worin liegen die Bedeutung und der Wert von Tradition ganz allgemein? Wir finden uns immer schon in einem Referenz- und Orientierungsrahmen vor. Im kulturellen Gedächtnis einer Gesellschaft hat sich abgelagert, was Menschen in der Vergangenheit an praktischem und theoretischem Wissen erworben haben. Tradition erinnert »an bewährte Formen, wie etwas zu tun oder wie etwas zu sehen ist (z.B. die Welt als ›Schöpfung‹, der Andere als ›Nächster‹, der Grund des Daseins als ›Gott‹ usw.). Die überlieferten Muster können dabei auf sehr unterschiedlichen Ebenen liegen; es kann sich um Techniken, Konfliktlösungen, Regeln, Sehweisen, Grundorientierungen handeln.«[11] Sie eröffnen einen Erfahrungs- und Resonanzraum, von dem her und aus dem heraus wir uns und unser Leben verstehen.

Allerdings entscheiden wir nicht einfach selbst, welche Tradition wir uns zu eigen machen. Manche Traditionen haben sich tief in unsere Lebenswelt eingefräst und prägen unsere Weltsicht viel grundsätzlicher, als uns im Allgemeinen bewusst ist. Wir können in vielem gar nicht aus unserer Haut heraus, weil unsere kulturelle DNA unsere Sichtweise bestimmt. Das wird uns bewusst, wenn wir uns länger in einem anderen Kulturraum aufhalten und feststellen, dass uns Menschen, denen wir dort begegnen, in ihrer grundsätzlichen Weltsicht und ihren fundamentalen Werten fremd bleiben.

Sobald wir Traditionen unserer Gesellschaft kritisieren oder Traditionen überhaupt erst als solche wahrnehmen, sind sie uns nicht mehr die selbstverständliche Heimat, aus der heraus wir unser Leben begreifen. Wir haben uns aus ihnen herausentwickelt und bewerten sie mit der entsprechenden Distanz.

Beides gilt es im Blick zu haben: Wir sind von Traditionen tiefer beeinflusst, als uns bewusst ist. Sie bilden unsere weltanschauliche Heimat, prägen unser Denken und Handeln von Grund auf, sind stützendes Fundament unseres Lebens. Andererseits betrachten wir Traditionen mit einem gewissen Abstand und entscheiden, ob wir uns in ihnen probeweise aufhalten wollen, um von ihnen Inspiration und Orientierung für unser Leben zu gewinnen.

TRADITION ERSTARRT

Auch wenn Traditionen in einem lebendigen Prozess entstanden sind: Ihr drohendes Schicksal ist Erstarrung. Texte werden kodifiziert, Rituale festgelegt, Lehren fixiert. Was einmal im Fluss war, verfestigt sich. Weiterentwicklungen nehmen in der Regel nicht mehr die einzelnen Bausteine einer bestehenden Tradition auseinander, sondern bauen sozusagen an diese an. So entsteht allmählich ein ineinander verschachteltes komplexes Bauwerk, das an seinen Rändern erweiterungsoffen, aber im Inneren umso festgefügter ist.

Das bedeutet, bei aller eindrucksvollen Architektonik, eine doppelte Schwierigkeit: Weil Traditionen erstarren, wird nicht mehr deutlich, dass sie sich in einem diskursiven Prozess als Antwort auf spezifische Herausforderungen herausgebildet haben. Außerdem wirken sie angesichts der fortschreitenden gesellschaftlichen Entwicklung zunehmend anachronistisch. Je älter eine Tradition ist, desto schwieriger ist es tendenziell, sie für heute plausibel zu machen.

Große, geschichtlich gewachsene Systeme wie das
Christentum mit seinen vielfältigen, zum Teil jahrtausend-

alten Traditionen stehen aufgrund ihrer zunehmenden Verfestigung in der großen Gefahr, immer weniger als hilfreiche Resonanzräume für menschliche Lebensdeutung wahrgenommen zu werden.

ZWISCHENERGEBNIS UND DARAUS FOLGENDE ÜBERLEGUNGEN

Der Durchgang durch wichtige Aspekte des Themas »Tradition« hat deutlich gemacht, wie schwierig die Lage für das Christentums bzw. die Kirche ist: Einerseits ist Tradition für die Kirche unverzichtbar, denn ohne sie gibt es keine Identität. Andererseits wenden sich die Menschen in der Spätmoderne immer weiter von der Kirche und ihren gewachsenen, miteinander unauflöslich verketteten Traditionen ab. Diese Abwendung macht sich nicht nur an Äußerlichkeiten fest, sondern ist auch inhaltlich motiviert. Deswegen reicht es eben nicht, der Kirche ein neues Outfit zu verpassen und nach neuen Ausdrucksformen zu suchen. Hat die Kirche überhaupt noch eine Überlebenschance?

Nun kann man sich auf den Standpunkt stellen: Kirche muss sich treu bleiben. Dann soll der Protestantismus als Großbewegung eben untergehen, und es werden kleine Bekenntnisgemeinschaften überleben. Wenn Martin Luther diese Einstellung gehabt hätte, wäre die protestantische Kirche allerdings nie entstanden. Luthers Kritik richtete sich zwar zunächst auf eine kirchliche Fehlentwicklung, den Ablasshandel. Er erkannte aber bald, dass seine Kritik bis ins Mark der damaligen Kirche ging. Ich bewundere ihn für seinen Mut, sich von dem Willen zu grundlegenden Veränderungen nicht abbringen zu lassen. Ihn können wir uns zum Vorbild nehmen, wenn es darum geht, die Kirche grundlegend zu erneuern. Allerdings sind die Herausforderungen heute andere als damals. Es geht nicht mehr um den Ablass noch um Luthers Frage »Wie kriege ich einen gnädigen Gott?«. Heute ist die Herausforderung viel fundamentaler: Die spätmoderne Gesellschaft wendet sich immer mehr vom Christentum als Ganzem ab.

Luther hatte es in gewisser Hinsicht leichter als wir heute: Das Christentum war zu seiner Zeit nicht grundsätzlich infrage gestellt. Seine Reform bestand darin, neue Gewichtungen innerhalb des Christentums vorzunehmen. Er hat die Bibel vor die Tradition gestellt, hat innerhalb der Bibel den Fokus auf Jesus Christus gelegt und auf die Gnade, die er vermittelt. Luther hat also zugunsten des Zentralbaus »Bibel« Teile der Anbauten infrage gestellt. Und selbst im Zentralbau hat er einzelne Räumlichkeiten abgewertet zugunsten eines Zentralraums. Das hat zu einem großen Beben in der Kirche geführt, in dessen Folge sich die reformatorische Bewegung abspaltete und eine neue Kirche begründete.

Angesichts der viel grundsätzlicheren Herausforderung, vor der wir heute stehen, reicht es jedoch nicht mehr aus, wie Luther innerhalb der christlichen Tradition neue Gewichtungen vorzunehmen. Wenn die christliche Tradition als Ganze infrage steht, muss meines Erachtens etwas anderes in Angriff genommen werden, nämlich das Christentum für spätmoderne Menschen insgesamt neu aufzuschließen. Worum geht es ihm im Kern? Und noch grundsätzlicher gefragt: Was ist überhaupt der Sinn einer religiösen Weltsicht in einer Zeit, die zunehmend von ganz anderen Weltsichten bestimmt wird? Es braucht sowohl einen Beurteilungsmaßstab als auch einen geeigneten Schlüssel, um Tradition bewerten und aufschließen zu können für die heutige Zeit. In den Kapiteln 3 und 5 wird es darum gehen, diese aufzufinden.

Als Vorbereitung auf den Versuch, die religiöse Weltsicht des Christentums zu plausibilisieren, sollen abschließend noch ein paar ergänzende Gesichtspunkte zum Thema »Tradition« aufgeführt werden:

TRADITION IST KRITIKWÜRDIG

Der Soziologe Anthony Giddens ist der Meinung, dass Traditionen in der Spätmoderne nur dann überzeugen, »wenn man sie auf eine nicht-traditionale Weise bewahrt. Und dazu gehöre eine ganze Menge von dem, was man mit Tradition lange Zeit gerade eben nicht verbunden hat, nämlich: Kritische Auseinandersetzung, immer wieder neue Interpretation, kontroverses Gespräch, kreative Transformation. Wer in einer post-traditionalen Gesellschaft Traditionen und insbesondere auch religiöse Traditionen verteidigen wolle, müsse ... eine große Portion Rationalität aufbieten.«[12] Darum wird es also gehen, wenn wir eine Plausibilisierung des Christentums versuchen: Tradition ist nicht unantastbar, sondern kritisch zu hinterfragen und muss immer wieder auf ihre Schlüssigkeit hin geprüft werden. »Lebendige Tradition ist nicht ein Fundus ewiger Wahrheiten, sondern eher ein Instrumentarium zur Hervorbringung situationsangemessener Reaktionen ... (Sie) liefert eine Grammatik zur Generierung immer wieder neuer Lesarten von Welt. Tradition hat, so gesehen, also nicht nur eine präformative, sondern auch eine innovative Funktion.«[13]

Bei allen Versuchen, das Christentum für die Spätmoderne plausibel zu machen, gilt es, im Blick zu halten, dass Tradition kein Selbstzweck ist. Sie dient der Selbstdeutung und Welterklärung heutiger Menschen.

TRADITION IST ZUM TEIL VERGESSEN

Das Christentum hat in seiner zweitausendjährigen Geschichte eine Vielfalt hervorgebracht, die selbst die Spezi-
alisten kaum mehr überschauen. Was wir heute als christliche Tradition kennen, ist nur ein kleiner Ausschnitt der
vielgestaltigen, komplexen Anschauungs- und Formen-
welt des Christentums.

Viele Schätze unserer christlichen Tradition sind vergessen bzw. wurden beiseitegelegt, weil man ihren Wert
nicht erkannte. Wer weiß: Vielleicht besteht heute nicht
nur die Notwendigkeit, sondern auch die besondere
Chance, vergessene Traditionen des Christentums wieder
neu in den Blick zu nehmen. Ich denke da zum Beispiel an
die vielgestaltigen Formen klösterlicher Spiritualität oder
an die mystische Strömung des Christentums, die in der
Geschichte der Kirche meist an den Rand gedrängt worden ist. Vielleicht sind es gerade sie, die das Christentum
neu beleben!

Resümee

Das, was unsere Identität ausmacht, können Protestanten nicht unabhängig von der christlichen Tradition bestimmen. Ihre Identität ist gleichsam in die Tradition eingewoben.

Die schwindende Bedeutung des Christentums zeigt allerdings, dass eine einfache Traditionspflege heutzutage nicht ausreicht. Angesichts der grundsätzlichen Infragestellung des Christentums muss es für die Kirche darum gehen, den Sinn christlicher Weltdeutung für Menschen heutiger Zeit in neuer Weise plausibel zu machen. Es gilt, den reichen Schatz christlicher Tradition neu ins Spiel zu bringen, aber auf nicht-traditionale Weise. Diese ist gekennzeichnet durch kritische Auseinandersetzung, immer wieder neue »Interpretation, kontroverses Gespräch, kreative Transformation«[14].

Sind die Inhalte und Formen des Christentums heute hilfreich und weiterführend, haben sie gar visionären Charakter? Sind sie erläuterungs- bzw. interpretationsbedürftig? Haben sie sich überlebt? Oder sind sie gar theologisch abzulehnen?

Will die protestantische Kirche weiterhin als profilierte Institution wahrgenommen werden, kommt sie um diesen Revisionsprozess nicht herum. Indem sie sich dieser Herausforderung stellte, bewiese sie spezifisches protestantisches Profil.

3. KAPITEL:
PLURALITÄTSFÄHIGE KIRCHE

Ein gewichtiger Teil der Kritik an der Kirche zielt darauf, dass das Verhältnis des Christentums zu anderen Weltsichten ungeklärt ist. Daher rühren viele Missverständnisse.

Lange Zeit war die Kirche davon überzeugt, exklusiv im Besitz von Wahrheit zu sein. Fundamentalisten sind das heute noch. Wenn man stattdessen der Überzeugung ist, dass die Kirche pluralitätsfähig sein muss, hat das tiefgreifende Auswirkungen auf das Selbstverständnis der Kirche und ihre Lehrinhalte sowie ihre Aufgabe, Tradition für die Spätmoderne zu plausibilisieren.

Der Versuch, das Christentum für die heutige Zeit zu plausibilisieren, muss den weltanschaulichen Pluralismus in den Blick nehmen, der für die Spätmoderne kennzeichnend ist. Die Kirchen kommen mit diesem Pluralismus nur mühsam zurecht. Das ist in gewisser Weise verständlich, denn ihre Situation war in früheren Zeiten viel komfortabler.

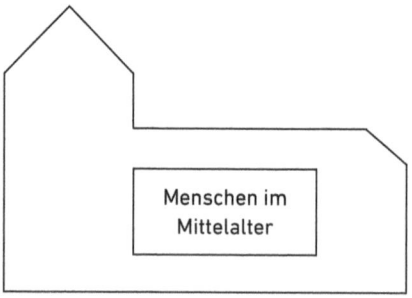

Menschen im
Mittelalter

Im Mittelalter hatte die abendländische Kirche das unumschränkte Deutungsmonopol inne. Die mittelalterliche Gesellschaft war gleichsam umhüllt von der kirchlichen Weltsicht. Diese bestimmte, was wahr und falsch ist. Dieser absolute Wahrheitsanspruch der Kirche wurde von den Menschen damals nicht angezweifelt. Wie sollten sie auch? Es gab ja nur die kirchliche Weltsicht.

Heute ist die Situation eine ganz andere: Wir haben die Wahl zwischen einer Vielzahl von Weltsichten und Sinnanbietern. Dass die Kirche in früheren Zeiten einmal ein Wahrheitsmonopol hatte, nützt ihr nichts. Sie kann nicht mehr davon ausgehen, dass ihr von vornherein Plausibilität zuerkannt wird.

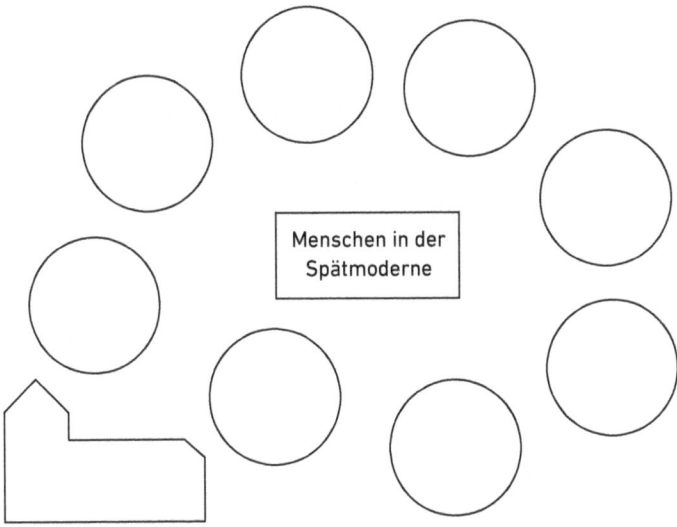

Die Grafik kann die komplexe weltanschauliche Lage in der Spätmoderne nur erahnen lassen: Die einzelnen Weltsichten sind nicht so klar voneinander getrennt, wie sie in der Zeichnung erscheinen. Auch bilden sie je für sich nur selten ein mehr oder minder geschlossenes, abgegrenztes

Ganzes, sondern enthalten in der Regel inhaltliche Spannungen und Unschärfen. Einige der Weltsichten müsste man aufgrund ihrer Bedeutung deutlich größer darstellen, vor allem die naturwissenschaftliche Weltsicht, die in heutiger Zeit eine hohe Geltung hat. Der überkommene Absolutheitsanspruch des Christentums wirkt in diesem Kontext wie aus der Zeit gefallen.

In der protestantischen Kirche fühlt sich nur noch ein geringer Teil der Mitglieder in der Weltsicht des Protestantismus heimisch. Die Mehrheit nimmt die Kirche mehr von außen wahr, als dass sie in ihr lebt.

Die Zeichnung macht deutlich (bei aller Vereinfachung), vor welcher Herausforderung Menschen in der Spätmoderne stehen. Sie können nicht nur zwischen Weltsichten wählen, sie müssen es auch. In der Regel wählen sie nicht nur *eine* Weltsicht, um ihr Leben zu deuten, sondern gleich mehrere. Dabei müssen sie für sich klären, inwiefern sich diese miteinander verbinden lassen. Es gibt keine übergeordnete Instanz, die ihnen vorschreibt, wie das geschehen kann oder soll. Sie selbst sind die Entscheidungsinstanz.

Dass das Christentum stark an Bedeutung verloren hat, hat meines Erachtens auch damit zu tun, dass viele Menschen nicht wissen, ob und wie sich Kirche und Glaube einordnen lassen in das Geflecht der vielen Weltsichten. Lässt sich das Christentum mit anderen Weltsichten vereinbaren oder schließen sie sich begründeterweise aus?

Näherhin geht es dabei um drei fundamentale Herausforderungen: Inwieweit lässt sich die christliche Weltsicht verbinden mit der Weltsicht der Naturwissenschaften? Wie verhält sich die Weltsicht des Christentums zu anderen religiösen Weltsichten? Und wie steht die Weltsicht des Christentums zum Wertewandel, der für die Spätmoderne in Westeuropa allgemein kennzeichnend ist?

DER PROTESTANTISMUS UND DIE NATURWISSENSCHAFTEN

Die Naturwissenschaften haben einen beispiellosen Siegeszug hinter sich. Im Mittelalter sich allmählich als eigenständige Erkenntnisbemühung herausbildend, sind sie aus der spätmodernen Gesellschaft nicht mehr wegzudenken. In Schule und Studium genießen naturwissenschaftliche Fächer heutzutage eine Vorrangstellung. Woran liegt das?

Zum einen ist die hohe Wertschätzung der Naturwissenschaften auf ihren überwältigenden Erfolg zurückzuführen. Viele Errungenschaften, die die Lebensqualität der Menschen in Westeuropa auf ein ungeahntes Niveau gehoben haben, sind ohne die Naturwissenschaften nicht denkbar. Ihre Forschungen und Erkenntnisse beeinflussen die moderne Lebenswelt unmittelbar. Man denke nur an die rasanten Entwicklungen, die im Bereich der Digitalisierung und Automatisierung zu erwarten sind.

Eine weitere Ursache der hohen Wertschätzung liegt in der Evidenz naturwissenschaftlicher Methodik begründet. Ausgangspunkt der Erkenntnis ist die Formulierung von Hypothesen. Diese werden anhand von Experimenten überprüft. Bestätigen sich die Hypothesen dauerhaft, wird eine entsprechende Theorie formuliert. Naturwissenschaftliche Erkenntnisse haben den Anspruch, intersubjektiv überprüfbar zu sein und unabhängig vom Standort des Beobachters zu gelten. Nicht zu Unrecht werden die Naturwissenschaften in der Öffentlichkeit als Einheit wahrgenommen. Die einzelnen naturwissenschaftlichen Disziplinen bilden in ihren wechselseitigen Bezügen ein imposantes Theoriegebäude, ihre Erkenntnisse sind zudem anschlussfähig an andere wissenschaftliche Disziplinen.[1]

Die großen Erfolge der Naturwissenschaften erzeugen bei vielen Menschen die Vorstellung, die Naturwissenschaften zeigten uns die Welt, wie sie wirklich ist. Das heißt konsequenterweise – und viele sind dieser Meinung: Nur das ist real, was naturwissenschaftlich darstellbar und beweisbar ist.

Die Naturwissenschaften bilden allerdings nach heutigem wissenschaftstheoretischen Verständnis die Welt nicht einfach ab. Vielmehr sind ihre Ergebnisse ein Akt menschlicher Konstruktion. Ihre Sicht der Wirklichkeit – die Welt verstanden als aus dinglichen Teilen zusammengesetzt – reduziert zudem deren Komplexität. Die naturwissenschaftliche Perspektive ist somit nur ein Modell unter anderen, allerdings ein durch viele Experimente erhärtetes und außerordentlich plausibles und hilfreiches Modell. Aber es gibt Grenzbereiche, bei denen die vermeintliche Klarheit der Naturwissenschaften unscharf wird.[2] Zudem ist das Wirklichkeitsmodell der Naturwissenschaften nicht für alle Lebensbereiche gleichermaßen nützlich. »Wir fühlen«, schreibt der Philosoph Ludwig Wittgenstein, der sich intensiv mit den Naturwissenschaften und der Mathematik befasst hat, »dass selbst, wenn alle möglichen wissenschaftlichen Fragen beantwortet sind, unsere Lebensfragen noch gar nicht berührt sind.«[3] Weil die meisten existenziellen Lebensthemen sowie viele gesellschaftlich-politische Fragen von den Naturwissenschaften nicht beantwortet werden können, braucht es darüber hinaus weitere Sichtweisen, die die komplexe Wirklichkeit[4] unter einer anderen Perspektive betrachten und sie ergänzen.

Allerdings dürfen sie nach dem Verständnis der allermeisten in der Spätmoderne lebenden Menschen der naturwissenschaftlichen Sichtweise nicht widersprechen. Genau hier zeichnet sich ein Konflikt zwischen den Natur-

wissenschaften und dem Christentum ab. »Adam und Eva ...
aber was ist mit Darwin?«, ist der Schweizer Studie »Religion und Spiritualität in der Ich-Gesellschaft« zufolge
eine zentrale Frage der Gegenwart.

Der Konflikt zwischen den Naturwissenschaften und
dem Christentum ist alt. Schon im Mittelalter wurden
naturwissenschaftliche Experimente von der Kirche meist
kritisch beäugt (paradigmatisch dargestellt im Film »Der
Name der Rose«). Als der Physiker und Astronom Galileo
Galilei das gängige geozentrische Weltbild infrage stellte,
strengte die katholische Kirche einen Prozess gegen ihn
an. Galilei musste abschwören.[5] Der jahrhundertelange
Kampf gegen naturwissenschaftliche Erkenntnisse, für
den der Prozess gegen Galilei beispielhaft steht, hängt
den Kirchen heute noch nach. Befeuert wird die zeitgenössische Kritik am Christentum durch krude Ansichten
wissenschaftsfeindlich eingestellter Christen, wie zum
Beispiel der Kreationisten. Anhänger dieser evangelikalen
Weltsicht verstehen die erste biblische Schöpfungserzählung wörtlich und kämpfen darum, die Evolutionstheorie
aus dem Biologieunterricht der Schulen zu verbannen.

Im Gegensatz zu den USA[6] ist der Kreationismus in
Europa kaum verbreitet. Das Verhältnis des christlichen
Glaubens zu den Naturwissenschaften ist in den Kirchen
dennoch nicht wirklich geklärt.

Einige Beispiele hierfür: In vielen Unterrichtsentwürfen und Predigten werden die biblischen Wundergeschichten als Durchbrechung der Naturgesetze verstanden. Oft
geschieht das ziemlich unverhüllt, manchmal laviert man
sich auch um diese Frage wortreich herum, ohne eine
klare und verständliche Position einzunehmen. Auch
die Auferstehung Jesu wird in vielen Gemälden, die in
Religionsbüchern abgebildet sind, wörtlich genommen
und dargestellt als wiederbelebter Leichnam. Für natur-

wissenschaftlich denkende Menschen ist das in der Regel schwer erträglich.

Auch wenn man in den Landeskirchen Deutschlands und der Schweiz die kreationistische Auffassung zumeist ablehnt, ist man sich in der kirchlichen Praxis meist unsicher, wie die biblischen Schöpfungserzählungen (es gibt ja zwei) und die Urknall- bzw. Evolutionstheorie aufeinander zu beziehen sind. Hat Gott den Urknall angestoßen? Wirkt er fortwährend durch die Prinzipien der Evolution? Viele Theologen verweisen darauf, dass die Erschaffung der Welt in sieben Tagen evolutionäre Implikationen hat. Mit solchen Konstruktionen versucht man, sich vor dem Forum der Naturwissenschaften zu verteidigen. Nur: Überzeugen kann das nicht wirklich. Die naturwissenschaftliche Weltentstehungstheorie kommt ohne die Hypothese »Gott« aus.[7]

Wie also umgehen mit den Erkenntnissen der Naturwissenschaft? Ich bin der Meinung, dass eine zeitgemäße Theologie hier eine klare Positionsbestimmung vornehmen sollte. Sie sollte die naturwissenschaftlichen Erkenntnisse endlich in vollem Umfang anerkennen[8] und zulassen, dass diese ohne Einschränkungen auf die christliche Tradition angewendet werden. Das hat nachhaltige Konsequenzen für die eigene Theoriebildung.[9] Die Theologie müsste – um bei den genannten Beispielen zu bleiben – offenherzig bekennen, dass die biblischen Wunder im naturwissenschaftlichen Sinne nicht passiert sind. Sie müsste darstellen, dass Auferstehung nicht im Sinne eines wiederbelebten Leichnams zu verstehen ist. Und sie müsste Versuche abwehren, die biblischen Schöpfungserzählungen als notwendige Bestandteile naturwissenschaftlicher Welterklärung verstehen zu wollen.[10]

Die naturwissenschaftlichen Erkenntnisse in vollem Umfang anzuerkennen heißt nicht, sich den Naturwissenschaften unkritisch an den Hals zu werfen. Im Dialog mit ihnen gilt es, auf den Modellcharakter und die begrenzte Reichweite naturwissenschaftlicher Weltsicht hinzuweisen wie auch die Ambivalenz naturwissenschaftlicher Forschung anzusprechen. Immerhin hat uns der sogenannte »Fortschritt« ökologisch an den Rand des Abgrunds geführt, oder durch die neuesten Entwicklungen im Bereich der Künstlichen Intelligenz und der Biotechnologie droht eine völlige Umwälzung der Gesellschaft und Menschheit. Das sind nur einige der Probleme, die durch technologische Innovationen entstanden sind und die spätmoderne Gesellschaft herausfordern.

Geht dem Christentum etwas verloren, wenn es die Erkenntnisse der naturwissenschaftlichen Forschung in vollem Umfang anerkennt? Ganz und gar nicht, im Gegenteil. Die Anerkennung naturwissenschaftlicher Weltsicht steht für die Theologie im Dienste einer umfassenden Selbstklärung: Sie verhilft zu einem sachgemäßen Umgang mit der Bibel. Denn die biblischen Texte erheben überhaupt nicht den Anspruch, die Welt naturwissenschaftlich in den Blick zu nehmen (auch wenn Naturbeobachtungen vielfach Eingang gefunden haben). Es handelt sich bei der Bibel wesentlich um religiöse Poesie.[11]

Die Dominanz naturwissenschaftlichen Denkens verführt uns, den Wert der Sprache vor allem danach zu beurteilen, inwieweit ihre Begriffe Gegenständen und Tatsachen in unserer Lebenswelt direkt entsprechen: »Gestern ereignete sich auf der A 81 in der Nähe von Donaueschingen ein schwerer Unfall.« Es fällt uns nicht schwer, uns das in diesem Satz beschriebene Ereignis vorzustellen. Möglicherweise sehen wir am Abend im Fernsehen dazu noch Bilder, die uns den Wahrheitsgehalt des Satzes bestätigen.

Anders verhält es sich mit poetischer Sprache. Sie hat ihre ganz eigene Funktionsweise. Nehmen wir folgenden

Satz aus einem Gedicht Goethes: »Seele des Menschen, wie gleichst du dem Wasser!« Naturwissenschaftlicher Logik folgend, ist der Satz inhaltsleer. »Seele« ist keine messbare Größe, aus Atomen zusammengesetzt, physikalischen Gesetzen gehorchend. Dennoch behaupten Dichter, dass dieses Wort seinen Sinn hat.

Poetischer Sprache geht es nicht darum, die Wirklichkeit direkt abzubilden.[12] Im Gedicht von Goethe sagt »Seele« etwas über unser Menschsein aus, aber auf verschlüsselte Art und Weise. Poesie bedient sich der Metapher und des Symbols. Ein Symbol ist doppelsinnig. Es hat eine vordergründige Bedeutung – und eine übertragene, um die es eigentlich geht. Eine Metapher nimmt ein Wort aus einem vertrauten Zusammenhang und setzt es in einen neuen Zusammenhang. Symbole und Metaphern sind eigentliche Rede, lassen sich nicht ersetzen. Nur so und nicht anders ist die »Sache« eines poetischen Textes sagbar.[13] »Kunst«, so der Maler Paul Klee, »gibt nicht das Sichtbare wieder, sondern macht sichtbar.« Sie ist Deutung von Wirklichkeit. Darin gleichen sich Kunst und Poesie. Viele können mit dem vielschichtigen Vexierspiel poetischer Welten nicht mehr umgehen. Indem sie poetischer Sprache das Korsett naturwissenschaftlicher Logik aufzwingen, versperren sie sich den Zugang zu ihr. Nicht nur Gedichte sind für viele Menschen unzugänglich geworden, sondern auch die poetische Welt der Bibel. Der witzig gemeinte Satz: »Gott? Der hat sich mir noch nicht vorgestellt!« weist genau auf dieses Problem hin. Jedoch: Gott ist »als Wort nur sinnvoll im Zusammenhang metaphorischer Sprache«[14]. Wer Gott als Gegenstand in der Alltagswirklichkeit sucht, wird nicht fündig werden.[15]

Die Welt der poetischen Sprache entfaltet ihre Wirkung, wird Wirklichkeit, wenn Leser sie betreten.[16] Sie gleicht einer literarischen Bühne, auf der ein Stück aufgeführt wird. Die religiöse Poesie der Bibel hebt mit der lichtvollen Schöpfung an und geht auf vielerlei Wegen, Umwegen und Irrwegen ihrer Vollendung entgegen. Die Leserinnen und Leser sind eingeladen, in den Geschehnissen dieser fremdartig anmutenden Welt der Bibel sich selbst und ihre Ängste, Abgründe und ungestillten Hoffnungen zu erkennen. Ihr vielfach verschüttetes »Herzland«, wie es der jüdische Dichter Paul Celan einmal genannt hat. Und zugleich in ihr Perspektiven zu gewinnen für ein erfülltes Leben. Kehrt man zurück in die Alltagswirklichkeit, hat sich der Blick hoffentlich gewandelt, scheint in den vertrauten Gegenständen und Tatsachen etwas auf von dem geheimnisvollen Glanz der Welt, in der man eben noch unterwegs war.[17]

Das ist der Sinn biblisch-poetischer Sprache: Die Alltagswelt anzuverwandeln, sie neu und anders zu sehen. Sie will Orientierungs- und Lebenswissen vermitteln und zielt auf Identitätsgewinnung. Im Unterschied dazu geht es naturwissenschaftlicher Sprache um intersubjektiv überprüfbare Fakten. Dafür braucht es eine möglichst präzise und eindeutige Sprache.

Fazit:

Die protestantische Kirche sollte den Wahrheitswert naturwissenschaftlicher Erkenntnis nicht länger begrenzen oder gar bestreiten, sondern die naturwissenschaftliche Perspektive ohne Einschränkung als hilfreiches Wirklichkeitsmodell anerkennen. Dies heißt, eine erste Relativierung des traditionellen Absolutheitsanspruchs vorzunehmen. Die Anwendung naturwissenschaftlicher Erkenntnisse auf den eigenen Gegenstandsbereich und die damit einhergehende Revision ihrer Inhalte bedeutet jedoch keinen theologischen Substanzverlust[18], sondern fördert im Gegenteil den Eigenwert biblischer Wirklichkeitssicht zutage: Diese hat poetischen Charakter. Sie funktioniert nach anderen Regeln. Es geht in ihr nicht um beweisbare Fakten.

DER PROTESTANTISMUS UND DIE ANDEREN RELIGIONEN

Während die Kirche noch damit beschäftigt war, den Geltungsanspruch der Naturwissenschaften abzuwehren, wurde spätestens seit der beginnenden Neuzeit der christliche Absolutheitsanspruch zusätzlich durch die Existenz einer Vielzahl weiterer Religionen infragegestellt.

Bis dahin kannte man in Europa zum einen das Judentum, das allerdings durch jahrhundertelange christliche Propaganda massiv herabgewürdigt worden war. Im freundlichsten Fall verstand man es als religiöse Vorstufe, dauerhaft abgelöst durch das Christentum. Zum anderen den Islam, den man als Bedrohung des Abendlandes betrachtete und jahrhundertelang bekämpft hatte. Ein tiefergehendes inhaltliches Interesse an diesen beiden Religionen hat sich zu keiner Zeit entwickelt.

Mit Beginn der Neuzeit rückten Religionen in den Blick, die man bis dato nicht oder nur unzureichend gekannt hat. Die Seefahrer und Entdecker waren Vorboten einer sich rasant entwickelnden religiösen Globalisierung. Im 19. Jahrhundert bildete sich unter europäischen Gelehrten eine regelrechte Begeisterung speziell für die fernöstlichen Religionen aus, in deren Zuge auch der Islam und das Judentum zumindest teilweise eine Neubewertung erfuhren (man denke nur an Goethes West-Östlichen Diwan). Grundlegende Texte wurden ins Deutsche übersetzt, das

Bild, das man sich von den großen Weltreligionen machen konnte, wurde immer differenzierter.

Anfang des 21. Jahrhunderts stellt sich die Lage noch einmal anders dar: Es gibt inzwischen in Europa (und nicht nur hier) einen riesigen religiösen Markt. Wer in der Spätmoderne religiös interessiert ist, muss kein Christ mehr sein oder werden. In jeder größeren Stadt gibt es Anhänger oder Mitglieder aller großen Weltreligionen, die sich regelmäßig treffen und religiöse Rituale vollziehen. Daneben existieren vielerlei religiöse Gruppierungen mit unterschiedlichstem Charakter. Für die Kirchen ist das eine große Herausforderung. Sie befinden sich in einem permanenten Wettbewerb nicht nur untereinander, sondern auch mit einer fast unüberschaubaren Anzahl religiöser Weltsichten. Allein die Tatsache, dass es viele Religionen gibt, bedeutet für viele Menschen eine Relativierung des Christentums. Wie kann eine Religion einen Absolutheitsanspruch vertreten, wenn es daneben andere Religionen mit ähnlichem Anspruch gibt? Die Situation des religiösen Pluralismus in der Spätmoderne provoziert Fragen unterschiedlicher Art: Vertreten alle Religionen letztlich dasselbe, und es ist egal, welcher man angehört? Oder ist das religiöse Zeitalter überhaupt vorbei und mit einer aufgeklärten Geisteshaltung nicht mehr in Vereinbarung zu bringen? Eine Positionierung in diesen Fragen setzt voraus, dass man für sich geklärt hat, was Religion eigentlich ist. Aber genau das, scheint mir, ist unbestimmter denn je: Worum geht es beim Thema »Religion« im Kern? Und worum geht es nicht?

Die Kirchen setzen sich mit diesen grundsätzlichen Fragen nicht wirklich auseinander. Man gestaltet das kirchliche Leben weiterhin mehr oder minder, als gäbe es keinen Diskussionsbedarf. Oder man bestreitet generell den Wahrheitsanspruch anderer Religionen.

Die entsprechende theologische Rechtfertigung hierfür hat auf evangelischer Seite der Theologe Karl Barth (1886–1968) geliefert. Für ihn sind Religionen der menschliche Versuch, zu Gott zu gelangen. Doch diese Versuche seien zum Scheitern verurteilt, weil der Mensch nicht zu Gott gelangen könne. Gott selbst mache sich auf den Weg zu den Menschen – in Jesus Christus. Diese Umkehrung der Beziehungsaufnahme unterscheidet nach Karl Barth das Christentum grundlegend von allen Religionen. Er versteht das Christentum deshalb bewusst nicht als Religion, sondern als »Offenbarung«. Und als solche vertritt das Christentum exklusiv die göttliche Wahrheit.

Bekannt geworden ist eine Begegnung zwischen Karl Barth und Daniel Th. Niles (1908–1970), einem methodistischen Theologen aus Sri Lanka. »Im Laufe ihrer Unterhaltung sagte Barth: ›Andere Religionen sind Unglaube‹. Niles fragte: ›Herr Barth, wie viele Hindus kennen Sie?‹ ›Keinen‹. ›Woher wissen Sie dann, dass der Hinduismus Unglaube ist?‹ Und Barth antwortete: ›Von vorneherein.‹«[19]

Eine solche Haltung kann heute kaum mehr jemanden überzeugen, und zwar aus mehreren Gründen. Zum einen argumentiert Barth als gläubiger Christ. Seine Argumentation kann Menschen außerhalb des Christentums schwerlich für sich einnehmen. Zudem kann jede andere Religion ähnlich argumentieren und sich auf eine exklusive Offenbarung berufen. Es ist, von außen betrachtet, nicht einzusehen, warum hier eine bestimmte Religion eine Ausnahmestellung innehaben sollte.

In den letzten Jahrzehnten hat die theologische Wissenschaft von der Barth'schen Entgegensetzung von Offenbarung und Religion immer mehr Abstand genommen und ordnet das Christentum inzwischen dem Phänomen »Religion« zu. Was ist nun aber »Religion«?

Eine allgemeingültige Definition von Religion ist weniger denn je möglich[20], da es sich um ein sehr vielschichtiges Phänomen handelt. Jeder Definitionsversuch erfolgt aus einer bestimmten weltanschaulich gebundenen Perspektive heraus.

Von daher kann es sich immer nur um Annäherungen handeln, wenn wir das Phänomen »Religion« betrachten.[21] Diese erscheinen mir allerdings notwendig: Nicht nur, damit die Theologie mit anderen Wissenschaften kommunikationsfähig ist, sondern auch, um im Alltag mit Zeitgenossinnen und Zeitgenossen ins Gespräch kommen zu können.

Ganz allgemein lässt sich zunächst feststellen: Religion ist etwas spezifisch Menschliches. »Bei keinem Tier wurden jemals religiöse Äußerungen beobachtet.«[22] Worum geht es bei dem Phänomen Religion? Religion, schreibt der evangelische Religionspädagoge Joachim Kunstmann, ist »diejenige Erfahrung, die an den großen Fragen und Eindrücken des Lebens aufbricht«[23]. Grundlegend für eine religiöse Weltsicht ist das Staunen: darüber, wie ungeheuer groß und vielfältig, aber auch abgründig die Welt ist. Wie überwältigend schön sie in besonderen Momenten sein kann. Dass es überhaupt etwas gibt[24] – die denkbar größte aller Unverfügbarkeiten. Dass ich existiere. Dass ich ein Bewusstsein habe, denken, mir Welten ersinnen kann. Dass Leben ein Phänomen ist, das wir Menschen zwar reproduzieren, aber nicht herstellen können. Religiöse Sichtweise nimmt die Welt in den Blick als vielgestaltige und fragile Interdependenz, ungeheure Vitalität und gewaltige kreative Aktivität[25], die immer neue, komplexere Realitäten schafft. Dies »ruft Haltungen der Dankbarkeit, der Liebe, des Friedens, der Ehrfurcht und der Hoffnung hervor und evoziert einen Sinn für die tiefe Bedeutsamkeit menschlicher Existenz in der Welt«[26]. In diesem Sinne ist Religion »die Erfahrung umfassender Resonanz«[27].

Zugleich ist die Wahrnehmung der Wirklichkeit als ein letztlich unergründliches Geheimnis kennzeichnend für religiöse Erfahrung. Motiviert durch das Erlebnis der Meeresbrandung schreibt der Physiker und Nobelpreisträger Richard Feynman: »Derselbe Schauer, dieselbe Ehrfurcht und dasselbe Rätsel erscheinen immer wieder, wenn wir in irgendein Problem tief genug hineinsehen. Mit tieferer Kenntnis kommt ein tieferes, wundervolleres Geheimnis und verlockt einen, noch tiefer einzudringen. Wir fürchten niemals, dass die Antwort uns enttäuschen könnte, sondern wir wenden mit Vergnügen und Vertrauen jeden neuen Stein um und finden unerwartet Seltsames, das zu wundervolleren Fragen und Geheimnissen führt – sicherlich ein großartiges Abenteuer! Freilich haben wenige Nicht-Wissenschaftler diese besondere Art religiöser Erfahrung. Unsere Dichter schreiben nicht darüber, unsere Künstler versuchen nicht, dieses bemerkenswerte Sujet zu malen. Ich weiß nicht warum.«[28]

Die Rätsel- und Geheimnisdimension der Welt eröffnet sich auch dadurch, dass Realität nicht als ein einheitliches Ganzes wahrgenommen wird. Menschen erleben Realität vielmehr als miteinander verbundene Zonen oder Schichten von höchst unterschiedlicher Qualität. »Der Mensch erlebt zum Beispiel eine Realitätszone, wenn er träumt, eine ganz andere, wenn er wach ist. Als weiteres Beispiel gibt es eine Realitätszone, die man bei intensiver ästhetischer Erfahrung betritt (sagen wir, wenn man sich in das Zuhören eines Musikstücks ›verliert‹).«[29] Auch halluzinatorische Erlebnisse (wie die von Drogen hervorgerufenen) sind andere Realitätszonen.[30] In diesem Zusammenhang sind auch mystische Erfahrungen zu nennen, die als Erfahrungen von Ganzheit und der Überschreitung von Raum und Zeit erlebt werden.[31]

Friedrich Schleiermacher, der große evangelische Theologe des 19. Jahrhunderts, bezieht sich auf Erfahrungsdimensionen dieser Art. Er unterscheidet dabei zwischen Endlichkeit und Unendlichkeit als den konstitutiven Kategorien religiöser Weltdeutung. Unsere Wirklichkeit nehmen wir über unsere Sinne als endliche, begrenzte Wirklichkeit wahr. Unendlichkeit ist eine über die sinnliche Wahrnehmung hinausgehende Deutung, alles Endliche als Teil eines Ganzen, eines Absoluten zu betrachten. Die Welt so anzusehen, macht nach Schleiermacher das Wesen von Religion aus: »Alles Einzelne als einen Teil des Ganzen, alles Beschränkte als eine Darstellung des Unendlichen hinnehmen, das ist Religion.«[32] Religiöses Erleben ist in Schleiermachers Theologie das Gewahrwerden der Unendlichkeitsdimension der Welt.[33] Ulrich Barth formuliert entsprechend: »Religion ist die Deutung von Erfahrung im Horizont der Idee des Absoluten.«[34]

Damit wird deutlich, dass für eine religiöse Sichtweise zwei Komponenten kennzeichnend sind: das Erleben und die Deutung bzw. der Ausdruck, die Symbolisierung dieses Erlebens. Beide evozieren sich wechselseitig: Erlebnisse lösen Deutungen aus[35] (die immer von einem spezifischen Deutungshorizont her vorgenommen werden). Und andererseits werden religiöse Erlebnisse »durch vorausgesetzte religiöse Überzeugungen überhaupt erst ermöglicht«[36]. Das ist der Grund, weshalb religiöse Tradition bedeutungsvoll ist: Sie ist vielfach der Grund dafür, dass Menschen Erlebnisse überhaupt religiös verstehen und interpretieren.[37]

Dass es Religion um das Unendliche bzw. Absolute geht, erklärt, dass sie elementar auf Metaphern und Symbole angewiesen ist. Sie leiht sich sozusagen Sprache, die sich auf Endliches bezieht, um mithilfe von Metaphern und Symbolen über das Endliche hinauszuweisen.

Religiöse Weltsicht unterscheidet sich dadurch charakteristisch von einer naturwissenschaftlichen Weltsicht. Geht es dieser um die Welt als aus Tatsachen bestehend, versteht Religion die Welt als ein im Letzten großes Mysterium. Sie geht in den Tatsachen nicht auf.[38] Das meint der Begriff »Transzendenz«, der häufig im Zusammenhang mit Religion gebraucht wird – wobei Transzendenz auf keinen fassbaren räumlichen Bereich verweist, sondern in sich schon wieder eine Metapher ist. Der Medienwissenschaftler Norbert Bolz hält diese grundlegende Metapher der Transzendenz für sinnstiftend, weil Sinn sich nicht innerweltlich bestimmen lässt: »In der Welt gibt es ... keinen Sinn ... – alles ist, wie es ist.« Bolz nimmt dabei Bezug auf den Philosophen Ludwig Wittgenstein, der der Überzeugung ist: »Der Sinn der Welt muss außerhalb ihrer liegen.«[39]

Dass es zur Ausbildung einer religiösen Sicht kommt, ist nach Schleiermacher ausgelöst durch die Wirkung, die die Wirklichkeit auf uns ausübt.[40] Deshalb ist »Offenbarung« durchaus eine angemessene allgemeinreligiöse Begrifflichkeit für etwas, das Menschen nach ihrem Empfinden ergreift und überwältigt. Zugleich gilt aber, dass Religion immer auch menschliche Deutungsleistung ist[41], sich entsprechend vielgestaltig darstellt und unterschiedliche Traditionsströme ausbildet. Zur begrifflichen Präzisierung empfiehlt es sich daher, zwischen »Religiosität« als allgemeinem Grundphänomen und »Religionen« im Sinne tradierter Systeme zu unterscheiden.

Ich bin sicher: Es würde Protestanten weiterbringen, wenn sie sich dieses Verständnis von Religion bzw. Religiosität zu eigen machten. Das hieße für sie allerdings, den traditionellen Absolutheitsanspruch noch ein zweites Mal einzuschränken. Es reicht nicht aus, dass das Christentum der naturwissenschaftlichen Sichtweise Wahrheitserkenntnis einräumt. Es ist darüber hinaus notwendig, sich davon zu verabschieden, Wahrheit in religiösen Angelegenheiten exklusiv für sich zu reklamieren. Das bedeutet nicht, dass das Christentum vollständig vom bisherigen Absolutheitsanspruch Abstand nimmt. Es geht im Christentum sehr wohl um Absolutheit. Aber nicht in dem Sinne, dass das Christentum darüber verfügt. Es weist auf das Absolute mithilfe menschlicher Deutungsbemühungen hin.

Mit dem Eingeständnis des Christentums, Wahrheit auch in religiösen Angelegenheiten nicht exklusiv zu besitzen, ist die Wahrheitsfrage nicht verabschiedet. Im Gegenteil: Es geht im heutigen religiösen Pluralismus mehr denn je um Wahrheit. Allerdings ist das traditionelle Wahrheitsverständnis infrage zu stellen. Wir kommen nicht weiter, wenn jede Religion Wahrheit als endgültigen Besitz versteht, die man anderen von vorneherein abspricht. »›Wahrheit‹«, schreibt der evangelische Theologe Stefan Schütze, »ist niemals eine ›Vorgabe‹, sondern immer ein Zielhorizont, eine ›regulative Idee‹ (Kant), die im Suchen von Menschen immer nur tastend antizipiert, vorläufig für eine bestimmte Situation und Zeit formuliert, und diskursiv anvisiert werden kann [...] Echte Wahrheitssuche erfordert [...] die Bereitschaft zu stetem ›Aufbruch‹ und ›Exodus‹ aus bisherigen Gewissheiten, die doch immer nur ›Heimat auf Zeit‹ sein können.«[42]

Dazu passt die Erkenntnis, dass die großen Religionen geschichtlich gewachsene Deutungssysteme sind. Betrachtet man sie unter dieser Perspektive, wird deutlich, dass sie in permanenter Auseinandersetzung mit der sie umgebenden Welt standen, fremdreligiöse Vorstellungen aufgenommen und andere abgewehrt haben. So sind sie zu dem geworden, was sie sind.[43] Auch heute haben sie das Potenzial, sich weiterzuentwickeln, wenn sie sich mit ihrer Umgebung auseinandersetzen.

Und genau dies sollten Protestanten tun. Um nicht stehenzubleiben, sollten sie offensiv die Auseinandersetzung suchen und sich in einen konstruktiven Dialog mit Andersgläubigen und Nichtgläubigen begeben. Leider sind sie auf diesen Dialog nicht wirklich vorbereitet. Nicht nur, weil sie es nicht gelernt haben, einen solchen zu führen, sondern auch, weil dieser eine in sich konsistente und belastbare Position voraussetzt. Hier sind besonders die hauptamtlich in der Kirche Tätigen gefordert.

Ein weltanschaulicher Dialog hat unterschiedliche Dimensionen: Zum einen verhilft er dazu, sich vertieft auf eine andere Denkart einzulassen, Klischeevorstellungen abzubauen und einander differenziert wahrzunehmen. So kann sich eine Haltung des gegenseitigen Respekts und der Achtung voreinander entwickeln.

Einander besser kennenzulernen heißt auch, sich selbst besser kennenzulernen. Einerseits durch den Außenblick, den jemand andere/r auf meine Sicht wirft, andererseits dadurch, dass man sich selbst anderen verständlich zu machen versucht. Ich erlebe in unseren Kirchen, dass wir vermehrt eine Binnensprache pflegen, die von außen kaum mehr verstanden wird. Im Dialog mit Andersdenkenden sind wir gezwungen, uns klar und verständlich auszudrücken. Das tut uns gut!

Einen Dialog mit Anders- und Nichtgläubigen führen heißt darüber hinaus auch, miteinander das zu entdecken, was uns gemeinsam ist. Da geht es sicherlich auch um Elemente religiöser Praxis und einzelne inhaltliche Aspekte. Vor allem geht es aber um die elementaren Grundfragen, die wir in den Kirchen in der Regel nicht thematisieren, die aber viele Menschen heute stellen: Was ist Religion?[44] Wozu hilft Religion? Und unter welchen Umständen wird

Religion gefährlich oder krankhaft?

Und schließlich: Man kann in einem solchen Dialog voneinander lernen. Es gibt viele Anfragen von kritischen Zeitgenossen an uns Christen, die uns in unserer Denkbemühung weiterbringen könnten. Ich erlebe es aber häufig, dass wir mit diesen Anfragen nicht konstruktiv umgehen, sondern ihnen ausweichen oder meinen, gleich einmal einige Bekenntnissätze von uns geben zu müssen. Bonhoeffer hat in diesem Zusammenhang von theologischer Denkfaulheit gesprochen.[45] Ein hartes Urteil, aber hat er damit wirklich so unrecht?

Was den Dialog mit anderen Religionen angeht, so zeigt die Religionsgeschichte, dass sich die Religionen immer schon gegenseitig befruchtet haben. In den letzten siebzig Jahren haben wir Christen viel profitiert vom Dialog mit dem Judentum, aus dem wir hervorgegangen sind und das in heutiger Zeit unsere Schwesterreligion ist. Ich bin davon überzeugt, dass uns darüber hinaus der Dialog mit den fernöstlichen Religionen, insbesondere mit dem Buddhismus, weiterbringen würde.[46] Aber diesen Dialog führen wir so gut wie gar nicht.

Selbstverständlich gilt auch das Umgekehrte: Andere Religionen können – und werden – im interreligiösen Dialog auch von uns Christen profitieren.

Ich sehe den weltanschaulichen Pluralismus der heutigen Zeit nicht als Gefahr für uns Christen, sondern im Gegenteil als heilsame Herausforderung, unsere Sicht im Dialog mit religionslosen und andersgläubigen Menschen plausibilisieren zu müssen. Wenn uns das nicht gelingt, wird unsere Überzeugung als nicht mehr zeitgemäß und relevant gewertet. Ist es unter diesen Umständen ein Verlust, wenn der Protestantismus untergeht?

Es gibt in der Spätmoderne eine weitverbreitete Skepsis gegenüber dem Phänomen »Religion«. Sie ist nicht zuletzt eine Folge der lange dominierenden antiaufklärerischen Haltung der Kirchen. »Wir gehen einer völlig religionslosen Zeit entgegen«, hatte Bonhoeffer vor mehr als 70 Jahren vorhergesagt. Lange Zeit wurde er für diese Prognose in den protestantischen Kirchen kritisiert, gar belächelt. Die Statistiken scheinen ihm jedoch, wie wir gesehen haben, Recht zu geben.

Andererseits sind in den letzten Jahrzehnten vermehrt religiöse Suchbewegungen zu verzeichnen. Manche Wissenschaftler sprechen gar von der »Wiederkehr der Religion«. Das erscheint mir vorschnell. Es spricht jedoch vieles dafür, dass sich das Phänomen »Religion« in der Spätmoderne nicht einfach verabschiedet hat. Es ist allerdings vielfältiger und diffuser geworden. Der katholische Religionspädagoge Rudolf Englert kennzeichnet die zeitgenössische religiöse Suche als »Expedition in ›offenes Land‹«, die charakterisiert ist »durch hochgradig individualisierte Verlaufsmuster, wechselnde religiöse Referenzsysteme und ein hohes Maß an Selektivität im Umgang mit religiösen Traditionen und Institutionalisierungsformen.«[47]

Die Verdiesseitigung des Lebens, das durch seine Fülle und komplexen Herausforderungen die Konzentration auf sich zieht, führt zu Suchbewegungen in Richtung einer Mystik des Alltags. »Jene durch wissenschaftliche Aufklärung bestimmte Welt ... ist offenbar ohne den Zauber von etwas Mystik nicht auszuhalten. Diese Welt braucht die Mystik als die ihr offenbar noch am ehesten kompatible Form von Religion; sie braucht sie gerade heute, weil sie die spirituelle Innenseite ihres ›stahlharten Gehäuses‹ nach dem Zusammenbruch säkularer Heilshoffnungen (Nationalismus, Sozialismus, Kapitalismus) neu auskleiden muss. Von daher lässt sich die heute festzustellende Konjunktur mystischer und erlebnisbezogener Religiositätsstile als die spirituelle Reaktion auf jene strukturellen

Bedingungen begreifen, die Aufklärung und Moderne inklusive Post-Moderne hervorgebracht haben.«[48]

Die protestantische Kirche ist von diesen religiösen Suchbewegungen weitgehend unberührt. Sie ist als Resonanzraum und Deutungsrahmen immer weniger gefragt. Viel hängt davon ab, ob es dem Protestantismus in Zukunft gelingt, seine Tradition als inspirierende religiöse Deutungen ins Spiel zu bringen.

Die derzeitige Konjunktur mystischer und erlebnisbezogener Religionsstile weist dabei auf ein zentrales Problem des Protestantismus hin: seinen Mangel an Spiritualität. Darauf ist noch detaillierter einzugehen.

Fazit:

Die Tatsache, dass das Christentum nicht mehr das religiöse Monopol in Westeuropa innehat, veranlasst dazu, den traditionellen christlichen Absolutheitsanspruch kritisch infrage zu stellen: Wahrheit ist nicht etwas, das eine Religion für sich gepachtet hat, sondern ein Zielhorizont. Das Gespräch mit religionslosen und andersgläubigen Menschen kann nicht nur dazu verhelfen, das Phänomen »Religion« als spezifische menschliche Deutungsleistung zu verstehen, die sich in den einzelnen Religionen konkretisiert, sondern ermöglicht es dem Christentum, sich selbst weiterzuentwickeln – wie es das in seiner Geschichte immer wieder getan hat – und damit seine inhaltliche Erstarrung aufzubrechen.

DER PROTESTANTISMUS UND
DER WERTEWANDEL

Als wäre das Christentum nicht weltanschaulich schon genug herausgefordert, hat sein Bedeutungsverlust auch damit zu tun, dass sich seit den 1970er-Jahren in Westeuropa ein deutlich erkennbarer Wertewandel vollzogen hat.

Zweifellos tun sich die katholische und die protestantische Kirche mit dem Wertewandel der letzten Jahrzehnte schwer. Ihr geschichtlich gewachsenes Wertesystem scheint mit den jüngsten Veränderungen zumindest in bestimmten Bereichen schwer vereinbar. Wie soll die protestantische Kirche mit dem derzeit sich vollziehenden Wertewandel umgehen?

Es geht mir im Folgenden nicht um eine umfassende Wertediskussion. Ich möchte vielmehr anhand von Beispielen auf signifikante Problemfelder hinweisen, denen die protestantische Kirche ausgesetzt ist, und zugleich – gleichsam als Testlauf im Blick auf die Notwendigkeit, das Christentum für die Spätmoderne zu plausibilisieren – einige Perspektiven ins Spiel bringen, wie die protestantische Kirche mit diesen Herausforderungen konstruktiv umgehen könnte.

a) Die protestantische Kirche und ihr Festhalten an zeitbedingten Wertvorstellungen

Werte sind immer im Zusammenhang mit bestimmten gesellschaftlichen Ordnungen zu sehen. Diese verändern sich im Laufe der Zeit – und damit verändern sich auch die Werte.

Die protestantische Kirche hielt in ihrer Geschichte immer wieder an zeitbedingten Wertvorstellungen fest und wirkte so als gesellschaftliche Bremserin. Das gilt beispielsweise für die Rolle der Frau: Erst seit den 1950er- und 1960er-Jahren ist es Frauen in Deutschland möglich, als Pfarrerin ordiniert zu werden. Die formale Gleichstellung von Pfarrerin und Pfarrer wurde erst vor etwas mehr als 30 Jahren vollzogen. Die Theologische Erklärung der Bekenntnissynode in Barmen vom 31. Mai 1934 spricht in ihrer dritten These von der christlichen Kirche als der »Gemeinde von Brüdern«. Frauen kamen demnach noch 1934 in theologischen Bekenntnissätzen der protestantischen Kirche nicht vor!

Betrachtet man näher, was namhafte Theologen unterschiedlicher theologischer Provenienz in der ersten Hälfte des 20. Jahrhunderts zum Thema »Ehe« als theologisch gültig formuliert haben, stellt man fest, dass sie zwar sehr unterschiedlich argumentierten, aber alle zu einem fast identischen patriarchal-konservativen Eheverständnis gelangten, das wir heute als überholt ansehen. Die theologische Argumentation bestätigte, was zur damaligen Zeit als gesellschaftliche Norm galt!

Diese Beispiele sollten die protestantische Kirche hellhörig machen und kritisch gegenüber sich selbst! Es ist traurig, aber wahr: Einige der Werte, die uns heute selbstverständlich und einem modernen Christentum angemessen erscheinen, mussten gegen die Kirchen erkämpft werden!

b) Wertewandel in der protestantischen Kirche

Viele Werte, die die protestantische Kirche heute vertritt, lassen sich nicht direkt aus der Bibel ableiten, sondern sind eine Anpassung an gesellschaftliche Überzeugungen. Das betrifft zum Beispiel die schon erwähnte Gleichstellung der Frau, die heute in der protestantischen Kirche Westeuropas niemand mehr ernsthaft bezweifelt. Gleiches gilt auch für eine demokratische Gesinnung. Die Bibel dagegen preist an vielen Stellen Unterordnung und Gehorsam gegenüber Autoritäten als hohe Tugenden. Die »Bewahrung der Schöpfung« ist ein moderner christlicher Wert, dessen hohe Bedeutung heute allgemein anerkannt ist. Die Zerstörung der Welt war in biblischen Zeiten jedoch noch kein drängendes Thema und wird in der Bibel deshalb auch nicht thematisiert.

Die protestantische Kirche sollte von daher allgemein eingestehen, dass man aus der Bibel keine unmittelbaren Normen ableiten kann. Sonst setzt man zeitbedingte gesellschaftliche Umstände absolut.

c) Die protestantische Kirche und die Notwendigkeit eines stetigen Wertediskurses

Nicht alle christlichen Werte haben die gleiche Wertigkeit. Ich halte es für wichtig, dass die protestantische Kirche für sich in einem intensiven Diskussionsprozess entscheidet, welche ihrer Werte grundlegenden Charakter haben, welche sich inhaltlich gewandelt haben und welche gar obsolet geworden sind. Auf Basis dieser regelmäßig auf Gültigkeit zu überprüfenden Werte sollte sie dann differenziert und reflektiert Stellung zu aktuellen gesellschaftlichen Herausforderungen beziehen.

Im Folgenden möchte ich anhand zweier konkreter Beispiele deutlich machen, wie Kirche differenziert Stellung beziehen könnte.

d) Die protestantische Kirche und die modernen Selbstverwirklichungswerte

Werte sind immer zeitbezogen. Das gilt nicht nur für die moralischen Auffassungen der Bibel, sondern auch für die Werte, die bis in die 1950er-Jahre gesellschaftlich für wichtig erachtet wurden. Das wird anhand der traditionellen Werte »Gehorsam«, »Unterordnung« und »Pflicht« deutlich. Diese orientieren sich an den Erfordernissen einer ständisch verfassten Gesellschaft, das heißt einem hierarchisch geordneten Gefüge, das aus abgeschlossenen sozialen Gruppen besteht. In den letzten Jahrzehnten hat sich eine spätmoderne Gesellschaft entwickelt, in der diese Abgeschlossenheit immer mehr aufbricht. Der Wandel hin zu Selbstentfaltungswerten wie Individualität, Fantasie, Kreativität und Unabhängigkeit ist auf dem Hintergrund dieser gesellschaftlichen Veränderungen zu verstehen. Er ist Ausdruck der Notwendigkeit, einen individuellen Platz in der vielgestaltigen Welt zu finden. Traditionelle Werte wie Gehorsam, Unterordnung und Pflicht erscheinen dafür eher hinderlich.

Der Wertewandel wurde in jüngster Zeit öfter als Werteverfall bezeichnet. Hierzu besteht allerdings kein Grund. Die wachsende Bedeutung von Selbstentfaltung geht nicht mit geringerem gesellschaftlichen Engagement einher. Die Motivation dafür ist allerdings immer weniger eine äußerliche, von Pflicht oder Gehorsam geleitete, sondern entspringt dem persönlichen Interesse, die eigenen Fähigkeiten in einer partizipativen Gesellschaft einzubringen.

Es spricht daher meines Erachtens nichts dagegen, als protestantische Kirche die modernen Selbstverwirklichungswerte anzuerkennen: nicht als ewig gültige Norm, wohl aber als in der derzeitigen gesellschaftlichen Situation hilfreiche und angemessene Werte.

e) Die protestantische Kirche und die modernen Familien- und Sexualitätswerte

Besonders schwer tut sich die protestantische Kirche mit den modernen Familien- und Sexualitätsnormen. Hier gehen die Wogen innerhalb der Kirche besonders hoch: Wie steht es um die Bedeutung der Ehe? Wie ist die Haltung der Kirche zum Thema »Sexualität« und speziell »Homosexualität«?

Auf einer allgemeinen Ebene kann und sollte die Kirche hier grundlegende ethische Werte wie »Freiheit« und »Verantwortung« ins Spiel bringen. Es ist aber meines Erachtens nicht ihre Aufgabe, konkrete sexualethische Handlungsanweisungen zu formulieren. Es gibt andere Themen, die besser geeignet sind, konkret zu werden (z.B. Umweltthemen, Armutsproblematik). Bei diesen drückt sich die protestantische Kirche merkwürdigerweise um Konkretionen immer wieder herum, anders als katholischerseits der derzeitige Papst Franziskus, der hierfür viel klarere und eindeutigere Worte gefunden hat.

Die Bedeutung der Ehe hat sich in den letzten Jahrzehnten stark gewandelt. Es gibt keinen gesellschaftlichen Druck mehr zu heiraten. Wer es dennoch tut, tut es aus Überzeugung. Die Ehe ist eine Intensivform menschlichen Zusammenlebens, die auf Verlässlichkeit und Dauer angelegt ist und als solche heranwachsenden Kindern eine sichere Basis bieten kann. Es gibt meines Erachtens gute Gründe, als Kirche die Ehe rituell zu begleiten. Es kann aber nicht darum gehen, die Ehe als Lebensform gegenüber alternativen Lebensformen auszuspielen, indem man sie theologisch überhöht, wie es oft geschehen ist und immer noch geschieht. Wer eine andere Lebensform wählt und sich dabei verantwortungsvoll verhält, der soll sich von der protestantischen Kirche anerkannt und unterstützt fühlen dürfen. Dies gilt auch für homosexuelle Lebensformen, die die Kirche lange Zeit als Sünde gebrandmarkt hat.

Fazit:

Dieser kurze Durchgang durch einige Problemfelder der heutigen Wertediskussion soll genügen, um deutlich zu machen, dass die protestantische Kirche herausgefordert ist, differenziert Stellung zu beziehen. Dem muss ein interner Klärungsprozess vorangehen, der die Werte, die man nach außen und innen hin vertreten möchte, umfassend in den Blick nimmt. Dabei muss deutlich werden, dass Werte nicht für alle Zeiten feststehen, sondern einen permanenten Revisionsprozess erfordern. Die Kirche sollte im gesellschaftlichen Dialog diese Erkenntnis offen kommunizieren. Was für Werte gilt, gilt auch ganz allgemein für die Inhalte und Formen des Christentums: Sie sind zeitbedingt und zeitbezogen. Dies bedeutet eine dritte Relativierung des traditionellen Absolutheitsanspruches.

Resümee

Eine Kirche, die pluralitätsfähig sein will, muss sich mit anderen Weltsichten in einen konstruktiven und ergebnisoffenen Dialog begeben. Dieser steht auch im Dienst der eigenen Selbstklärung:

Die poetische Dimension biblischer Sprache tritt im Gegenüber zur naturwissenschaftlichen Faktensprache deutlich zutage. Im Gespräch mit anderen Religionen klärt sich, was das Spezifische einer religiösen Weltsicht ist: die Deutung von Erlebnissen als Absolutheits- bzw. Ganzheitserfahrungen.

Pluralitätsfähigkeit bedeutet für die Kirche eine dreifache Relativierung ihres traditionellen Absolutheitsanspruches: Sie ist nicht mehr allein zuständig für Wahrheitserkenntnis. Nicht einmal mehr im religiösen Bereich hat sie einen Exklusivanspruch. Und außerdem sind ihre gesamten Inhalte und Formen zeitbezogen und zeitbedingt, wie die Auseinandersetzung mit dem Wertewandel deutlich zeigt.

Bei aller nötigen Relativierung des christlichen Absolutheitsanspruches ist jedoch zu betonen: Es geht nicht um Wahrheitsbeliebigkeit. Die protestantische Kirche sollte auch weiterhin für ihre Sicht auf die Wirklichkeit Wahrheit beanspruchen, aber eben nicht mehr in einem umfassenden, exklusiven und endgültigen Sinne. Ich bin der festen Überzeugung: Die protestantische Kirche verliert dadurch nicht nur nichts[49,] sondern gewinnt im Gegenteil viel: an intellektueller Redlichkeit, an Aufbruchsstimmung und Erneuerungswillen. Vor allem glaube ich, dass die Kirche durch eine bescheidenere Formulierung des eigenen Wahrheitsanspruchs erheblich an Überzeugungskraft gewinnen würde.

4. KAPITEL:
ÜBERSETZENDE KIRCHE

Wenn Kirche ihre Traditionen auf die heutige Zeit beziehen will, steht sie vor dem Problem, dass diese Traditionen Weltbilder und Einstellungen enthalten, die nicht mehr die der Spätmoderne sind. Wie kann das, was einem anderen Horizont entstammt, Resonanzraum werden für heute? Es braucht in irgendeiner Weise eine Übersetzung in die heutige Zeit. Wie kann diese funktionieren? Darum geht es im ersten Teil dieses Kapitels.

Im zweiten Teil wende ich mich der Predigt als praktischem Anwendungsfall einer übersetzenden Kirche zu. Diese spielt in protestantischen Gottesdiensten eine wichtige Rolle und hat den Anspruch, einen biblischen Text mit der modernen Lebenswelt zu verbinden. Warum misslingt in vielen Predigten jedoch die Übersetzung in die heutige Zeit? Und was sind die diesbezüglichen Kriterien für eine gelungene Predigt?

DIE HERMENEUTISCHE HERAUSFORDERUNG

Kirche ist ohne Tradition nicht zu haben. Für den Protestantismus grundlegend ist die biblische Tradition. Sie ist die maßgebliche religiöse Deutung bzw. Symbolisierung existenzieller Erfahrungen. Dass in protestantischen Kirchen die Bibel in zentraler Position auf dem Altar im Gottesdienstraum liegt, macht diese Bedeutung sinnenfällig.

Nun ist die Bibel, wie wir gesehen haben, in einer bestimmten Zeit entstanden und aus ihr heraus zu verstehen. Wenn wir der Meinung sind, dass in den biblischen Schriften »eine immerzu erneuerbare Bedeutungsfülle liegt, die dauerhaft, auch in unserem Zeitalter, unser Denken befruchten kann, ganz gleich, wie wissenschaftlich gesinnt wir auch sein mögen«[1], dann stellt sich die Frage: Wie können biblische Elemente so in unseren heutigen Horizont übersetzt werden, dass sie uns tatsächlich befruchten und uns nicht auf überholte Weltbilder und Denkmuster festlegen?

Darin besteht die hermeneutische Herausforderung. Hermeneutik (von griech. *hermeneuein*, deutsch: erklären, auslegen, übersetzen) ist die Theorie des Verstehens, der Auslegung und Interpretation von Texten und Sachverhalten.

Wenn man an »Übersetzung« denkt, hat man vielleicht das Bild einer Dolmetscherin vor Augen. Wir dürfen uns die Aufgabe einer Dolmetscherin nicht zu einfach vorstellen: Sprachen sind unterschiedlich strukturiert. Nicht immer gibt es ein Äquivalent zu einem bestimmten Begriff. Mehrdeutige Aussagen müssen in der Übersetzung sprachlich vereinfacht, Redewendungen auf ihren Aussagegehalt reduziert werden. Was eine Übersetzung ausdrückt, ist deshalb bestenfalls eine Annäherung an das, was ursprünglich gesagt wurde.

So herausfordernd eine Übersetzung in diesem Sinne ist: Die Übersetzung eines biblischen Textes in die Gegenwart ist es noch deutlich mehr. Worin die Herausforderung konkret besteht, wird deutlich, wenn wir uns der Welt der Bibel näher zuwenden.

BIBLISCHE MYTHOPOESIE

Der Heidelberger Neutestamentler Hartwig Thyen (1927–2015) hat die Sprache der Bibel »Mythopoesie«[2] genannt. In diesem Begriff spiegelt sich die charakteristische Eigenart biblischer Redeweise: Sie ist mythisch und poetisch zugleich. Was ist damit gemeint?

Mythische Dimension der Bibel

Rudolf Bultmann hat in dem berühmt gewordenen Vortrag »Neues Testament und Mythologie. Das Problem einer Entmythologisierung der neutestamentlichen Verkündigung«, den er 1941 hielt, das mythische Weltbild der Bibel folgendermaßen skizziert: »Die Welt gilt als in drei Stockwerke gegliedert. In der Mitte befindet sich die Erde, über ihr der Himmel, unter ihr die Unterwelt. Der Himmel ist die Wohnung Gottes und der himmlischen Gestalten, der Engel; die Unterwelt ist die Hölle, der Ort der Qual. Aber auch die Erde ist nicht nur die Stätte des natürlich-alltäglichen Geschehens, der Vorsorge und Arbeit, die mit Ordnung und Regel rechnet; sondern sie ist auch der Schauplatz des Wirkens übernatürlicher Mächte, Gottes und seiner Engel, des Satans und seiner Dämonen. In das natürliche Geschehen und in das Denken, Wollen und Handeln des Menschen greifen die übernatürlichen Mächte ein; Wunder sind nichts Seltenes. Der Mensch ist seiner selbst nicht mächtig; Dämonen können ihn besitzen; der Satan kann ihm böse Gedanken eingeben; aber auch Gott kann sein Denken und Wollen lenken, kann ihn himmlische Gesichte schauen lassen, ihn sein befehlendes oder tröstendes Wort hören lassen, kann ihm die übernatürliche Kraft seines Geistes schenken. Die Geschichte läuft nicht ihren stetigen, gesetzmäßigen Gang, sondern erhält ihre Bewegung und Richtung durch die übernatürlichen Mächte. Dieser Äon steht unter der Macht des Satans, der Sünde und des Todes (die eben als ›Mächte‹ gelten); er eilt seinem Ende zu, und zwar seinem baldigen Ende, das sich in einer kosmischen Katastrophe vollziehen wird; es stehen nahe bevor die ›Wehen‹ der Endzeit, das Kommen des himmlischen Richters, die Auferstehung der Toten, das Gericht zum Heil oder zum Verderben.«[3]

Das Heilsgeschehen, das im Auftreten Jesu als dem Gesandten Gottes kulminiert, setzt dieses mythische Weltbild voraus. Das Problem besteht darin, dass wir in der Spätmoderne dieses Weltbild nicht mehr teilen. Es ist nach Bultmanns Ansicht »durchaus möglich, dass in einem vergangenen mythischen Weltbild Wahrheiten wieder neu entdeckt werden, die in einer Zeit der Aufklärung verloren gegangen waren, und die Theologie hat allen Anlass, diese Frage auch in Bezug auf das Weltbild des Neuen Testaments zu stellen. Aber es ist unmöglich, ein vergangenes Weltbild durch einfachen Entschluss zu repristinieren [wiedereinzusetzen; Anm. M. Beile], und vor allem ist es unmöglich, das mythische Weltbild zu repristinieren, nachdem unser aller Denken unwiderruflich durch die Wissenschaft geformt worden ist. Ein blindes Akzeptieren der neutestamentlichen Mythologie wäre Willkür.« Wer es tut, »wäre eigentümlich gespalten und unwahrhaftig. Denn er würde für seinen Glauben, seine Religion, ein Weltbild bejahen, das er sonst in seinem Leben verneint. Mit dem modernen Denken, wie es uns durch unsere Geschichte überkommen ist, ist die Kritik am neutestamentlichen Weltbild gegeben. Welterfahrung und Weltbemächtigung sind in Wissenschaft und Technik so weit entwickelt, dass kein Mensch im Ernst am neutestamentlichen Weltbild festhalten kann und festhält.

Welchen Sinn hat es, heute zu bekennen: ›niedergefahren

zur Hölle‹ oder ›aufgefahren gen Himmel‹, wenn der Bekennende das diesen Formulierungen zugrunde liegende mythische Weltbild von den drei Stockwerken nicht teilt? Ehrlich bekannt werden können solche Sätze nur, wenn es möglich ist, ihre Wahrheit von der mythologischen Vorstellung, in die sie gefasst ist, zu entkleiden, – falls es eine solche Wahrheit gibt. Denn das eben ist theologisch zu fragen. Kein erwachsener Mensch stellt sich Gott als ein oben im Himmel vorhandenes Wesen vor; ja, den ›Himmel‹ im alten Sinne gibt es für uns gar nicht mehr. Und ebenso wenig gibt es die Hölle, die mythische Unterwelt unterhalb des Bodens, auf dem unsere Füße stehen.«[4]

Man kann sich gut vorstellen, wie diese Worte Bultmanns damals für Furore gesorgt haben. Bultmann benennt nicht nur in aller Schärfe das Problem der unterschiedlichen Weltbilder, sondern deutet auch die Richtung an, in der die Lösung des Problems liegen könnte: die mythische Einkleidung der biblischen Botschaft von ihrem Kern zu lösen. Doch ist das möglich? Und wenn ja, wie? Eine entsprechend intensive Diskussion in der Theologie war die Folge. Dabei wurde Bultmann Inkonsequenz vorgeworden[5], da er der Meinung war, dass »Gottes Tun …, sein entscheidende(s) eschatologische(s) Tun«[6] von der Entmythologisierung auszunehmen ist. Zu Recht wurde eingewandt, dass auch Gott nur innerhalb des mythischen Horizontes zu verstehen ist und deshalb von der Übersetzungsherausforderung nicht ausgenommen werden kann.

Poetische Dimension der Bibel

Wie, frage ich noch einmal, kann eine solche Übersetzung von Texten, die einem mythischen Weltbild verhaftet sind, in die Spätmoderne gelingen?

Hier ist zu berücksichtigen, dass die biblischen Texte nicht nur mythischen, sondern zugleich poetischen Charakter haben, sich also im Gegensatz zu instrumenteller Begriffssprache nicht direkt auf sinnlich wahrnehmbare Gegenstände bezieht. Was ist das Spezifikum poetischer Sprache? Der russische Literaturwissenschaftler Juri M. Lotman charakterisiert künstlerisch-poetische Texte als lebendige Organismen, bei denen »die betreffende Information [der ›Inhalt‹] außerhalb der betreffenden Struktur weder existieren noch übermittelt werden kann. Wenn wir ein Gedicht in gewöhnlicher Rede wiedererzählen, so zerstören wir seine Struktur und vermitteln dem Zuhörer keineswegs den Informationsgehalt, den das Gedicht enthielt«[7].

Form und Inhalt können also bei poetischen Texten nicht voneinander getrennt werden. Poetische Texte sind nur als Ganze zu haben und in gewisser Weise unübersetzbar. Hartwig Thyen sagt es so: »Poesie – oder wie in unserem Falle Mythopoesie – ist kein bloßes Formproblem, sondern dabei geht es um die unauflösbare Korrelation und Korrespondenz von Form und Inhalt als der beiden Seiten einer und derselben Medaille ... Der poetische Text ist nicht Mitteilung von Etwas, das ihm äußerlich wäre und das auch in anderer Form gesagt werden könnte, sondern er ist dieses Mitgeteilte selbst. Anders gesagt: Wenn es bei Hölderlin heißt, ›Was bleibt aber, stiften die Dichter‹, so stiften sie dieses Bleibende nicht durch ihre Worte und von ihnen ablösbar, sondern als diese Worte selbst.«[8]

KRITISCHER UMGANG MIT
BIBLISCHEN TEXTEN

Aufgrund dieser prinzipiellen Unübersetzbarkeit besteht, so Hartwig Thyen, die hermeneutische Aufgabe nicht darin, vergangene Texte »für die jeweilige Gegenwart nach dem Maß von deren Bedürfnissen zu aktualisieren«. Vielmehr müsse es bei der Vermittlung biblischer Texte darum gehen, »die Hörer zurückzuführen und sie im Text zu versammeln und nach Hause kommen zu lassen«[9].

Die Hörer im Text nach Hause kommen zu lassen: Das ist meines Erachtens durchaus eine sinnvolle Zielbestimmung hermeneutischen Bemühens. Allerdings handelt es sich bei den mythopoetischen Texten der Bibel immer zugleich um eine fremde Heimat. Der Denk- und Vorstellungshorizont, der in ihnen zum Ausdruck kommt, ist ein anderer als der unsrige. Biblische Texte können uns inspirieren und sollen das auch. Aber sie sollen nicht einfach unkritisch übernommen werden. Sie können als Traditionen nur dann überzeugen, wenn man sie auf eine nicht-traditionale Weise bewahrt. Und dazu gehört, wie der Soziologe Antony Giddens meint, »eine ganze Menge von dem, was man mit Tradition lange Zeit gerade eben nicht verbunden hat, nämlich: Kritische Auseinandersetzung, immer wieder neue Interpretation, kontroverses Gespräch, kreative Transformation«.[10]

Was heißt das für die konkrete Übersetzungsarbeit? »Mythen müssen ›gebrochen‹ werden, wie Paul Tillich es formuliert hat; sie müssen ›dekonstruiert‹ und ›entliteralisiert‹ werden.«[11] Sie sind »nicht wörtlich zu glauben, sie sind vielmehr Kunstwerke, die Menschen hervorgebracht haben, um dem Mysterium etwas an Bedeutung abzuringen«[12]. Als solche laden uns die biblischen Texte ein, sie zu erkunden und uns von ihrer mythopoetischen Gestalt inspirieren zu lassen. Wir werden einerseits »die Narrationen und Mythen der Bibel und der Religionen auch weiterhin so erzählen, wie sie sind, und dadurch ihren ›irreduziblen‹ Mehrwert und ›Sinnüberschuss‹ bewahren«[13]. Andererseits geht es aber auch darum, die biblischen Texte »nicht-fundationalistisch, nicht-literalistisch und nicht-dogmatisch [zu] re-interpretieren und die mythischen Anteile in ihnen dabei als solche kenntlich [zu] machen«[14]. Indem wir beides zugleich tun, unternehmen wir den Versuch, die »unersetzliche mythologische Sprache als symbolische wiederzugewinnen«[15]. Dieser Prozess der Übersetzung führt auf Dauer zu einer entsprechenden Gesamtinterpretation der Bibel (siehe dazu das 5. Kapitel).

ÜBERSETZUNG – EIN NEUES BILD

Aus all dem Gesagten wird deutlich, dass das Bild der Dolmetscherin für den komplexen Übersetzungsvorgang, um den es uns in diesem Kapitel geht, nicht geeignet ist. Es stellt den Übersetzungsvorgang zu einfach dar und führt uns dadurch eher in die Irre, als dass es uns weiterhilft. Deshalb möchte ich ein anderes Bild wählen, um das, worum es bei dem Übersetzungsvorgang geht, näher in den Blick zu nehmen:

Ich lebe am Bodensee. Wenn ich dort am Strand stehe, sehe ich im Sommer viele Boote, die hinüberfahren auf die nahegelegene Insel Reichenau. Sie setzen über, wie man es in der Schiffssprache nennt. Diese Bedeutungsvariante des »Übersetzens« trifft den Übersetzungsvorgang viel besser als der Vergleich mit der Dolmetscherin. Ich werde deshalb von diesem Bild des Übersetzens ausgehen, um im Folgenden die wichtigen Phasen des text- und sinntreuen Übersetzungsvorgangs zu beschreiben.

1. Phase: Hinreise

Wer mit dem Boot übersetzen will, beginnt sein Unternehmen am vertrauten Ufer. Hier liegt das Boot verankert, von hier aus geht es los. Wenn wir in die biblische Textwelt reisen, starten auch wir in unserem vertrauten Umfeld. Unsere Welt ist die Spätmoderne mit allen charakteristischen Weltsichten, gesellschaftlichen Entwicklungen sowie den individuellen existenziellen Herausforderungen, Lebensfragen, Erinnerungen und Hoffnungen.

Es ist wichtig, dass wir uns zuerst unserer Ausgangssituation bewusst werden, bevor wir übersetzen in die Welt der Bibel.

2. Phase: Begegnung

Wer mit einem Boot unterwegs ist, landet in der Regel irgendwann an einem anderen Ufer. So ist es auch, wenn wir übersetzen in die Welt der Bibel. Wir treten in einen uns fremden Textraum, in dem wir uns erst einmal zurechtfinden müssen. Manche der Bausteine des Textraumes, die wir wahrnehmen, kennen wir aus unserer vertrauten Umgebung.[16] Aber da sind auch Begrifflichkeiten und Wortverknüpfungen, die ungewohnt sind.

Die Welt eines Textes ist wie ein kompliziertes Netz. Alles hängt mit allem zusammen, verweist aufeinander und interpretiert sich gegenseitig. Wer sich in die poetische Welt der biblischen Texte begibt, betritt ein Mikrouniversum.

Die große Wirkungsgeschichte biblischer Texte zeigt, dass sich Menschen über die Jahrhunderte hinweg in ihnen zurechtgefunden und aus ihnen Impulse für ihr Leben erhalten haben. Wir verfügen heute ein großes Arsenal an historisch orientierten, linguistischen, psychologischen und vielen weiteren Ansätzen, Texte zu verstehen. Sie ergänzen sich gegenseitig und lassen das vielschichtige Sinnpotenzial erahnen, das biblischen Texten innewohnt. Wenn wir uns näher mit einem Text beschäftigen, wird dieses lebendig und kann seine Wirkung entfalten. Man kann das Eintreten in die Wirkungswelt eines biblischen Textes mit einer literarischen Bühne vergleichen, bei der sich ein dramatisches Geschehen öffnet, das uns in den Bann zieht.

Hinter den Texten erahnen wir manchmal etwas von den Menschen, die sie geschrieben haben, auch wenn wir kaum etwas von ihnen wissen. Mit ihren Texten deuteten sie ihre Welt auf religiöse Weise – und bieten uns an, ihre Deutungen probezubewohnen.[17] Dabei ist es gerade die Fremdheit der mythopoetischen Welt biblischer Texte, die inspirierend wirkt.[18]

3. Phase: Rückreise

Auch der schönste Bootsausflug geht irgendwann zu Ende: Mit hoffentlich vielen neuen Eindrücken kehren Bootsausflügler zurück. Sie vertäuen zum Schluss ihr Boot am vertrauten Ufer: Der Ausflug liegt hinter ihnen.

Ähnliches tun wir, wenn wir die Welt der Bibel verlassen. Wir setzen noch ein zweites Mal über und kehren zurück in unsere vertraute Welt. Was bringen wir mit von unserem Ausflug? Nichts, was wir vorzeigen und herumgeben können. Nichts, was wir eins zu eins übertragen und umsetzen können. Der Bezug mythopoetischer Texte zu unserer Alltagswirklichkeit ist in der Regel nicht einlinig, sondern komplex und vielschichtig. Wir haben

Eindrücke mitgebracht: etwas, das sich in uns eingedrückt hat, uns be-eindruckt hat. Wenn wir die Eindrücke auf unsere Alltagswelt beziehen, sehen wir diese im besten Fall in einem anderen Licht, sehen in ihr neue Möglichkeiten und Sinnverbindungen, haben eine Ahnung davon bekommen, dass die Wirklichkeit doch größer ist als das, was wir tagtäglich als unsere vertraute Welt erleben, haben neue Ideen für unsere Lebensgestaltung bekommen, fühlen uns ermutigt, die Welt ein wenig zum Positiven zu verändern und empfinden uns so und in allem neu im Einklang mit uns selbst und der großen, geheimnisvollen Wirklichkeit.

Wenn Menschen uns nach unserer Reise befragen, können wir dies tun: unsere Eindrücke schildern, unsere verwandelte Sicht. Vielleicht bewirkt es, dass sie selbst losziehen und das andere Ufer, die Welt der Bibel, erkunden – wie Menschen es früher getan haben und heute es immer noch viele tun, auf der immerwährenden Suche nach Erfüllung und dem Sinn des Lebens.

4. Phase: Nachbetrachtung

Im Nachhinein schauen sich Menschen, die eine Bootsfahrt gemacht haben, gerne noch einmal Fotos an und tauschen sich über die Erlebnisse der Reise aus.

Auch im Nachgang zu einer Reise in die Welt der Bibel lohnt es sich, über das Erlebte nachzusinnen. Eine fremde Welt war es, in die man eingetaucht war. Aber sie ist uns doch näher gerückt, je mehr wir sie erkundet haben. Wenn wir Erfahrungen in den biblischen Texträumen machen, setzen wir unsere vertraute spätmoderne Alltagswelt auf unterschiedlichen Ebenen mit der Welt der Bibel in Beziehung. Wir lassen uns einerseits emotional

berühren und überlegen andererseits, wie die mythopoetische Sichtweise der biblischen Texte sich mit unserer
spätmodernen, naturwissenschaftlich geprägten Sichtweise verträgt.

Wie schon gesagt: Es ist unerlässlich, als spätmoderne
Menschen kritisch an biblische Texte heranzugehen. Es
ist nicht alles Gold, was in der Bibel glänzt. Aber zugleich
ist es sinnvoll, mit den Eindrücken, die wir in den Texträumen der Bibel machen, kritisch in die Spätmoderne
zurückzukehren. Es ist in der Spätmoderne nicht alles
glänzend, was Gold ist.

ÜBERSETZUNG IN DER KIRCHLICHEN PRAXIS: DIE PREDIGT

Ich möchte das Gesagte am Beispiel der Predigt veran-
schaulichen.

Die Predigt ist ein wichtiger Teil des evangelischen Gottesdienstes. In ihr geht es darum, einen ausgewählten biblischen Text mit dem Leben der Zuhörenden zu verbinden.

Nach all dem, was in diesem Kapitel zur Sprache kam,
ist Predigen ein komplexes Unternehmen. Eine gute Predigt zu halten ist hohe Kunst, weil der notwendige Übersetzungsvorgang, wie wir gesehen haben, anspruchsvoll
ist. Empirischen Umfragen zufolge beherrschen die Kunst
des Predigens nicht viele. Bei den Konfirmandinnen und
Konfirmanden, die in den letzten Jahren eingehend befragt wurden, kommen die meisten Predigten jedenfalls
schlecht weg.[19] Die geringe Anzahl der Gottesdienstbesuchenden allgemein spricht ebenfalls eine deutliche
Sprache.

Einen ausgewählten biblischen Text auf das Leben der
Zuhörenden zu beziehen: Wie kann das konkret geleistet

werden? Man kann dabei viel falsch machen. Im Folgenden möchte ich auflisten, was ich als Fehlformen dieses Inbeziehungsetzens wahrnehme.

Fehlformen des Inbeziehungsetzens von biblischer Textwelt und spätmoderner Lebenswelt

a) Texte wörtlich nehmen

Diese hermeneutische Fehlform erlebe ich vor allem in evangelikalen Gemeinden. Texte wörtlich nehmen bedeutet: Predigende ignorieren die Problematik unterschiedlicher Weltsichten der Bibel und der Spätmoderne. Sie nehmen biblische Erzählungen als Tatsachenberichte, verstehen zum Beispiel Wundergeschichten, als wären sie genau so passiert. Für Zuhörende wirkt das, als ob Jesus zaubern konnte. Zwei Brote und fünf Fische machten 5000 Menschen satt? Ja, so etwas bringt nur Jesus fertig! Das kann man sich vielleicht nicht vorstellen, muss man aber auch nicht: Es reicht, es einfach zu glauben!

Dieses Beispiel ist vielleicht ein wenig extrem, aber als Tendenz auch in vielen landeskirchlichen Predigten zu erkennen. Die Weihnachtsgeschichte wird erzählt, als habe sie sich historisch so zugetragen, die Himmelfahrtsgeschichte wird interpretiert, als handle es sich um eine antike Weltraumexpedition, die Ostergeschichten werden als Augenzeugenberichte vorgestellt. Allgemein werden mythopoetische Elemente der biblischen Texte als messbare Realität behandelt. Sie werden eingespielt, als hätten sie auch in einer spätmodernen Welt ein selbstverständliches Existenzrecht – ob es sich um Engel handelt oder den Himmel als Wohnort Gottes. **121**

Personen, die so predigen, ignorieren die Schwierigkeiten, die diese Art von Predigt bei vielen spätmodernen
Zuhörenden auslöst. Zugleich missverstehen sie den Sinn
und die Eigenart mythopoetischer Texte.

In der Tat gibt es, um beim Thema »Wundergeschichten« zu bleiben, die biblischen Wunder. Aber sie existieren
auf der literarischen Ebene, als Geschehnisse in Texten.
Statt diese kurzzuschließen mit menschlicher Erfahrungswelt und naturwissenschaftlich denkende Menschen vor
den Kopf zu stoßen, wäre es viel sinnvoller, zu fragen: Was
wollen Wundergeschichten bei den Lesenden auslösen?
Diese Frage könnte eine spannende Neubeschäftigung
und Neubegegnung der Hörerinnen und Hörer mit biblischen Wundergeschichten auslösen.

b) Dogmatisch über Texte predigen

Das Unbehagen, Texte unkritisch wörtlich zu nehmen,
hat dazu geführt, dass viele Predigende biblische Texte
dogmatisch auslegen. Diese Art des Predigens ist nach
meiner Wahrnehmung die häufigste Art, biblische Texte
in heutiger Zeit einzuspielen.

Dogmatisch predigen findet statt in Form theologischer Sätze, die sich an die traditionelle Lehre der Kirche
anlehnen. Stillschweigend wird vorausgesetzt, dass die
Hörerinnen und Hörer von der Richtigkeit dieser Lehre
überzeugt sind. »Gott ist darin groß, dass er sich derart
erniedrigen kann. Das tut er sich an, um bei uns zu sein,
so nahe wie nur möglich«, lese ich in einem Predigtvor-
schlag eines Predigtinternetportals zum 3. Sonntag nach
Trinitatis am 28.06.2020. Ein paar Sätze weiter heißt es
dort: »Angesichts der Gnade Gottes geht uns auf, dass wir
ihrer im höchsten Maße bedürftig sind.«

Sätze dieser Art finden sich in modernen Predigten

zuhauf. Mit ihnen versucht man, das unkritische Wörtlichnehmen biblischer Texte zu vermeiden. Aber man wird in seinen Aussagen unkonkret und unanschaulich. Häufig werden Bibeltexte nur noch als Sprungbrett benutzt, um dogmatische Lehrsätze zu Gehör zu bringen. Sie verlieren so ihren Eigenwert.

Ich habe immer mehr Mühe, dieser Art von Predigten zuzuhören. Mir kommen solche Sätze vor wie unverdaute dogmatische Brocken, die übrigens, das erweisen entsprechende Befragungen, bei den Hörerinnen und Hörern nicht hängenbleiben, weil sie nicht erfahrungsbezogen sind. Viele erleben solche Predigten als langweilig und nichtssagend. Bei mir erzeugen sie das Gefühl, dass sich der Predigende weder dem konkreten Text wirklich gestellt hat noch der spätmodernen Welt mit ihren kritischen Anfragen. Stattdessen flüchtet er in lebensferne Lehrsätze, die allzu oft wie Leersätze wirken.

c) Am personalen Gott als letzter Bastion festhalten

Einen Schritt weiter geht eine andere Art von Predigten. Predigende dieses Typs stehen offen dazu, dass mythische Elemente der Bibel nicht auf der Tatsachenebene zu verstehen sind. Mitunter wird diese Art und Weise, mit Mythen umzugehen, sogar explizit kritisiert und eine alternative Deutung angeboten. Vertreter dieses Predigttyps bekennen sich, wenn es um die Weltentstehung geht, zur Urknalltheorie, zweifeln die Faktizität zumindest vieler der neutestamentlichen Wunder an und sind allgemein kritisch gegenüber allzu exklusiven Wahrheitsansprüchen. Allerdings halten sie bei aller Offenheit gegenüber spätmodernem Denken an Gott als einem extramundanen (außerweltlichen) Gegenüber fest. An diese Vorstellung klammert man sich und nimmt sie   **123** nicht als Bild, sondern als die Sache selbst, auch wenn man in großen Teilen bereit ist, ihr im Zeitalter der Emanzipation weibliche Züge zu geben (z.B. »Gott als Freundin der Menschen«).

Diese Haltung entspricht in etwa dem Ansatz Rudolf Bultmanns in seinem Entmythologisierungsprogramm. Seinem Ansatz wurde, wie wir gesehen haben, jedoch völlig zu Recht Inkonsequenz vorgeworfen: Wenn es um Entmythologisierung geht, kann man Gott nicht ausnehmen. Denn auch Gott ist nur zu verstehen im Rahmen eines mythischen Weltbildes.

d) Totale Entmythologisierung

Die damalige Kritik an Bultmann mündete ein in die sogenannte Gott-ist-tot-Theologie. Ihr geht es darum, die mythopoetische Sprache der Bibel komplett zu überführen in eine säkulare Sprache, um die Menschen, die sich vom Christentum entfernt hatten, wieder erreichen zu können. J.A.T. Robinson, anglikan. Neutestamentler und Bischof (1919–1983), zufolge, einem der bekanntesten Vertreter dieser theologischen Richtung, ist Gott nach Ablegen aller mythologischen Einkleidung als »letzte Wahrheit und Wirklichkeit in der Tiefe: Liebe«[20]. In seinem Buch »Reden von Gott in der Sprache der Welt« räumt der amerikanische Theologe Paul M. van Buren (1924–1998), ein weiterer Vertreter der Gott-ist-tot-Theologie, ein, dass seine säkulare Interpretation des Christentums »einer Reduktion des christlichen Glaubens auf seine historischen und ethischen Dimensionen gleichkommt«[21].

In dieser Deutlichkeit wird eine radikale Entmythologisierung in christlichen Kreisen nur selten vertreten.

Dennoch gibt es Predigten, die in dieser Spur die mythopoetischen Elemente biblischer Texte weiträumig umgehen oder stillschweigend eliminieren. Entweder konzentrieren sie sich dabei auf ihre ethische Dimension und münden in Aussagen wie »Seid nett zueinander!« bzw. diskutieren die politische Weltlage. Oder sie betätigen sich als Lebenshelfer und geben lebenspraktische Ratschläge wie: »Geh gut mit dir um!«

Warum man hierfür notwendigerweise die Bibel braucht, wird bei dieser Art von Predigten allerdings nicht mehr deutlich.

Zusammenfassung

Alle besprochenen Predigttypen – die in der Praxis in vielfältigen Mischformen auftreten – stellen keine überzeugenden Möglichkeiten dar, biblische Texte mit der spätmodernen Welt ins Gespräch zu bringen. Entweder nehmen sie die kritischen Anfragen spätmoderner Denkart nicht in ihrer Tiefe ernst oder sie werden der biblischen Mythopoesie nicht gerecht. Oder beides zugleich.

Die biblische Mythopoesie wird dabei entweder wörtlich genommen oder Stück für Stück eliminiert. Ein konstruktiver Umgang mit ihr wird in keinem der Predigttypen erkennbar.

Im Umgang mit der spätmodernen Denkart, die durch die Dominanz naturwissenschaftlichen Denkens, die Präsenz einer Vielzahl von Religionen und einem sich ereignenden Wertewandel gekennzeichnet ist, sind in den besprochenen Predigttypen drei Strategien erkennbar: Entweder man ignoriert sie. Oder man meint, ihr dadurch gerecht zu werden, dass man ihr teilweise entgegenkommt. Oder man gibt gar die eigene Perspektive komplett auf. Eine tiefergehende theologische Auseinandersetzung mit ihr findet jedoch nicht statt.

Konsequenzen für die Predigtpraxis

1) Der modernen Lebenswelt und der biblischen Mythopoesie zugleich gerecht werden

Es ist bei einer Predigt von zentraler Bedeutung, beiden Polen, der modernen Lebenswelt und der biblischen Mythopoesie, zugleich gerecht zu werden. Wird die biblische Welt erkundet, ohne einen Bezug zur modernen Lebenswelt herzustellen, gerät die Predigt zu einem musealen Spaziergang. Die Relevanz der biblischen Welt für die Lebenswelt wird nicht erkennbar. Aber genau darum sollte es einer Predigt doch eigentlich gehen! Thematisiert man hingegen in der Predigt ausschließlich die moderne Lebenswelt, wird in ihr nur der Alltag widergespiegelt und das inspirierende Potenzial biblischer Texte bleibt ungenutzt.

Deshalb gilt: Die moderne Lebenswelt und die biblische Textwelt müssen gleichermaßen und ohne Verkürzung ins Spiel gebracht und aufeinander bezogen werden. Nur so kann eine Predigt gelingen. Dazu ist wichtig, dass sich die Predigtperson in beiden Welten auskennt.[22]

Die moderne Lebenswelt ist, wie wir gesehen haben, komplex und in stetem Wandel. Um sie in ihrer Vielschichtigkeit wahrzunehmen und sich in ihr gut auszukennen, reichen die tägliche Zeitungslektüre und die abendliche Tagesschau nicht aus. Predigtpersonen benötigen den persönlichen Kontakt zu möglichst vielen Gemeindemitgliedern und anderen Menschen unterschiedlichen Alters und aus verschiedenen Milieus, um die Herausforderungen der spätmodernen Lebenswelt wirklich in ihrer Tiefe zu erfassen.

Um sich in der biblischen Textwelt gut auszukennen, ist die Bereitschaft notwendig, sich nicht nur spirituell, sondern auch anhand von exegetisch-wissenschaftlicher Literatur eingehend mit ihr auseinanderzusetzen. Ich habe den Eindruck, dass es darum derzeit nicht gut bestellt ist. Das immer größere Arbeitsvolumen vieler Pfarrerinnen und Pfarrer geht oft zulasten der Zeit, Kreativität und Energie, die für eine gute Predigtarbeit erforderlich sind. Deshalb greifen Pfarrerinnen und Pfarrer vermehrt auf Predigtvorlagen zurück, manchmal ohne diese zu bearbeiten.

Für die unmittelbare Predigtvorbereitung ist es meines Erachtens sehr hilfreich, mit verschiedenen Personen den Predigttext vorzubesprechen. Ihre Assoziationen, Fragen und kritischen Hinweise helfen dabei, die spätmoderne Lebenswelt als Ausgangs- und ständigen Bezugspunkt der Predigt ins Zentrum zu stellen.

2) Von einem theologischen Gesamtverständnis ausgehen

Die Frage, wie sich biblische Texte mit der spätmodernen Lebenswelt konstruktiv ins Verhältnis setzen lassen, wird nicht nur bei der Predigtvorbereitung relevant. Es handelt sich vielmehr um eine Grundfrage, der sich jede Pfarrperson in ihrer theologischen Existenz stellen muss. Wer sich ihr verweigert, möchte keine zukunftsfähige Kirche.

Die hierfür notwendige Denkbemühung ist einer der Gründe für ein intensives Theologiestudium. In diesem gilt es, eine belastbare Gesamtinterpretation des Christentums zu entwickeln, die auf der Höhe der Zeit ist, weil sie die Herausforderungen spätmoderner Denkart ernst nimmt. Sie bildet den interpretativen Rahmen, der es ermöglicht, biblische Texte einzuordnen, sie zu bewerten und sach- und situationsgemäß auslegen zu können.[23] Jeder Predigende hat eine solche theologische Gesamtinterpretation, von der aus er denkt und biblische Texte interpretiert. Die große Frage ist: Hält sie den Herausforderungen der modernen Zeit stand? Sind die Predigtpersonen theologisch wirklich in der Spätmoderne angekommen? Es reicht nicht aus, Bibelstellen zu zitieren oder Anschauungen berühmter Theologinnen und Theologen der Vergangenheit wiederzugeben. Eine belastbare theologische Gesamtinterpretation hat sich mit den Herausforderungen der spätmodernen Zeit und ihren vielfältigen Infragestellungen in der Tiefe auseinandergesetzt und Lösungen ausgebildet. Sie muss persönlich erarbeitet sein, um überzeugen zu können. (Im 5. Kapitel wird es um dieses Thema ausführlich gehen.)

3) Beziehungen knüpfen zwischen moderner Lebenswelt und biblischer Mythopoesie

In der konkreten Predigtvorbereitung geht es darum, innerhalb eines interpretativen Gesamtrahmens die lebensweltliche Relevanz eines bestimmten Bibeltextes aufzuzeigen.

Es ist auch im Fall einer Predigt hilfreich, die Begegnung mit einem Bibeltext als eine Reise im Sinne eines zweifachen Übersetzungsvorgangs zu verstehen. Anders als bei der persönlichen Erkundung eines Bibeltextes betätigt sich die Predigtperson jedoch als Führerin in die Welt eines Textes.

Dabei ist es zunächst einmal wichtig, die in der Spätmoderne lebenden Zuhörerinnen und Zuhörer zu motivieren, die Reise in die fremde Welt der Bibel überhaupt anzutreten. Welche Themen und Fragen der modernen Lebenswelt könnten dafür geeignet sein?[24] Wenn dann gemeinsam übergesetzt wird in die mythopoetische Welt der Bibel, ist es die Aufgabe der Predigtperson, den Mitreisenden das Sinnpotenzial des ausgewählten biblischen Textes aufzuschließen. Setzt man dann miteinander wieder über in die spätmoderne Lebenswelt, wird die Predigtperson versuchen, Beziehungen zwischen den beiden unterschiedlichen Welten auszuloten. Gelingt es, die aktuelle Lebenswelt zu verbinden mit dem, was der biblische Text an Sinnpotenzial eröffnet hat? Dann ist die Chance groß, dass die Predigt eine nachhaltige Wirkung erzielt.

Es wäre ein Missverständnis zu glauben, dass die Phasen des Übersetzens den Aufbau der Predigt vorgeben. Dieser ergibt sich irgendwann im Laufe der Entstehung der Predigt und kann (und soll) vielfältige Formen annehmen.

In der Regel ist die Predigt ein Monolog im Rahmen eines Gottesdienstes. In manchen Gemeinden findet nach dem Gottesdienst ein Predigtnachgespräch statt. Das ist sinnvoll, weil dadurch deutlich wird: Eine Predigt ist Teil eines Gesprächs zwischen dem Predigenden und den Gemeindemitgliedern. Sie ist ein Impuls im Rahmen eines solchen Gesprächs, nicht mehr, aber auch nicht weniger.

Einen ausgewählten biblischen Text mit dem Leben der Zuhörenden zu verbinden. Darum geht es in einer Predigt. Wie kann die Verknüpfung von moderner Lebenswelt und biblischer Mythopoesie gelingen?

a) Hilfreiche Fragen

Fragen, die für eine Beziehungsaufnahme von biblischer Textwelt und spätmoderner Lebenswelt hilfreich sind, lassen sich aus zwei Richtungen formulieren:
Von der Lebenswelt her:
* Welche existenziell bedeutsamen und deutungsoffenen Erfahrungsbereiche lassen sich allgemein benennen, die für die Auswahl bzw. die Interpretation eines biblischen Textes bedeutsam sein könnten?[25]
* Wo in der Öffentlichkeit wird Religion explizit thematisiert?
* Welche religiösen Fragen und Themen beschäftigen die Menschen, mit denen ich zu tun habe?
* In welchen existenziellen und gesellschaftlichen Zusammenhängen erlebe ich die Alltagssicht der Spätmoderne als defizitär und ergänzungs- bzw. interpretationsbedürftig?

Von der biblischen Textwelt her:
* Wo werden in der Bibel allgemein bzw. in dem vorgeschlagenen Predigttext Erfahrungen und Themen bearbeitet, die in der spätmodernen Lebenswelt von Bedeutung sind? Inwiefern eröffnet die biblische Bearbeitung dafür hilfreiche Perspektiven?
* Welche Erfahrungen bzw. Themen kommen im vorgeschlagenen Predigttext zur Sprache, die in der spätmodernen Lebenswelt keine explizite Rolle spielen, aber für sie bedeutsam sein könnten?

b) Anknüpfungspunkte finden

Biblische Textwelt und spätmoderne Lebenswelt sind nicht einfach in Deckung zu bringen. Viele nehmen in ihren Predigten Anknüpfungspunkte entweder aus der mythischen Welt der Bibel (z.B. Gott) oder der spätmodernen Lebenswelt (z.B. Kurzarbeit in Zeiten von Wirtschaftskrisen), finden dann aber nicht wirklich in die jeweils andere Welt hinein. Das ist nicht zielführend.

Es gilt vielmehr, Anknüpfungspunkte zu finden bzw. Vermittlungselemente oder -ebenen wie ein Symbol, einen modernen Text, eine Fragestellung oder eine Erfahrung einzuspielen, die diese beiden Welten konstruktiv miteinander ins Gespräch bringen. Ich nenne im Folgenden ein paar Ideen aus meiner eigenen Predigtpraxis:

Bei einer Predigt über die Erzählung »Jakob und die Himmelsleiter« (Gen 28,10-22), in der Jakob – auf der Flucht vor seinem Bruder – nachts von Gott träumt, ist meine Brücke die Dimension »Traum«. In Träumen passieren außerordentliche Dinge, sind mythische Elemente wie die Vorstellung einer Himmelsleiter kein Problem. Zugleich sind Träume Bearbeitungen unserer Erlebnisse. Der Traum Jakobs baut auf einer religiösen Sozialisierung auf, die ihm Geborgenheit vermittelt und im Traum nun reaktiviert wird. Das macht die Bedeutung religiöser Erziehung deutlich.

In einer Predigt über Elia und seine Speisung durch einen Engel (1. Kön 19,1-13) erzählte ich von der Schwester eines Kollegen, die an einer unheilbaren Krankheit litt und, inspiriert durch diese Erzählung, am Ende ihres Lebens bunte Engelsbilder malte, die ihr Mut gaben, ihr Schicksal anzunehmen.

In einer Weihnachtspredigt spielte ich eine Episode aus dem Religionsunterricht ein: Kinder gestalteten Fensterbilder aus Transparentpapier. Wenn man ihr Entstehen mitverfolgte, sahen sie zunächst nicht sehr ansehnlich aus. Als aber Licht durch sie fiel, waren alle Kinder angerührt von dem wunderbaren Leuchten der Transparente. **131**

Von diesem Erlebnis ausgehend, kam ich auf die Weihnachtsgeschichte zu sprechen, in der der harte Alltag wie für einen Moment transparent, durchscheinend wird für einen Glanz der besonderen Art.

In einer anderen Weihnachtspredigt habe ich unterschieden zwischen Bethlehem als touristischem, politisch zerrissenem und unfriedlichem Ort in der Realität und dem Bethlehem der Weihnachtsgeschichte als einem Sehnsuchtsort, in dem Frieden herrscht und zu dem hin es noch ein weiter Weg ist. Bethlehem als Sehnsuchtsort des Friedens: Das ist die Brücke, die Menschen damals und heute verbinden kann.

Für eine Ostererzählung bin ich in der Predigt von folgendem Gedicht Gottfried Benns ausgegangen, das auf das Ostergeschehen als visionäre Erscheinung einstimmt:

Ein Wort, ein Satz –: aus Chiffren steigen
erkanntes Leben, jäher Sinn,
die Sonne steht, die Sphären schweigen
und alles ballt sich zu ihm hin.
Ein Wort –, ein Glanz, ein Flug, ein Feuer,
ein Flammenwurf, ein Sternenstrich –,
und wieder Dunkel, ungeheuer,
im leeren Raum um Welt und ich.

Die geeigneten Anknüpfungspunkte und Vermittlungsebenen zu finden scheint mir die größte Herausforderung einer Predigt zu sein. Hat man sie entdeckt und kann von ihnen her eine Leitidee entwickeln, hat man meines Erachtens das Schwierigste in der Predigtvorbereitung geschafft.

c) Den Ertrag der Begegnung in weltlicher Sprache zum
   Ausdruck bringen

Auch wenn Begegnungen mit einem biblischen Text immer nur Annäherungen sein können und sein Sinnpotenzial niemals ausgeschöpft werden kann, ist es doch
wichtig, als Zwischenetappe der Predigtvorbereitung
den Ertrag der Begegnung mit ihm in einer verständlichen, »weltlichen« Sprache zum Ausdruck zu bringen. Ich
knüpfe hier – unter veränderten Voraussetzungen – an
Bonhoeffers Anliegen einer Übersetzung religiöser Sprache in nichtreligiöse, weltliche Sprache an. In dem Maße,
in dem dies gelingt, kann deutlich werden, welche inspira-
tive Kraft biblische Texte für die spätmoderne Lebenswelt
haben können.

Ich möchte an einem Beispiel illustrieren, wie das
geschehen kann. Der bleibende Wert biblischer Schöpfungserzählungen im Vergleich zu kosmologischen Welt-
entstehungstheorien liegt nach meiner Einschätzung in
folgenden Aspekten:

- Sie erinnern uns daran, dass die Entstehung der Welt
  trotz aller naturwissenschaftlichen Erkenntnisse im-
  mer ein Rätsel bleibt.
- Sie bringen das Staunen zum Ausdruck, dass über-
  haupt etwas existiert und nicht vielmehr nichts.
- Sie betrachten die Welt, als ob ihr ein Sinn innewohnt.
- Sie leiten uns an, die Schönheit der Welt wahrzuneh-
  men.
- Sie halten uns vor Augen, dass die Welt nicht unser
  Besitz ist.
- Zugleich schärfen sie uns ein, dass wir Menschen Ver-
  antwortung für das Schicksal der Welt tragen.

d) Die Poesie der biblischen Welt zum Klingen bringen

Dass viele Predigten keinen bleibenden Eindruck hinterlassen, hat nach meiner Wahrnehmung vor allem damit zu tun, dass die poetische Struktur des biblischen Textes unter vielen Erklärungen, wortreichen Belehrungen und saloppem Alltagsgerede zum Verschwinden gebracht wurde. Damit ist etwas Unersetzliches verloren gegangen. Einer Predigt muss es deshalb besonders darum gehen, in der Begegnung mit unserem Alltag die Poesie der biblischen Welt in ihrer sinnstiftenden Dimension zum Klingen zu bringen. Nur wenn ihr das gelingt, kann sie eine nachhaltige Wirkung erzielen.

Resümee

Will die Kirche heutige Menschen erreichen, muss sie Aussagen der Bibel, ihrem zentralen Dokument, in die Spätmoderne übersetzen.

Eine Übersetzung steht allerdings vor dem Problem, dass sich biblische Mythopoesie nicht ohne Substanzverlust in die heutige Zeit übertragen lässt. Deshalb muss Übersetzung in einem zweifachen Sinne geschehen: Es gilt, wie bei einem Bootsausflug, »überzusetzen« in die Welt der Bibel und dort Erkundungen zu machen. Bei der Rückkehr, der nochmaligen »Übersetzung« zum Ausgangspunkt zurück, geht es darum, das Erlebte in Beziehung zu setzen zur heutigen Lebenswelt. Dies geschieht auf mehreren Ebenen.

Auch die Predigt, als Anwendungsfall einer übersetzenden Kirche in der Praxis, gleicht einem Bootsausflug in die fremde Welt der Bibel. Dabei geht es darum, der Welt der Bibel und der Spätmoderne gleichermaßen gerecht zu werden. Die Suche nach geeigneten Anknüpfungspunkten zwischen beiden Welten ist die zentrale Herausforderung für die Predigt.

Wenn es der Kirche gelingt, die fremde, mythische Welt der Bibel für die Spätmoderne so aufzuschließen, dass sie inspirierenden Charakter hat, erweist sie sich als eine Kirche, die auf der Höhe der Zeit ist.

5. KAPITEL:
INHALTLICH PROFILIERTE KIRCHE

Wie wir gesehen haben, stehen christliche Traditionen und Anschauungen in der spätmodernen Zeit immer stärker in der Kritik. Zugleich wird der protestantischen Kirche Profillosigkeit vorgeworfen.

Deshalb ist es dringend an der Zeit, dass die protestantische Kirche grundsätzlich darüber nachdenkt, welche Inhalte sie heute vertreten will. Das heißt in erster Linie, zentrale Aspekte der biblischen Überlieferung kritisch zu sichten.

Wie spricht die Bibel vom Menschen? Gibt es einen Zugang zu den biblischen Gottesvorstellungen, der mit spätmoderner Denkart vereinbar ist? Und worum geht es bei der Person Jesu eigentlich in erster Linie?

DER HEUTIGE PROTESTANTISMUS:
KRITISCH INFRAGE GESTELLT UND
INHALTLICH UNBESTIMMT

Die Krise des Protestantismus ist auch und vor allem eine inhaltliche Krise. Viele christliche Traditionen und Anschauungen werden von einem Großteil der Menschen abgelehnt, weil sie nicht wissen, wie sie diese mit ihrem heutigen Verstehens- und Erfahrungshorizont in ein konstruktives Verhältnis bringen können. Zugleich ist, wie die schon vielfach zitierte Schweizer Studie zutage gefördert hat, unter protestantischen Kirchenmitgliedern die Unsicherheit, an was sie glauben, weit verbreitet.

Wie können protestantische *Pfarrerinnen und Pfarrer* in dieser Lage Perspektiven aufzeigen? Die Infragestellung des Christentums durch die Naturwissenschaften, die Existenz einer Vielzahl von Religionen mit anderen Vorstellungen und Bildern, die modernen Menschen zum Teil attraktiver erscheinen, und der Wertewandel, der nicht wenige biblische Handlungsanweisungen in ein kritisches Licht rückt, stellen den Protestantismus und seine Hauptamtlichen vor große Herausforderungen. In der Regel verstehen sich Pfarrerinnen und Pfarrer zwar als moderne Menschen. Wenn es um Glaubensfragen geht, ist die Versuchung jedoch groß, gerne und fleißig biblische Verse zu zitieren, in dogmatische Formeln, fromme Allgemeinplätze[1] oder politisches Engagement zu flüchten und so die Antwort schuldig zu bleiben, wie christlicher Glaube und modernes Leben zusammenpassen. Zweifellos versuchen viele, sich der Herausforderung zu stellen, aber ihre Positionen sind zum Teil extrem unterschiedlich. Das macht es für die protestantischen Kirchenmitglieder nicht leichter!

Die *Kirchenleitungen* beschäftigen sich in der Regel nicht mit inhaltlichen Fragen. Überdies sind sie mit dem organisatorischen Rückbau der Kirche voll ausgelastet.

Auch die *wissenschaftliche Theologie* ist keine große Hilfe. Ihre Diskussionen, die auf hohem Abstraktionsniveau Einzelthemen beleuchten, erscheinen allzu häufig abgekoppelt von der kirchlichen Wirklichkeit und sind von daher wenig geeignet, konstruktive Hilfestellungen zu geben.

Die allgemeine Außenwirkung des Protestantismus ist entsprechend verheerend.[2] Die Protestanten haben anders als die Katholiken »nicht so sehr mit einem ambivalenten, als vielmehr mit einem fehlenden Image zu kämpfen«.[3] »Es … bleibt unklar, *wofür* sie genau stehen.«[4] **137**

»Wo evangelisch draufsteht, soll auch evangelisch drin sein!«, ist ein in protestantischen Kreisen gern benutzter Slogan. Man könnte also vermuten, dass dem Protestantismus an einer grundsätzlichen Klärung, was denn nun evangelisch ist, sehr gelegen sei. Das ist aber leider mitnichten so.

Protestantische Freiheit heißt in der Praxis: Jeder kann in der Kirche nahezu jede inhaltliche Position vertreten.[5] Diese Vielstimmigkeit und gleichzeitige inhaltliche Unbestimmtheit der protestantischen Kirche wird in der Öffentlichkeit nicht als produktive Diskussionskultur betrachtet, sondern als Gesichtslosigkeit und mangelnde Identität interpretiert. Dies wird für den Protestantismus zu einem immer größeren Problem.[6]

Wenn der Protestantismus sich in den Prozess allgemeiner spätmoderner Welterschließung und Selbstdeutung einbringen will, muss er zunächst für sich klären, welche Inhalte für ihn grundlegend sind. Um diese Klärung kommt er nicht herum.[7]

Für die eigene Identität spielt nach protestantischem Verständnis, wie schon erwähnt, die Bibel eine zentrale Rolle. Alle Anschauungen und theologischen Lehren, die die protestantische Kirche entwickelt hat und die heute immer mehr überführungsgefährdet sind[8], müssen sich an der Bibel messen lassen. Doch genau darin liegt der Grund für die Vielstimmigkeit des Protestantismus: Jeder versteht die Bibel anders und legt sie anders aus. Wir brauchen im Protestantismus mehr denn je eine Verständigung darüber, worum es in der Bibel zentral geht.

Meine Überlegungen dazu bilden kein fertiges System. Es handelt sich eher um tastende Versuche, ein Gesamtverständnis der biblischen Mythopoesie zu gewinnen, das Menschen, deren Denken und Weltverständnis durch die Spätmoderne geprägt ist, einen Zugang zur Bibel ermöglicht. Dabei gilt es, die Erkenntnisse aus dem Dialog mit anderen Weltsichten (Kapitel 3) aufzunehmen.

Die einzelnen Konturen und Grundlinien, die sich im Prozess der Interpretation der biblischen Überlieferung als Ganzer herausschälen, wollen in ihrem Zusammenspiel einen weiten Horizont eröffnen.

IM EINKLANG SEIN – KONTUREN EINES NEUEN PARADIGMAS[9]

Die Bibel

Die Bibel ist nicht vom Himmel gefallen. Sie ist ein von Menschen geschaffener Kosmos vielgestaltiger Überlieferungen, die auf komplexe Weise miteinander verwoben sind[10] und in ihrer Gesamtheit einen weiten Bogen spannen von der Schöpfung bis zur erwarteten und ersehnten Vollendung. Die Textwelt der Bibel ist nicht nur Ergebnis eines stetigen Reflexionsprozesses, in ihr sind auch Erlebnisse und Widerfahrnisse auf unterschiedliche Weise verarbeitet. Worum geht es in der Bibel ganz allgemein? ✳

Der Mensch und die Welt

Die Bibel ordnet den Menschen ein in eine Welt, die gut, aber zugleich immer von Chaos und Zerstörung bedroht ist.[11] Der große Schöpfungshymnus, mit dem die Bibel beginnt, beschreibt dies eindrücklich.

Dementsprechend wird auch der Mensch in der Bibel dargestellt: Es scheint an verschiedenen Stellen menschliche Größe auf, aber zugleich offenbaren die biblischen Mythen und Erzählungen vielfältige menschliche Ab-

139

✳ Weil Menschen in der Bibel von bewegenden Erlebnissen mit Gott erzählen, wohnt diesen Geschichten Gottes Kraft inne (Fabian Vogt - Stories of faith)

gründe. Intrigen, Lüge, Neid, Hass, Mord: Alles kommt in der Bibel unverhohlen und schonungslos zur Sprache. So ist der Mensch, realistisch betrachtet, – das wollen uns die biblischen Texte sagen.

Dieser ungeschminkten Sichtweise des Menschseins schaltet Bibel die Paradieserzählung vor. In ihr lebt der Mensch im Einklang mit sich und der ihn umgebenden Welt. Man darf diese Erzählung jedoch nicht so verstehen, als läge das Paradies zeitlich vor den nachfolgenden Erzählungen. Das Paradies beschreibt vielmehr ein imaginäres Ideal.[12] Dadurch dass dieses vorgeschaltet wird, bekommen die nachfolgenden Darstellungen des Menschen einen anderen Charakter. So ist der Mensch, wollen die biblischen Erzählungen aussagen, aber seine Bestimmung ist eine andere, nämlich: im Einklang zu sein mit sich und seiner ihn umgebenden Welt.

Gott

Die Bibel erzählt, dass der Mensch im Paradies nicht nur im Einklang mit sich und seiner Umwelt ist, sondern auch mit Gott. Was meint die Bibel, wenn sie von »Gott« redet?

Die Paradieserzählung stellt Gott als menschenähnliche Gestalt dar, die im Garten Eden umherwandelt und sich mit den Menschen unterhält. Diese archaisch anmutende Vorstellung einer menschenähnlichen Unmittelbarkeit Gottes[13] wird in der Bibel alsbald transformiert: Der »Himmel« wird zu Gottes Wohnort.[14] Mit »Himmel« ist nicht der blaue Himmel gemeint, der sich über der Erde wölbt, sondern etwas, das jenseits von Raum und Zeit und sinnlicher Wahrnehmung unzugänglich ist.[15] Mit dieser Veränderung entzieht sich die biblische Tradition erfolgreich der naheliegenden Frage nach der unmittelbar sinnlichen Erfahrbarkeit Gottes. Dennoch verbleibt die biblische Gottesvorstellung im theistischen Horizont: Gott ist ein personales Gegenüber, wenngleich dieses Gegenüber nun transzendent bzw. außerweltlich (extramundan) gedacht wird.

Diese theistische Vorstellung eines personalen Gottes[16] durchzieht die gesamte Bibel: Gott erschafft bzw. ordnet die Welt durch sein Wort, er spricht zu verschiedenen Menschen (vor allem Propheten berufen sich auf das, was sie von Gott zu hören bzw. zu sehen bekommen haben). Gott übergibt Mose seine Gebote und erwartet, dass sie eingehalten werden. Bei der Taufe Jesu ist Gottes Stimme aus dem Himmel zu hören, die sagt: »Das ist mein lieber Sohn, an dem ich Wohlgefallen habe« (Mt 3,17). Die biblischen Überlieferungen sprechen nicht nur von Gottes Liebe, sondern auch von seinem Zorn.

Gott als außerweltliche Person: Diese Vorstellung bestimmt den Glauben der allermeisten Christen auch heute noch. Sie wenden sich im Gebet an Gott und hoffen, dass er ihre Bitten erfüllt. Viele wünschen sich von Gott Kraft und Durchhaltevermögen, manche erwarten eine Veränderung ihrer Situation bis hin zu Heilungswundern.

Diese theistische Vorstellung von Gott als einer extramundanen Person bereitet vielen Menschen in der Spätmoderne immer mehr Schwierigkeiten. Dafür gibt es unterschiedliche Ursachen:

Zum einen finden sich in der Bibel Überlieferungen, die inhaltlich massive Probleme bereiten: In 1. Sam 15 – um ein besonders extremes Beispiel zu nennen – bereut Gott, dass er Saul zum König gemacht hat, weil dieser sich seinem Befehl widersetzt. Dieser Befehl lautete, dass Saul im Kampf gegen die Amalekiter nicht nur alle feindlichen Krieger umbringen soll, sondern auch deren Rinder und Schafe. Weil Saul die Tiere am Leben lässt, wird er von

Gott verworfen und ein anderer König an seine Stelle gesetzt. Gott als blutrünstige Instanz: Das schreckt Menschen in heutiger Zeit ab.

Befremdliche Überlieferungen dieser Art gibt es einige in der Bibel. Die Argumentation frommer Christen, »Gott wird sich dabei schon etwas gedacht haben«, überzeugt heute kaum mehr jemanden. Vielmehr geraten Überlieferungen dieser Art in den Verdacht, menschliche Zerstörungsgelüste auf Gott zu projizieren. Könnte es dann aber sein, dass überhaupt alle Gottesbilder menschliche Projektionen sind? Diese Vermutung legt sich für viele nahe. »Nicht Gott schuf sich den Menschen zu seinem Bilde, sondern der Mensch schafft sich Gott zu seinem Bild«, so der berühmte Religionskritiker Ludwig Feuerbach.

Aber auch wenn es die befremdlichen Überlieferungen in der Bibel nicht gäbe, bereitet die theistische Gottesvorstellung vielen Menschen Schwierigkeiten: Warum erhört Gott die allermeisten Gebete nicht? Und noch viel grundsätzlicher: Warum lässt Gott, wenn er doch die Liebe ist, soviel Böses in der Welt zu? Nicht zufällig war das Erdbeben im Jahr 1755 n. Chr., bei dem fast hunderttausend Menschen in Lissabon und Umgebung den Tod fanden, unter den Gelehrten Europas Gegenstand kritischer theologischer Diskussionen. Befragt man Theologen und Theologinnen heute zu dem Problem, warum Gott das Böse in der Welt zulässt, erhält man in der Regel den Hinweis, dass es auf diese Frage letztlich keine Antwort gebe. Muss man sich da wundern, wenn die theistische Gottesvorstellung generell in Zweifel gezogen wird?

Zu diesen grundsätzlichen theologischen Problemen kommt die veränderte weltanschauliche Situation in der Spätmoderne, die auf die Gottesfrage rückwirkt: Viele Phänomene, die man früher religiös deutete, können heute naturwissenschaftlich erklärt werden (z.B.

die Entstehung von Unwettern oder Krankheiten[17]). Herausfordernd für das Christentum ist zudem, dass »im naturwissenschaftlich geprägten Weltverständnis übermenschliche Wesenheiten als Interaktionspartner vom wissenschaftlichen Selbstverständnis her bereits im Ansatz ausgeschlossen sind«[18]. Und schließlich relativiert die Präsenz vieler Religionen in der spätmodernen Gesellschaft mit jeweils unterschiedlichen Göttern aus Sicht spätmoderner Menschen die christliche Gottesvorstellung ganz grundsätzlich.

Jahrhundertelang hat die theistische Gottesvorstellung Menschen geprägt, sie vielfach auch getragen und gestützt. Dennoch kommen wir nicht um die Erkenntnis herum, dass sie heute vielen Menschen den Zugang zum christlichen Glauben verschließt.[19]

Was bedeutet dies für einen Protestantismus, der auf der Höhe der Zeit sein will? Soll er weiterhin unbeirrt auf die theistische Gottesvorstellung setzen? Oder soll er sie besser aufgeben? Nur: Was sollte er dann an ihre Stelle setzen?

Beide Alternativen sind schwierig. Mir geht es deshalb um eine Lösung jenseits beider Optionen:

Zunächst erscheint es mir wichtig, sich noch einmal bewusst zu machen, dass die Entstehung von Gottesvorstellungen im Zusammenhang besonderer Erlebnisse stehen, von denen sich Menschen ergriffen und überwältigt fühlen. Diese übersteigen den Alltagshorizont und vermitteln das Gefühl und die Ahnung eines größeren Ganzen (siehe 3. Kapitel). Gottesvorstellungen sind Ausdruck dieser religiös interpretierten Erlebnisse. Als menschliche Deutungsleistung bilden sie eine komplexe Deutungsgeschichte aus.

Die biblischen Gottesvorstellungen partizipieren daran, indem sie auf Gottesvorstellungen der vorbiblischen

Zeit und der Umwelt Israels zurückgreifen und diese um-
prägen bzw. weiterentwickeln. Dies geschieht in einem
ständigen diskursiven Prozess über einen langen Zeitraum hinweg. Dabei bewegen sie sich im Rahmen eines
spezifischen mythischen Weltbildes.

Die Gottesvorstellungen in der Bibel sind vielfältig. Viele
haben personalen Charakter, allerdings in unterschiedlichen Weise. Gott wird in der Bibel nicht nur als »Vater« oder
als »Hirte« verstanden, sondern – durchaus verstörend,
wie wir gesehen haben – auch als »Kriegsmann«. Diese
Bezeichnungen sind nicht nur Ausdruck einer bestimmten, patriarchal geprägten Zeit. Sie machen ganz allgemein
deutlich, dass die Menschen der Bibel ihre theistischen
Gottesvorstellungen analog zu ihrer Selbstwahrnehmung
entwickelt haben. Helmut Fischer führt die Ausbildung personaler Gottesvorstellungen auf die menschliche Art und
Weise zurück, die Welt im subjektivischen Schema zu begreifen. Die Entstehung dieses Schemas erklärt sich durch
die anthropologische Ausgangslage: »Der Umstand, dass
das dominante Objekt im Umfeld des Kindes die sorgende
Bezugsperson ist, lässt das Objektschema ebenso wie das
Ereignisschema als subjektivisches Schema begreifen.«[20]
Von dieser primären Erfahrung her deutete der Mensch
die Welt in früherer Zeit ganz allgemein in diesem subjektivischen Schema. »In den frühen Kulturen können selbst
Gegenstände wie Steine oder Bäume oder Naturerschei-
nungen wie Sturm und Blitz als handlungsfähige Subjekte
(Agenzien) verstanden werden.«[21]

Neben personalen Gottesvorstellungen gibt es in der
Bibel auch Gottesvorstellungen, die nichtpersonaler Art
sind (Gott als Quelle, als Burg, als Sonne, als Feuer). Elemente der Natur bzw. Kultur werden zum Gleichnis für
Gott und stellen ein Korrektiv gegenüber theistisch-per-
sonalen Gottesvorstellungen dar.

In den biblischen Schriften zeigt sich ein stetiges theologisches Nach-Denken und Ringen um angemessene Gottesvorstellungen: So findet der Prophet Elia Gott am Gottesberg in einem sanften Hauch – und eben nicht im Feuer, wie er erwartet hatte und wie es die Erzählung vom brennenden Dornbusch darstellt. Und im Neuen Testament heißt es in der Rede des Paulus auf dem Areopaghügel in Athen über Gott: »Es ist wahr, er ist nicht fern einem jeden unter uns. Denn in ihm leben, weben und sind wir« (Apg 17). Hier wird die theistische Gottesvorstellung deutlich erkennbar transzendiert.[22]

Über allen Gottesvorstellungen steht biblisch die Mahnung: »Du sollst dir kein Bildnis von Gott machen.« Dieses Verbot hatte ursprünglich die Intention, steinerne Götterskulpturen zu verhindern. Wir können es heute als allgemeine Warnung lesen, uns auf bestimmte Gottesvorstellungen festzulegen.

Und genau das tun wir in heutiger Zeit: Wir extrahieren aus der Vielfalt biblischer Gottesvorstellungen die personalen Bilder – vor allem die, die Gott als liebenden Vater darstellen – und verabsolutieren sie: »In Sprache und Syntax von Theologie und Predigt wird ständig so getan, als wenn da ein handelnder, hörender und eingreifender Gott wäre: ›Er‹ ›tut‹, ›handelt‹, ›ist‹, ›will‹ ...«[23] Schnell rutscht man dabei in Fragen wie diese hinein: Was will uns Gott mit der Coronakrise sagen?[24] Oder: Was war die Intention Gottes für den Tsunami im Jahr 2004?

Ein ungebrochener Theismus verführt dazu, Gottesvorstellungen nicht mehr als Bild zu verstehen, sondern als die Sache selbst. Idolatrie nennt der Theologe Paul Tillich das Problem, dass Menschen Gott mit einem selbstgeschaffenen Bild verwechseln und dieses anbeten. Der Kampf gegen diesen Götzendienst ist für Tillich Ausdruck des protestantischen Prinzips. Doch dieses Prinzip findet im derzeitigen Protestantismus keinen Platz.

Biblische Gottesvorstellungen sind anschaulich. Das ist sicher ein wichtiger Grund für ihre große Wirkungsgeschichte. Sie sind aber nicht die Sache selbst. Wir können sie verstehen als Transparente, die etwas durchscheinen lassen, das uns eine Ahnung von einem Größeren vermittelt, welches mit menschlichen Kategorien nicht zu erfassen ist. Was mit dem Begriff »Gott« gemeint ist, ist jenseits unserer selbstgeschaffenen Gottesbilder[25], ist das Geheimnis und die Tiefe allen Seins[26], die vielfältig erfahren werden kann: im »Allgetragen-, Alldurchwirkt-, Vielbedroht- und Gefordertsein, ... (in) Staunen, Ehrfurcht, Demut und Dankbarkeit«[27]. Nehmen wir die biblischen Gottesvorstellungen wörtlich, stellen wir uns in einen Gegensatz zu naturwissenschaftlicher Weltsicht. Das bringt uns nur in Schwierigkeiten.[28]

Genau das steht hinter der Kritik, die viele Menschen heute an der theistischen Gottesvorstellung äußern: Sie empfinden ein Unbehagen, von der Kirche einseitig auf personale Gottesbilder festgelegt zu werden, die ihnen den Zugang zum biblischen Zentralbegriff »Gott« eher versperren, als dass sie ihn eröffnen.

Welche Konsequenzen ergeben sich daraus für die kirchliche Praxis?

Zum einen ist auf den begrenzten Wahrheitswert aller Gottesvorstellungen hinzuweisen.[29] Gottesvorstellungen sind menschliche Deutungen, die auf etwas verweisen, aber immer auch etwas darüber verraten, wie wir Menschen uns selbst sehen. Diese Erkenntnis ermöglicht es, Gottesvorstellungen einzuordnen und kritisch zu hinterfragen.[30]

Zugleich geht es darum, Gottesvorstellungen nicht wortwörtlich zu nehmen, sondern ein metaphorisches

Verständnis zu ermöglichen. Das ist ein durchaus anspruchsvolles Unternehmen. Der Versuch, das letztlich Unsagbare, ganz Andere zum Ausdruck zu bringen, ist immer ein Wagnis.[31] Hilfreich sind Negativaussagen (was Gott nicht ist)[32] sowie nichtpersonale Gottesbilder, die, wie wir gesehen haben, in der Bibel vielfältig angelegt sind und einseitig-theistische Vorstellungen korrigieren. Gerade sie können helfen, klischeehaft erstarrte Gottesbilder aufzubrechen.

Die Vielfalt biblischer Gottesvorstellungen soll Menschen – das zu betonen ist mir wichtig – trotz aller Begrenztheit eine religiöse Heimat bieten. Deshalb sind biblische Gottesvorstellungen für die protestantisch-kirchliche Praxis weiterhin bedeutsam.

Das Gebet

Ein Gottesverständnis, das auf dem begrenzten Wahrheitswert personaler Gottesbilder insistiert, hat weitreichende Konsequenzen. Unter anderem wandelt sich das Gebetsverständnis. Es geht beim Gebet nicht mehr darum, Bitten an eine extramundane Person zu richten und auf ihre Erfüllung zu hoffen. Gebet ist vielmehr in einem tieferen Sinne die meditative Übung, der umfassenden göttlichen Wirklichkeit inne zu werden und sich ihr anzuvertrauen. Damit wird eine veränderte Sichtweise eingespielt in dem Sinne, dass Leben »nicht ausschließlich aktiv aus Machen besteht, sondern in einer Haltung der Empfänglichkeit (Passibilität) geführt wird«[33].

Ewiges Leben

Auch das, was in der traditionellen Glaubenslehre unter dem Stichwort »ewiges Leben« behandelt wird, wird inhaltlich neu gefüllt. Ewigkeit ist nicht mehr zu verstehen als »die Hoffnung auf eine irgendwie geartete quantitative Verlängerung des Lebens in einer ›jenseitigen‹ Welt oder Dimension, sondern als die Hoffnung auf seine qualitative Vertiefung und Entgrenzung ›jetzt und hier‹, die auch angesichts der Todesgrenze Gültigkeit behält. Klassisch hat eine solche Deutung der ›Unsterblichkeit‹ Schleiermacher in seinen Reden über die Religion formuliert: ›Mitten in der Endlichkeit Eins zu werden mit dem Unendlichen und ewig sein in einem Augenblick, das ist die Unsterblichkeit der Religion‹«.[34] Die biblischen Jenseitsaussagen sind Bilder für dieses Aufgehobensein in einem größeren Ganzen.

Der Mensch und seine Entfremdung

Kehren wir nun wieder zurück zur Paradieserzählung. Der Gedankenausflug, den wir unternommen haben, kann uns einen neuen Zugang eröffnen, worum es in dieser Erzählung geht: Nicht nur im Einklang mit sich und mit seiner Umwelt zu sein, sondern auch noch in einem umfassenderen Sinn aufgehoben und geborgen in der göttlichen Wirklichkeit – das zeichnet das Leben im Paradies aus.

Diesem paradiesischen Zustand entfremdet sich der Mensch jedoch. Der Mensch will, heißt es in der Paradieserzählung, von den verbotenen Früchten des Paradiesgartens kosten. Menschliche Abgründe, die lauern und locken. Zugleich aber auch Abbildung des natürlichen Prozesses menschlicher Entwicklung und Entfaltung? Immerhin versprechen die Früchte Erkenntnis des Guten und Bösen.[35] Nachdem der Mensch von den Früchten gekostet hat, verliert er seine Unschuld und seine Wirklichkeit verändert sich. *Er* ist es nun, der im Zentrum einer grenzenlos erscheinenden Welt steht und ihre Geschicke bestimmt.[36] Die Erkenntnis des Guten und Bösen fordert ihn dabei unablässig – und steht in der permanenten Gefahr, ihn zu überfordern. Was ihm erstrebenswert schien, wird ihm zum Fluch. So charakterisiert sich menschliche Wirklichkeit als ein Leben »jenseits von Eden«, wie ein Buchtitel des Schriftstellers John Steinbeck lautet.

Religionen

Viele Menschen verstehen Religionen als Lehrsysteme, die einem minutiös vorgeben, was man zu glauben hat. Oder als Regelwerke, die einem bis ins Kleinste vorschreiben, was man zu tun und zu lassen hat. Ich bin der Meinung, dass Religionen von ihrem Grundsatz her erst einmal etwas ganz anderes sind, nämlich Wegweisungen, »unser Leben anders, tiefer und schöner werden zu lassen«[37]. In Bezug auf die Bestimmung des Menschen können wir Religionen verstehen als Anleitungen, die Entfremdung, die das Menschsein charakterisiert, zu überwinden. Die Schwierigkeiten, die sich dieser Intention entgegenstellen, sind allerdings immens: Was soll den Menschen noch aufhalten, wenn er erst einmal entfesselt ist?

Jesus von Nazareth

Für Christen spielt in diesem Zusammenhang die Person Jesus von Nazareth eine entscheidende Rolle. Schon im Neuen Testament mit Hoheitstiteln ausgestattet[38], wurde

Jesus sehr bald in Lehrgebäuden weiter erhöht, zum einzig geborenen Sohn Gottes erklärt und seine postulierte Prä- und Postexistenz Gegenstand allerlei tiefsinniger Spekulationen. Es wurde eine Trinitätslehre entwickelt, die ein familienähnliches Verhältnis von Gott, seinem Sohn und dem Heiligen Geist entwirft. Mit der Tendenz zur immer steileren Dogmatisierung – bei gleichzeitiger Distanzierung vom Judentum – versperrten sich die Christen jedoch immer mehr den Zugang zu dem, worum es dem gläubigen Juden Jesus eigentlich ging.[39] Wegweiser wollte er sein, Wegweiser zu einem erfüllten Leben. Sozusagen Wegweiser zurück zum verlorengegangenen Paradies.[40]

Im Zentrum seiner Lehre, so berichten es die Evangelien, steht das Kommen des »Reiches Gottes«, wie er es genannt hat.[41] Reich Gottes[42]: Das ist Jesu Vorstellung einer heilen Welt, von der er absolut überzeugt und gänzlich durchdrungen war. Einer Welt des Friedens und der Versöhnung – untereinander und jeder mit sich selbst. Dass es um einen Frieden geht, der höher ist als menschliche Vernunft, klingt in »Reich Gottes« unüberhörbar an. Der Begriff hat einen vielfältigen jüdischen Hintergrund, auf den sich Jesus bezieht. Niemand geht im Reich Gottes verloren, sondern wird geliebt und geachtet, ohne in Vorleistung gehen zu müssen, und hat seine unverlierbare Würde.

Viele der Gleichnisse Jesu erzählen vom Kommen des Reiches Gottes: Es wächst von selbst wie Saatgut und durchmengt die Gesellschaft wie Sauerteig. Ganz klein ist es zunächst, wie ein Senfkorn, wird aber einmal ganz groß werden, so wie aus einem Senfkorn ein großer Baum wächst.

Jesu Überzeugung, dass diese Welt schon da ist und sich immer mehr durchsetzen wird, war unerschütterlich.

In immer neuen Anläufen hat er von ihr gesprochen und zog damit seine Zuhörenden in den Bann. Überhaupt muss er eine große Ausstrahlung gehabt und die Menschen, die ihm nachgefolgt sind, fasziniert haben. Dies lag auch daran, dass sein Handeln zu dem passte, was er lehrte.[43] Das machte ihn authentisch. Vor allem die, die sich von allen verlassen fühlten, lagen ihm am Herzen. Mit ihnen, den Geringgeachteten, identifizierte er sich, suchte ihre Nähe und gab ihnen das Gefühl, etwas ganz Besonderes zu sein.[44]

Die Heilungswunder, die später von ihm erzählt wurden, können wir als visionäre Vorabbildungen der heilen Welt verstehen, um die es ihm ging. In diesen Wundern ist die heile Welt schon Gegenwart geworden. In gewisser Weise umgekehrt verhält es sich mit Jesu Rede vom Weltgericht. Darin entwirft er ein endzeitliches Szenario, um seinen Zuhörenden vor Augen zu führen, worauf es beim Handeln hier und jetzt ankommt: den Nächsten zu lieben. Nein, nicht nur den Nächsten: sogar seine Feinde.[45]

Wie kann man das: seinen Nächsten, sogar seine Feinde lieben? Ist das realistisch oder nicht vielmehr eine heillose Überforderung? Jesus war der Meinung: Um lieben zu können, muss man auch sich selbst lieben können. Beides gehört zusammen und bedingt einander. Wir können auch sagen: Um im Einklang mit seiner Umwelt zu sein, muss man auch im Einklang mit sich selbst sein.

Noch etwas Zweites gehört für Jesus als gläubigem Juden dazu, um lieben zu können: sich in Gott geborgen zu wissen. Dieser göttlichen Geborgenheit versicherte sich Jesus als im Gebet, indem er sich immer wieder zurückzog in die Einsamkeit. Aus diesen Rückzugszeiten schöpfte er Kraft und Orientierung. Er wusste sich von der göttlichen Wirklichkeit umhüllt und in ihr aufgehoben wie ein Kind bei seinem Vater, nannte Gott im

Gebet sogar »Abba«, das heißt übersetzt »Papa«. Diese Resonanzerfahrung war für ihn zentral – und kann auch uns eine wichtige Perspektive eröffnen: Es geht nicht nur darum, etwas zu tun, sondern auch um die Haltung der Empfänglichkeit. Diese entsteht, auch darin kann uns Jesus Vorbild sein, durch eine intensive spirituelle Praxis. Das Reich Gottes: eine Welt, die man sich nach Jesu Worten schenken lassen muss wie ein Kind.[46] Jesu Verkündigung ist in diesem Sinne Anleitung, die Welt neu wahrzunehmen: »Sehet die Vögel unter dem Himmel an. Und die Lilien auf dem Felde!« Im Alltäglichen das Wunderbare zu erkennen, im Kleinen das größere Ganze durchscheinen zu sehen und sich so in einem umfassenden Sinne geborgen und behütet zu wissen: Das ist eine wichtige Voraussetzung, um selbst lieben zu können.[47]

Das Reich Gottes ist Jesu großer Traum einer heilen Welt. Seit 2000 Jahren hält dieser Traum Menschen in Atem. Für uns moderne Menschen stellt er eine Gegenwelt dar zu all dem, was heute zählt: Leistung, Aussehen, Geld, Macht, Erfolg. Das alles hat Jesus jedoch überhaupt nicht interessiert. Mehr noch: In all diesen Dingen, die uns heute so wichtig sind, sah er Hindernisse auf dem Weg zu der neuen Welt, die ihm vorschwebte.[48] Ihm ging es um eine Verwandlung der Menschen von innen her. Das war seine »Revolution«.

Er hat Licht in die dunkle Welt gebracht – so haben es seine Anhänger gesehen. Dunkel wurde es dann aber für ihn selbst. Mit seinem Traum einer heilen Welt hat sich Jesus Feinde geschaffen. Das Establishment sah die eigene Stellung bedroht. So ziehen in den Evangelien schon bald dunkle Schatten auf, die sich immer mehr verdichten: Jesu Leidenszeit kommt in den Blick. Mit der Schilderung der letzten Tage in Jerusalem führen die Evangelien vor Augen, wie Jesus unschuldig in die Mühlen der Macht gerät. Aber er will sich nicht wehren, sondern seinem Weg der radikalen, uneingeschränkten Liebe bis zur letzten Konsequenz treu bleiben. Keiner seiner Freunde wird ihm in den letzten Stunden beistehen, alle werden sie von ihm abrücken, als es brenzlig wird. Aber er sieht es ihnen nach. Bewegend sind seine Worte beim Abschiedsmahl, als er ihnen den Kelch mit Wein reicht: »Das ist mein Blut, das für alle vergossen wird.«

Zuletzt stirbt er qualvoll am Kreuz. Das Böse[49] bekommt in diesem Drama ein Gesicht – aber damit ist es auch für jedermann bloßgelegt und erkennbar geworden. War es das, was Jesus mit seinem freiwilligen Tod auch bezwecken wollte?

Die Evangelien schließen ihre Schilderung des Lebens Jesu nicht mit seinem Kreuzestod ab. Das Ende ist noch nicht das Ende. In gewisser Weise geht es jetzt erst richtig los. Die Auferstehungserzählungen markieren diesen Neuanfang. Sie erzählen davon, dass die Freunde Jesus wiedererkennen und ihn gegenwärtig erleben in Worten und Handlungen, die für ihn typisch waren und sie mit ihm verbinden.[50] Veranlasst durch diese überraschende Erfahrung, wollen sie den Glauben an das Kommen des Reiches Gottes weitertragen und entsprechend leben und handeln, mit und durch Jesus. In ihm sehen sie den Messias, der gemäß ihrer jüdischen Überlieferung die verheißene, durch Gott bewirkte Erlösung bestätigt und in Kraft setzt. Sie wissen Jesus in ihrer Mitte: als erlebbare Dynamik, die ihnen Flügel verleiht. »Heiliger Geist« nennen die Evangelisten diese Art der Gegenwart Jesu.[51] So machen die Freunde Jesu sich auf den Weg. Bald stoßen immer mehr zu ihnen – im weiteren Verlauf auch Menschen, die keine Juden sind – und eine große Bewegung entsteht: die Kirche.

Kirche

Ziemlich bald schon wird der Anhängerschaft Jesu bewusst, welche großen Schwierigkeiten sich ihrer Bewegung entgegenstellen. Der Reich-Gottes-Traum Jesu ist latent immer bedroht, nicht nur von außen, sondern auch von innen. In jedem von ihnen lauert eine große, destruktive Kraft, die den Reich-Gottes-Traum Jesu immer wieder zu ersticken droht: die Selbstsucht. Der Apostel Paulus hat sich mit dieser Gefährdung inhaltlich intensiv auseinandergesetzt. In unserer Zeit kommt der Einfluss dieser Kraft in dem Epos »Der Herr der Ringe« des englischen Schriftstellers J.R.R. Tolkien eindrucksvoll zum Ausdruck: als innere Versuchung, der sich Frodo, der Held der Geschichte, ständig erwehren muss. Ähnlich ist auch die zentrale Herausforderung für jeden in der Jesusbewegung, diese zerstörerische Macht in sich mithilfe der Kraft des »Heiligen Geistes«, des »Jesus-in-ihnen«, einzudämmen.

Doch das ist nicht die einzige Herausforderung der neu entstehenden Kirche:

In dem sehr sehenswerten Film »Jesus von Montreal« (1989) stirbt der Jesusdarsteller, der mit seinen Freunden ein neues Passionsspiel entwickelt hat, mitten in der Aufführung bei einem Handgemenge. Zu diesem Handgemenge ist es gekommen, weil der zuständige Priester, dem das Passionsspiel nicht gefällt, die Polizei veranlasst hat, die Aufführung abzubrechen. Damit sind die Zuschauer aber nicht einverstanden: Das Kreuz, an dem der Schauspieler hängt, stürzt dabei zu Boden und begräbt ihn unter sich. Nach seinem Tod überlegen die Schauspielerkolleginnen und -kollegen, wie es weitergehen soll: Sollen sie in seinem Sinne weitermachen und die Jesus-Aufführungen fortsetzen? Dazu bräuchte es möglicherweise eine

Vereinsgründung. Allerdings hat ihr verstorbener Leiter und Freund eine Kommerzialisierung nie gewollt. Was sollen sie tun?

Eine ähnliche Spannung kennzeichnet auch die Geschichte der Kirche durch die Zeiten. Auf der einen Seite gab es immer wieder Einzelne und Gruppen, die ihr Leben radikal und kompromisslos in den Dienst des Reich-Gottes-Traumes Jesu stellten, so wie der Jesusdarsteller im Film es in seiner Inszenierung der Jesusgeschichte intendierte. Und andererseits bildete sich im Laufe der Christentumsgeschichte Kirche immer stärker als Institution aus mit festgefügten theologischen Lehren, finanziellen Strukturen und rechtlichen Verordnungen.

Kirche als Institution: Das sorgt für Kontinuität und Berechenbarkeit. Aber zugleich besteht, wie bei allen Institutionen, immer die Tendenz zu einer gewissen Behäbigkeit und Erstarrung. Zudem droht der Kirche als Institution immer auch die Abschwächung und Weichspülung der zentralen Inhalte[52], um die Mitglieder, die nur eine lockere Bindung zur ihr haben und tendenziell austrittswillig sind, nicht vor den Kopf zu stoßen. Und schließlich ist die Tendenz, zu einer Machtinstitution zu mutieren und sich mit dem politischen Establishment zu verbandeln, zunehmend gegeben (siehe dazu das nächste Kapitel). Deshalb braucht(e) Kirche als Institution immer wieder die Infragestellung derer, die sich auf den inhaltlichen Kern des Christentums, den Reich-Gottes-Traum Jesu, neu besinnen. Auch wenn die Versuche, die Nachfolge Jesu radikal zu leben, in der Geschichte des Christentums oft nicht von langer Dauer waren oder zu einer Abspaltung von der Kirche führten: Sie waren es, die immer wieder Bewegung in das starre System Kirche brachten.

Die Fragen, die Menschen an die Institution Kirche richten, muss die Kirche immer wieder an sich selbst stellen: Wird sie ihrem Anspruch, Nachfolgerin Jesu zu sein, noch gerecht? Oder hat sie sich von dem Reich-Gottes-Traum Jesu entfernt und geht es ihr vor allem um Besitzstandswahrung? Die Gefahr einer sich einschleichenden Eigendynamik droht der Kirche als Institution immer. »Ecclesia semper reformanda« – die Kirche ist ständig zu reformieren – ist deshalb zu Recht einer der protestantischen Leitsprüche.

ECCLESIA SEMPER REFORMANDA

Ecclesia semper reformanda? Wenn wir auf unsere Kirche schauen, ist von reformatorischem Eifer nicht viel zu spüren. Wir halten an unseren traditionellen Lehrformeln und Anschauungen fest, auch wenn wir merken, dass sie den Zugang zur Bibel immer mehr versperren und kaum geeignet sind, unseren Zeitgenossen bei ihrer religiösen Welt- und Selbstdeutung behilflich zu sein.

Das Apostolische Glaubensbekenntnis, das wir in den allermeisten Gottesdiensten Sonntag für Sonntag sprechen, drückt dies exemplarisch aus. Es stammt aus der Zeit der frühen Kirche und sollte in der damaligen Zeit für inhaltliche Klärung sorgen. Die Herausforderungen und theologischen Überzeugungen haben sich seitdem jedoch gewandelt. Es ist deshalb keine gute Idee, ständig Worte zu wiederholen, die in einer anderen Zeit ihre Bedeutung hatten – und heute vielen Menschen Schwierigkeiten bereiten.[53] Und da geht es nicht nur um die Vorstellung der Jungfrauengeburt, die für viele anstößig ist. Auch andere dogmatische Inhalte des Apostolischen Glaubensbekenntnisses sind fraglich geworden. Zugleich fehlt im Apostolikum der Kerninhalt des Christentums, die Reich-Gottes-Botschaft Jesu.

Traditionelle Theologen verweisen gerne darauf, dass die Jungfrauengeburt und andere Inhalte des Glaubensbekenntnisses biblischen Ursprungs sind. Die mythopoetischen Texte der Bibel sind jedoch etwas anderes als dogmatische Lehrsätze und Glaubensbekenntnisse. Letztere sind normative Aussagen im Sinne einer rechtlichen Verfügung oder allgemeinen Grundlehre.[54] Und so werden dogmatische Lehraussagen von spätmodernen Menschen in der Regel auch wahrgenommen. Deshalb hat die Jungfrauengeburt als Bestandteil einer mythopoetischen Erzählung einen anderen Charakter, als wenn sie als Lehraussage in einem Glaubensbekenntnis auftaucht.

Ich bin der festen Überzeugung, dass wir im Protestantismus neue Bekenntnisse des Glaubens brauchen. Dabei sollte sich meiner Meinung nach der Charakter von Glaubensbekenntnissen grundlegend ändern. Nach einer langen Zeit unumstößlicher Gewissheiten in Gestalt festgefügter Lehraussagen braucht es heute Glaubensbekenntnisse in Form von tastenden, suchenden, ahnenden Versuchen[55] als Ausdruck des Bemühens, sprachfähig zu sein für den Glauben angesichts der Herausforderungen der heutigen Zeit.

In diesem Sinne sind auch die theologischen Lehren und Anschauungen des Protestantismus ganz allgemein in den Blick zu nehmen. Es handelt sich bei ihnen um durchaus tiefsinnige Unternehmungen, den christlichen Glauben als kohärentes System darzustellen. Theologische Lehren und Anschauungen reagieren immer auf die Herausforderungen ihrer jeweiligen Zeit. Darin liegt ihr Wert – und ihre Grenze.[56] Immer wieder vertrat die kirchliche Lehre Positionen, die im Nachhinein selbst von traditionellen Theologinnen und Theologen als gedankliche Verirrungen eingestuft werden. Ganz offensichtlich ist das im Bereich der göttlichen Vorsehung – wissenschaftlich als »Prädestination« bezeichnet – der Fall, aber auch im Bereich der Lehre von den letzten Dingen (Eschatologie) und der Lehre von der Bibel als geoffenbartem Wort Gottes.

Weil theologische Lehren und Anschauungen generell nur ein beschränktes Haltbarkeitsdatum haben[57], ist jede Zeit herausgefordert, den Gehalt des Glaubens in neuer Weise zu bestimmen. Es ist für den Protestantismus im 21. Jahrhundert nicht ausreichend, sich auf die Anschauungen der Reformatoren des 16. Jahrhunderts zurückzuziehen, wie das viele evangelische Verlautbarungen tun: Die Rechtfertigungslehre läuft heutzutage erst einmal ins Leere, weil sich die Fragen spätmoderner Menschen fundamental verändert haben. Die Frage Luthers »Wie bekomme ich einen gnädigen Gott?« ist nicht mehr die ihre. Vielmehr stellen sie die Existenz Gottes immer häufiger ganz grundsätzlich in Frage.

Mir ging es in diesem Kapitel um zwei inhaltliche Konturierungen des christlichen Glaubens: um ein klar erkennbar metaphorisches Verständnis von Gottesvorstellungen und eine neue Ausrichtung an Jesu Botschaft vom Reich Gottes. Diese Akzente sind meines Erachtens geeignet, dem Christentum in der Spätmoderne eine erkennbare Kontur zu verleihen und mit Zeitgenossinnen und Zeitgenossen neu ins Gespräch zu kommen. Die theologischen Lehren und Anschauungen, die sich im Laufe der Christentumsgeschichte herausgebildet haben, können als sekundäre kirchliche Traditionsbildung eingespielt werden. Dabei gilt es, klug abzuwägen, inwiefern sie in der heutigen Zeit hilfreich und weiterführend sind.

»Ecclesia semper reformanda«: Das gilt auch und gerade auf der inhaltlichen Ebene. Um in der Spätmoderne Profil zu gewinnen, müssen wir uns klar positionieren. Derzeit herrscht im Protestantismus allerdings eine Art Stillhalteabkommen zwischen den einzelnen theologischen Richtungen.[58] Man versteckt sich hinter traditionellen Lehrformeln, sucht nach wachsweichen Kompromissaussagen und flüchtet sich in inhaltliche Unbestimmtheiten.[59] Was evangelisch ist, ist unklarer denn je.

Es ist spätmodernen Menschen schwer zu vermitteln, warum eine Institution nicht fähig ist, ihre Identität zu bestimmen. Noch schwerer ist es, ihnen begreiflich zu machen, warum sie Teil dieser identitätsunbestimmten Institution bleiben sollen.

Resümee

Die protestantische Kirche braucht ein erkennbares inhaltliches Profil. Deshalb ist es notwendig, dass Kirche in Auseinandersetzung mit der Denkart und dem Weltverständnis spätmoderner Menschen dieses Profil ausprägt.

Bei dem Versuch, die biblische Mythopoesie, die im Protestantismus eine zentrale Rolle spielt, für heutige Menschen neu aufzuschließen, geht es meines Erachtens um zwei zentrale Revisionen:

- Die heute gängige einseitig personale Gottesvorstellung ist kritisch infrage zu stellen. Die vielfältigen biblischen Gottesvorstellungen, die nur zum Teil personalen Charakter haben, sind mythopoetischer Ausdruck eines außerordentlichen Erlebens. Um dies zu deuten, entwickelten die Menschen der Bibel auch Bilder, die analog zu ihrer Selbstwahrnehmung sind. Biblische Gottesbilder sind nicht wörtlich zu nehmen, sondern als Versuch zu verstehen, das letztlich Unsagbare, ganz Andere zum Ausdruck zu bringen.

- Bei Jesus geht es zentral um seine Utopie einer heilen Welt, die er »Reich Gottes« genannt hat. Die Hoheitstitel, die man ihm schon im Neuen Testament beigefügt hat, sind Ausdruck der hohen Bedeutung, die seine Anhänger ihm zumaßen. Daran anknüpfend entwickelte die Kirche komplexe Lehrgebäude über die »Natur« Jesu und sein Verhältnis zu Gott – und vergaß immer mehr seine Reich-Gottes-Utopie. Meines Erachtens muss es Kirche darum gehen, die Reich-Gottes-Utopie Jesu zentral zur Sprache zu bringen und sie in der kirchlichen Praxis Wirklichkeit werden zu lassen.

6. KAPITEL:
REUMÜTIGE KIRCHE

Spätmoderne Menschen kritisieren häufig auch das Handeln der Kirche in der Geschichte. Hexenverbrennungen, Inquisition und Kreuzzüge stehen stellvertretend für die Verfehlungen, die man der Kirche vorwirft. Sind diese Vorwürfe berechtigt? Und welche Konsequenzen sollte die Kirche aus dem Befund ziehen?

Die Verfasser der Schweizer Studie waren überrascht über »die Häufigkeit und Vehemenz gerade der kritischen Haltungen gegenüber ›Religion(en) an sich‹«[1]. Die Interviewpartner nannten unter anderem die Kreuzzüge, die Inquisition sowie die Konquistadoren und bezogen sich dabei vornehmlich auf das Christentum. Sind diese Vorwürfe berechtigt? Hat die Kirche in ihrer Geschichte tatsächlich »häufig eine sehr dunkle Rolle gespielt«[2]? Und was bedeutet das alles für eine Kirche, die auf der Höhe der Zeit sein will?

Werfen wir einen näheren Blick auf die reichhaltige Vergangenheit der Institution Kirche.

VORBILDLICHES HANDELN DER KIRCHE

Zunächst einmal ist festzustellen: Die Kirche als Nachfolgeinstitution Jesu hat im Laufe ihrer Geschichte durchaus Großes geleistet.

In der Geschichte des Christentums bildeten sich viele Tätigkeitsfelder im sozialen Bereich heraus. Schon die ersten Christen bestimmten Personen, die für die Witwen und Waisen zuständig waren und sich um sie kümmerten.[3] Dass es zu ihren grundlegenden Aufgaben gehört, Arme und Kranke zu pflegen, hat die Kirche immer gewusst. Sie baute deshalb Spitäler und Armenhäuser. In den mittelalterlichen Klöstern gab es immer eine Krankenstation für Notleidende. Manche Orden betrachteten die Krankenpflege sogar als ihre vordringliche Aufgabe. In der Anfangszeit der industriellen Revolution, als in Deutschland Männer wie Frauen unter unerträglichen Bedingungen in den Fabriken arbeiteten und nicht auf ihre Kinder aufpassen konnten, baute der evangelische Hamburger Pastor Johann Hinrich Wichern (1808–1881) Häuser für verwahrloste Kinder und Jugendliche und sorgte für sie. Eindrücklich ist auch der Lebenslauf des protestantischen Theologen Albert Schweitzer (1875–1965), dem eine glänzende wissenschaftliche Karriere bevorstand, der diese aber ausschlug, Medizin studierte und ein Urwaldhospital in Afrika gründete. »Ehrfurcht vor dem Leben« lautete sein ethischer Leitsatz. Auch heute noch sehr bekannt ist das soziale Engagement der katholischen Ordensschwester Mutter Teresa (1910–1997), die sich um Leprakranke in Indien kümmerte. Das sind einige Beispiele, die für viele andere stehen.

Vielleicht war es die größte Leistung der Kirche, dass sie die Überzeugung Jesu, dass jeder Mensch eine unantastbare Würde hat, in die Welt getragen und unauslöschlich im kulturellen Gedächtnis verankert hat. Heinrich Böll, der in seinem Leben immer wieder mit der Kirche gehadert hat, hat das einmal so ausgedrückt: »Selbst die allerschlechteste christliche Welt würde ich der besten heidnischen vorziehen, weil es in einer christlichen Welt Raum gibt für die, denen keine heidnische Welt je Raum gab: für Krüppel und Kranke, Alte und Schwache, und mehr noch als Raum gab es für sie: Liebe für die, die der heidnischen wie der gottlosen Welt nutzlos erschienen und erscheinen.«[4]

Nach dem Vorbild Jesu ist die Kirche unzähligen Menschen seelsorglich beigestanden. Schon in der Alten Kirche wurden Christen, die sich in die Einsamkeit zurückgezogen hatten, »als spirituelle Meister, Weisheitslehrerinnen, ja Seelenärzte bekannt und aufgesucht«[5]. In der Geschichte der Kirche spielte die Seelsorge immer eine wichtige Rolle – und sie tut es bis heute.

Auch im Bereich des Pazifismus gab es kirchliche Gruppen und Denominationen, die die christlichen Ideale hochhielten. Die Quäker (entstanden um 1650 in England) hatten zu Beginn des 19. Jahrhunderts einen bedeutenden Anteil an der Gründung der ersten Friedensgesellschaften in den USA und England. Sie gehören mit Teilen der Franziskaner, den Waldensern, Hussiten, Hutterern, Mennoniten, manchen Baptisten und der »Kirche der Brüder« zu den sogenannten Friedenskirchen, die als christliche Randgruppen teils seit dem frühen Mittelalter, teils in und nach der Reformationszeit entstanden waren. Um das Reich Gottes zu bezeugen, schließen diese Gruppen den Kriegsdienst für sich aus.

Auch bei der friedlichen Revolution 1989, die das Ende der DDR bedeutete, spielten kirchliche Gruppen eine wichtige Rolle. Der Schriftsteller Erich Loest lässt in seinem Roman »Nikolaikirche« den Leipziger Polizeichef sagen: »Auf alles waren wir vorbereitet, nur nicht auf Gebete und Kerzen.«[6]

Der evangelische Theologe Dietrich Bonhoeffer steht paradigmatisch für das vorbildliche Engagement von Christen in Zeiten des Totalitarismus. Bonhoeffer erkannte 1933 unter dem Eindruck der Judenverfolgung die Notwendigkeit, »nicht nur die Opfer unter dem Rad zu verbinden, sondern dem Rad selbst in die Speichen zu fallen«.[7] Trotz heftiger Gewissensqualen war er am – fehl-geschlagenen – Attentat auf Hitler beteiligt.

Der Benediktinermönch Bartholomé de Las Casa (1484–1566), der im 16. Jahrhundert die Entrechtung und Ausbeutung der indigenen Bevölkerung miterleben musste, ist für seinen Einsatz für die Gerechtigkeit bekannt geworden. Auslöser für seinen Einsatz als unerschrockener und unermüdlicher Verteidiger der Indios war die Predigt des Dominikaners Antonio de Montesinos (1475–1540) im Advent 1511, die sofort berühmt wurde und in der es unter anderem heißt: »Sagt, mit welcher Berechtigung und mit welchem Recht haltet ihr diese Indios in so grausamer und schrecklicher Sklaverei? Was ermächtigt euch, so verabscheuungswürdige Kriege gegen diese Menschen zu führen, die friedlich und ruhig in ihrem eigenen Lande leben, Kriege, in denen ihr unendlich viele von ihnen mit nie gehörtem Mord und Zerstörung vernichtet habt? Warum haltet ihr sie so unterdrückt und erschöpft, ohne ihnen etwas zu essen zu geben noch ihre Krankheiten zu heilen, die sie wegen des Übermaßes an Arbeit befallen, das ihr ihnen auferlegt; und sie sterben euch weg, oder besser, ihr tötet sie, nur um jeden Tag Gold herauszupressen und zu erhalten? ... Sind sie keine Menschen? Seid ihr nicht verpflichtet, sie zu lieben wie euch selbst?«[8]

Für die neuere Zeit ist Óscar Romero (1917–1980), Erzbischof von San Salvador, zu nennen, der für soziale Gerechtigkeit und politische Reformen in seinem Land eintrat und sich damit in Opposition zur damaligen Militärdiktatur in El Salvador stellte. Romero wurde 1980 während einer Messe von einem mit dem Mord beauftragten Soldaten erschossen.

Die genannten Beispiele zeigen, dass Christinnen und Christen in der Geschichte der Kirche durchaus Großes geleistet haben.

DIE DUNKLE SEITE
DES CHRISTENTUMS

Doch es gibt nicht nur Leuchtspuren. Die Kirchengeschichte ist auch eine Geschichte voller Versäumnisse und
Verfehlungen: Neben dem Einsatz einzelner kirchlicher
Gruppierungen für Frieden steht eine lange Tradition,
in der die Kirche nicht nur der Gewalt tatenlos zusah,
sondern sie selbst ausübte. Neben der »Bekennenden
Kirche« im Dritten Reich, zu der Dietrich Bonhoeffer
gehörte, steht die zahlenmäßig viel größere Gruppe der
»Deutschen Christen«, die willige Helfershelfer Hitlers
und seiner Schergen waren.[9] Die vielfältige kirchliche
Seelsorge ist diskreditiert durch die vielen Missbrauchs-
fälle, die die Kirche lange Zeit zu vertuschen versucht hat.
In jüngster Zeit wurde übrigens bekannt, dass diese nicht
nur die katholische Kirche, sondern auch die evangelische
Kirche betreffen. Dem Einsatz einzelner Kirchenleute für
Gerechtigkeit stehen viele Fälle gegenüber, in denen die
Kirche Ungerechtigkeit und Unrecht nicht nur geduldet,
sondern selbst für ungerechte Verhältnisse gesorgt hat.
Der bekannte Kirchenkritiker Karlheinz Deschner hat
für seine zehnbändige »Kriminalgeschichte des Christen-
tums« traurigerweise viel Material gefunden.[10]

Auch wenn der Kirche nicht alles angehängt werden
kann, was in der Vergangenheit an Unrecht geschehen
ist, Zahlen von Todesopfern, die der Kirche angelastet
werden, weit übertrieben sind und die Kirchen in manchen Bereichen auch versucht haben, mäßigend einzu-
wirken (wie zum Beispiel bei den Hexenverfolgungen)[11]:
Es ist unstreitig, dass sie insgesamt viel Schuld auf sich
geladen haben. Und leider fügt sich die Reformbewegung
des Protestantismus nahtlos in diese Schuldgeschichte
ein:

Häretiker und Ketzer wurden auf Anlass kirchlicher Institutionen getötet, Frauen wurden unterdrückt und als minderwertig angesehen, Mission wurde mit Gewalt betrieben, die Kirchen machten sich zu Helfershelfern eines ausbeuterischen Kolonialismus. Antisemitismus und Rassismus wurden von den Kirchen nicht nur mitgetragen, sondern auch theologisch begründet, und die Kriegslüsternheit im 19. und 20. Jahrhundert wurde gar von den Kirchen angeheizt und theologisch gerechtfertigt.

So gesehen stehen Kreuzzüge, Inquisition und Hexenverfolgungen, die die Interviewpartner der Schweizer Studie als unrühmliche Beispiele nannten, durchaus repräsentativ für Verfehlungen, bei denen sich die Kirchen zumindest mitschuldig gemacht haben, wenn sie nicht gar, wie bei den Kreuzzügen, sogar hauptverantwortlich waren für Gräueltaten und Massaker.[12]

Sicherlich waren die Handlungen der Kirchen auch Ausdruck zeitbedingter Umstände. So sind das rückwärtsgewandte Frauenbild und die Ansicht, dass es sich bei den Heiden, die man auf den Eroberungsfeldzügen antraf, um kulturlose, minderwertige Menschen handle, von den meisten Philosophen der Aufklärung geteilt worden. Allerdings hätten die Kirchen es eigentlich besser wissen müssen: Keine der Verfehlungen, die man den Kirchen zu Recht ankreidet, lässt sich von der Reich-Gottes-Botschaft Jesu ableiten.[13] Im Gegenteil: Sie steht zum Handeln der Kirchen in der Vergangenheit allzu oft in schreiendem Gegensatz. Die Frage drängt sich fast von selbst auf: Warum waren die Kirchen auf diesem Auge so blind?

Historisch lässt sich zeigen[14], dass die Kirche im Zuge ihrer Verbreitung schon bald von ihren Idealen Abschied genommen hat. Indem sie sich in der Welt einrichtete, passte sie sich dieser immer mehr an. Gar nicht gutgetan hat der Kirche vor allem die immer stärkere Zusammenarbeit mit staatlichen Organen[15], sodass man völlig zu Recht von der unheiligen »Allianz von Thron und Altar« spricht. Es muss nachdenklich machen, dass die Kirche sich mit nahezu allen politischen Ideologien nicht nur arrangiert, sondern auch gut und eng mit ihnen zusammengearbeitet hat. Kirche konnte und kann mit totalitären Systemen, mit Apartheid, mit Imperialismus, mit Neoliberalismus. Ich kenne kaum ein System, mit dem sich Kirche nicht verbandelt hat. Dass sie damit allzu häufig ihre inhaltlichen Grundsätze verraten hat, war ihr in der Regel kein allzu großes Problem.

So lässt sich resümieren: Die Geschichte der Kirche(n) ist »voller Licht und Schatten«[16]. Die Skepsis vieler Zeitgenossinnen und Zeitgenossen gegenüber der Kirche ist angesichts dieser ambivalenten Vergangenheit mehr als verständlich. Gerade weil sich die Kirche als Moralinstitution versteht, ist es naheliegend, dass die Maßstäbe, die an sie angelegt werden, höher sind als bei anderen Institutionen. Deshalb treffen die jüngsten Missbrauchsfälle die Kirchen bis ins Mark.

Wenn die Kirchen eine Zukunft haben wollen, wird es darauf ankommen, wie sehr sie bereit sind, aus ihrer Geschichte zu lernen und daraus die notwendigen Konsequenzen zu ziehen.

AUS DER VERGANGENHEIT LERNEN

Was ist zu tun? Zum einen gilt es, die dunkle Geschichte des Christentums vorurteilsfrei aufzuarbeiten und die Scham über das Vergangene deutlich zur Sprache zu bringen. Hier haben die Kirchen bereits vieles geleistet. Sie haben sich ihrer Vergangenheit gestellt und die Versäumnisse und Verfehlungen durchaus offen und selbstkritisch benannt (wenngleich es gerade im Bereich der Missbrauchsfälle noch eine Menge aufzuarbeiten gibt). Dass dies weiterhin geschieht und die Repräsentantinnen und Repräsentanten der Kirchen hierzu auch gut informiert und auskunftsfähig sind, ist von großer Bedeutung.

Ich bin darüber hinaus überzeugt, dass die Verfehlungsgeschichte Einkehr finden muss in heutige Glaubensbekenntnisse. Es tut weh, sich an diese Seite der eigenen Geschichte immer wieder zu erinnern, aber es ist auch ein wichtiger Ansporn, daraus für die Zukunft zu lernen.

Was bei der Aufarbeitung der Christentumsgeschichte noch deutlicher zur Sprache kommen muss, ist das Nachdenken darüber, gegen welche eigenen Grundsätze und Ideale die Kirche verstoßen hat. So wird klarer, wovon Kirche sich abgrenzen und wofür sie sich stärker als bisher einsetzen sollte. Die Aufarbeitung der Vergangenheit diente dann der Identitätsgewinnung.

Eine Konsequenz erscheint mir dabei naheliegend: Die enge Verflechtung von Kirche und Staat, die auch heute noch in Deutschland existiert, ist kritisch zu hinterfragen. Ist es wirklich sinnvoll, den Staat die Kirchensteuer erheben zu lassen?[17] Ist es in Ordnung, dass die Militärseelsorge staatlich organisiert ist und Militärseelsorger im Einsatz Uniform tragen? Ist es richtig, dass Bischöfe aufgrund von Konkordaten (Verträgen zwischen Kirche und Staat) ihr Gehalt in einigen Bundesländern aus staatlichen Haushalten beziehen? (Und das ist nur ein Beispiel, das für diverse Staatszahlungen an die Kirchen steht.[18])

Der Glaubwürdigkeit der Kirchen würde es guttun, die enge Verbundenheit mit dem Staat schrittweise zu entflechten.[19] Mittelfristig auf finanzielle Unterstützung des Staates zu verzichten wäre gewiss ein schmerzhafter finanzieller Einschnitt. Der ideelle Gewinn wäre aber meines Erachtens deutlich höher zu bewerten. Denn es ist nicht Aufgabe der Kirche, Schmieröl zu sein für das herrschende gesellschaftliche und wirtschaftliche System. Es gilt vielmehr, einen unabhängigen Blick auf gesellschaftliche Entwicklungen zu werfen und notfalls dem »Rad in die Speichen zu fallen« (Dietrich Bonhoeffer).

Resümee

Reumütig: Das hat Kirche meines Erachtens unbedingt zu sein. Denn ihre Geschichte offenbart nicht nur Leuchtspuren, die Christen hinterlassen haben, sondern hat auch eine erschreckend dunkle Seite. Diese aufzuarbeiten, sich zu den Verfehlungen zu bekennen, aufrichtig Reue zu zeigen und die entsprechenden Konsequenzen zu ziehen für heute: Das sind Aufgaben, die sich einer zukunftsfähigen Kirche notwendigerweise stellen. Dabei geht es nicht zuletzt darum, die immer noch enge Verflechtung von Kirche und Staat, die der Kirche nicht gutgetan hat, schrittweise aufzulösen.

7. KAPITEL:
GEMEINSCHAFTLICHE KIRCHE

Was ist eigentlich Kirche? Heute wird sie vor allem als Behörde bzw. als Dienstleistungsunternehmen wahrgenommen. Und so versteht sich Kirche auch immer mehr. Aber ist das ihr eigentlicher Sinn?
Was Kirche eigentlich ist oder sein soll, ist entscheidend für ihre Zukunftsfähigkeit. Vom Kirchenverständnis hängt ab, welche fundamentalen Weichenstellungen vorgenommen werden.

Was ist eigentlich Kirche? Wozu gibt es sie? Die einen, vor allem die, die mit der Kirche verbunden sind, stellen sich diese Fragen nicht wirklich: Es gibt sie einfach, die Kirche. So war es schon immer. Warum über ihren Sinn und Zweck nachdenken? Die anderen, die die Kirche kritischer sehen, stellen sich die Fragen in der Regel genauso wenig. Für sie ist die Kirche zumeist irrelevant. Deshalb lohnt es sich für sie nicht, darüber überhaupt nachzudenken.

Beide Seiten gehen in ihrer Wahrnehmung und Beurteilung der Kirche von der Institution aus, wie sie sich ihnen heute darstellt. Aber genau darin liegt das Problem: Kirche wird gleichgesetzt mit einer bestimmten Gestalt von Kirche. Wir erleben derzeit den schleichenden Bedeutungsverlust der Institution »Kirche« in Form der protestantischen Landeskirchen. Von daher stellt sich zumindest für uns Kirchenleute die Frage nach dem Wesen und dem Zweck von Kirche in aller Dringlichkeit. Ich bin der Meinung, dass wir diese Frage in der Regel nicht grundsätzlich genug stellen. Was ich an Ideen und Anregungen erlebe, sind überwiegend Oberflächenreparaturen, die dazu dienen sollen, das derzeitige System »Volkskirche« zu stabilisieren. Aber ist dieses System überhaupt überlebensfähig? Da sind meine Zweifel in den letzten Jahren immer größer geworden.

Deshalb glaube ich, dass wir uns die Frage nach dem Wesen und dem Zweck von Kirche in aller Grundsätzlichkeit vornehmen sollten. Erst wenn wir diese Frage für uns geklärt haben, können wir darüber nachdenken, was wir in der Zukunft tun und lassen sollten.

Fragen wir also noch einmal: Was ist eigentlich Kirche? Wozu gibt es sie?

KIRCHE ALS BEHÖRDE

Eine Behörde ist eine Einrichtung, die dafür zuständig ist, die Verwaltungs- und Dienstleistungsaufgaben des Staates gegenüber seinen Bürgern zu erfüllen. Die Zuständigkeiten und Verantwortlichkeiten sowie die wesentlichen Arbeitsabläufe sind durch Gesetze, Satzungen und Geschäftsordnungen festgelegt. Es gibt Bundes-, Landes- und kommunale Behörden, die zueinander in einem hierarchischen Verhältnis stehen.

Das System der protestantischen Landeskirchen ist analog als kirchliche Behörde aufgebaut. Die Landeskirchen erfüllen Verwaltungs- und Dienstleistungsaufgaben für ihre Mitglieder, die Zuständigkeiten sind gesetzlich geregelt und es gibt behördliche Strukturen auf verschiedenen Ebenen (Landeskirche, Kirchenbezirk, Ortsgemeinde). Den staatlichen Beamten entsprechend sind die Pfarrerinnen und Pfarrer Kirchenbeamte mit ähnlichen Rechten und Pflichten.

Überhaupt die Pfarrpersonen: Sie haben die zentrale Rolle in den Ortsgemeinden inne. Zwar steht ihnen eine Gruppe Ehrenamtlicher zur Seite, mit der sie zusammen den Vorstand bilden, und außerdem gibt es in den Gemeinden meist weitere haupt- oder nebenamtliche Mitarbeitende, aber dennoch gilt: Ohne die Pfarrpersonen läuft in den Kirchengemeinden meist nicht viel. Ihr Aufgabenbereich ist vielfältig. Sie sind Personen des öffentlichen Lebens, konferieren mit dem Bürgermeister und werden zu gesellschaftlichen Veranstaltungen eingeladen. In den Kirchengemeinden sind sie manchmal Alleinunterhalter. Neben vielem anderen gehört zu ihrem Aufgabenbereich, dass sie die Behörde «Pfarramt» leiten. Sie sind unter anderem verantwortlich für den Schriftverkehr, stellen Bescheinigungen aus und haben das Siegelrecht.

KIRCHE ALS DIENSTLEISTUNGSUNTERNEHMEN

Die Behörde Kirche verwaltet nicht nur, sondern macht auch Angebote. Der Kernbestand dieser Dienstleistungen ist festgelegt. Jede Pfarrperson wird bei ihrer Ordination auf bestimmte Dienstleistungen verpflichtet. Zu ihnen gehören: Gottesdienste, Kasualien, Seelsorge, Konfirmandenunterricht und in einigen Landeskirchen auch Religionsunterricht. Verweigert sich die Pfarrperson einer dieser Grundaufgaben, bekommt sie mit der übergeordneten Behörde massive Schwierigkeiten.

Charakteristisch für die Pfarrpersonen ist, dass sie diese Grundaufgaben häufig mehr oder minder allein ausüben oder zumindest ausüben können. Sicherlich, im Gottesdienst gibt es in der Regel einen Organisten und häufig einen Kirchendiener. Auch wird die Lesung oft von einer Person des Kirchenvorstandes vorgelesen. Dennoch: In der öffentlichen Wahrnehmung ist der protestantische Gottesdienst eine One-Man-Show. Ähnliches gilt für die anderen zentralen Angebote, auch wenn im Bereich des Konfirmandenunterrichts die Leitung inzwischen oft aus einem Team besteht.

Die Krise der Volkskirche zeigt sich darin, dass die zentralen Angebote der Kirche immer weniger gefragt sind. Die wöchentlichen Gottesdienste sind in der Regel schlecht besucht, Seelsorge wird immer weniger nachgefragt, die Anzahl der Kasualien geht langfristig zurück. Das Dienstleistungsunternehmen »Kirche« hat ein immer größeres Akzeptanzproblem.

KIRCHE ALS VEREIN

Neben den zentralen Angeboten der Kirche, die meist von den Pfarrpersonen durchgeführt werden, gibt es weitere Gruppen und Kreise, die sich mehr oder minder regelmäßig im Gemeindehaus treffen. Geselligkeit spielt hierbei eine wichtige Rolle. Der Status dieser Gruppen und Kreise hat Vereinscharakter. Dieser hat sich vor allem im 19. Jahrhundert ausgebildet, nicht nur im Bereich der Kirche. In dieser Zeit sind viele Gemeindehäuser gebaut worden, um diesem Bedürfnis Platz zu bieten. Häufig treffen sich heute in Gemeindehäusern Seniorinnenkreise, Eltern-Kind-Gruppen und Chöre.

Charakteristisch für diese Gruppen und Kreise ist, dass sie meist ein Eigenleben führen und am Austausch mit anderen Gruppen und Kreisen nicht unbedingt interessiert sind. Inhaltlich geht es nicht notwendigerweise um christliche Themen. Oft ist es so, dass Personen, die einen bestimmten Kreis besuchen, ansonsten mit der Gemeinde wenig oder nichts zu tun haben. Viele Gruppen und Kreise sind überaltert und werden immer kleiner. Weil der eigene Bedarf geringer wird, werden in den Städten die Gemeindehäuser immer öfter fremdbelegt. Das generiert Einnahmen und gibt den Gemeinden den Anschein von Lebendigkeit.

Zwischenfazit

In all den skizzierten Entwicklungen manifestiert sich die Krise, in der sich die volkskirchlich verfassten protestantischen Landeskirchen befinden. Kirche als Verein bzw. als Dienstleistungsunternehmen funktioniert immer weniger. Damit gerät auch das behördliche System ins Wanken: Die engmaschige Versorgung der Mitglieder ist aufgrund geografisch größer werdender Gemeinden immer schwieriger zu gewährleisten. Im Moment wird in den Landeskirchen krampfhaft versucht, das System aufrechtzuerhalten. Für die Pfarrpersonen steigt die Belastung, die Kosten für den Erhalt der Kirchen, Gemeindehäuser und Pfarrhäuser sind immer schwerer aufzubringen, und es wird immer schwieriger, Menschen für den Pfarrberuf zu gewinnen. Wenn sich nichts fundamental ändert, wird das System »Volkskirche« irgendwann zusammenbrechen – und das wissen auch alle, die in der Kirche arbeiten. Vermutlich wird es gar nicht mehr so lange dauern.[1]

Warum rutscht das System »Volkskirche« immer mehr in die Krise? Die Gründe dafür sind meines Erachtens relativ einfach zu bestimmen: Es entspricht in seiner derzeitigen Form weder den Bedürfnissen der Menschen noch – wie gleich zu zeigen sein wird – wichtigen biblischen Wurzeln. Und damit sind wir wieder bei unserer Anfangsfrage angelangt: Was ist eigentlich Kirche? Wozu gibt es sie?

KIRCHE ALS LEBENDIGE, AKTIVE ÜBERZEUGUNGSGEMEINSCHAFT

Von dem evangelikalen Pastor Bill Hybels stammt eine Anekdote, die ich für wegweisend halte – bei aller theologischen Differenz, die ich ihm gegenüber empfinde. Er erzählt:

Anfang der 1970er-Jahre studierte ich am College und belegte eine Pflichtveranstaltung im Fach »Neues Testament«, um mein Hauptfach abschließen zu können. Dabei war dieses Seminar garantiert sterbenslangweilig. Eine Pflichtveranstaltung im Fach Bibelkunde? Ich war mir sicher, dass die größte Herausforderung darin bestehen würde, wach zu bleiben.

Als ich also meinen üblichen Platz in einer der hinteren Reihen belegte und eine bequeme Haltung einnahm – Beine ausgestreckt, Arme verschränkt –, hatte ich noch keine Ahnung, dass mich ein geistlicher Hinterhalt erwartete. Gegen Ende der Vorlesung, als ich gerade dachte, es sei an der Zeit, zusammenzupacken und zu gehen, beschloss der Dozent, Dr. Bilezikian, dass er für diesen Tag noch nicht ganz fertig war. Er legte sein Manuskript beiseite und trat hinter dem Pult hervor. Dann legte er seine Seele vor einem Raum voller ahnungsloser Zwanzigjähriger bloß.

»Liebe Studierende«, sagte er, »es gab einmal eine Gemeinschaft von Gläubigen, die einander liebten mit einer radikalen Liebe. Sie nahmen ihre Masken voreinander ab und teilten ihr Leben miteinander. Sie lachten und weinten und beteten und sangen und halfen einander in echter christlicher Gemeinschaft. Diejenigen, die mehr hatten, teilten bereitwillig mit denen, die weniger hatten, bis soziale und wirtschaftliche Grenzen aufgehoben waren. Sie gingen miteinander so um, dass Gräben zwischen Geschlechtern und Rassen aufgehoben wurden, und sie freuten sich über ihre kulturellen

Unterschiede. In der Apostelgeschichte Kapitel 2 lesen wir, dass diese Gemeinschaft von Gläubigen, diese Kirche, den Nichtgläubigen eine Vision vom Leben anbot, die so wunderschön war, dass ihnen der Atem stockte. Sie war so stark, so kreativ, so dynamisch, dass sie ihr nicht widerstehen konnten. Sie spürten, dass in dieser Gemeinschaft ein besonderer Geist herrschte, und wollten unbedingt zu ihr dazugehören.«

Dr. Bilezikians von Herzen kommende Worte waren sowohl Klage als auch Traum, eine traurige Sehnsucht nach der Wiederherstellung der Kirche des ersten Jahrhunderts. Ich hatte mir noch nie eine so mitreißende Vision vorgestellt. An diesem Tag sah ich diese Vision nicht nur; ich wurde von ihr gepackt.[2]

Was die Apostelgeschichte beschreibt und worauf sich Hybels' Dozent bezieht, ist keine Beschreibung der Realität[3], sondern eine urchristliche Vision oder, anders formuliert, die Beschreibung eines Ideals. Als solche kann sie jedoch – wie die Anekdote belegt – Menschen heute noch für sich einnehmen.

Ich glaube, dass es vor allem das ist, was unserer volkskirchlichen Struktur fehlt: das Visionäre. Die Volkskirche wird eher als eine ältliche Tante wahrgenommen, die ihre vertrauten Routinen auslebt, auch wenn sie sich äußerlich zuweilen einen jugendlichen Anstrich zu geben versucht. Volkskirche: Das ist Behörde, traditionelle Dienstleisterin und langjähriger Verein, aber nichts, was Menschen emotional anspricht. Aber genau darum muss es gehen. Kirche muss Menschen emotional berühren, andernfalls gehen diese auf Distanz oder treten aus. Was unterscheidet diese Vision von der Kirche als Behörde, als Dienstleisterin oder Verein? Es sind meines Erachtens drei Elemente, die die urchristliche Vision im zweiten Kapitel der Apostelgeschichte kennzeichnen:

Zum einen spielt der Gemeinschaftsaspekt eine zentrale Rolle. Die Menschen teilen ihr Leben miteinander in einer intensiven Art und Weise.[4] Sie spielen sich nichts vor, sondern nutzen die Gemeinde als Schutzraum, in dem sie mit ihren Erfolgen und ihrem Versagen so sein können, wie sie sind. Sogar ihr Hab und Gut teilen sie miteinander. Das ist eine radikale und herausfordernde Form von Lebensgemeinschaft, die in der Kirche selten praktiziert wurde. Wir Protestanten haben schnell den Vorwurf zur Hand, eine Gemeinschaft in diesem Sinne stehe in der Gefahr, sektiererisch zu werden und unsere Freiheit zu beschränken[5]. Ich sehe diese Gefahr, die grundsätzlich sicher im Blick zu behalten ist, im derzeitigen landeskirchlich verfassten Protestantismus als außerordentlich gering an. Unser Problem ist eher das Gegenteil: ein laues, unverbindliches Gebilde zu sein, bei dem man nicht recht weiß, warum es überhaupt existiert.

Die Menschen in der Vision Apg 2, und das ist der zweite Aspekt, nehmen am Gemeinschaftsleben kontinuierlich und aktiv teil. Das unterscheidet sie von vielen Kirchenmitgliedern heute, die dann mit der Kirche in Kontakt treten, wenn sie etwas von ihr wollen. Partizipierende Mitglieder statt konsumierende Mitglieder: Darum geht es in der urchristlichen Vision von Kirche.[6]

Der dritte Aspekt ist die intensive religiöse Praxis, die gemeinschaftlich ausgeübt wird. In der Urgemeinde wurden – wie wir heute sagen würden – eine intensive christliche Spiritualität sowie aktive Nächstenliebe gelebt. Dass man Mitglied ist in der urchristlichen Gemeinde, aber an der religiösen Praxis nicht teilnimmt, das ist ganz und gar undenkbar.

Zwischen der urchristlichen Kirche im Sinne von Apg 2 und der heutigen protestantischen Kirche in der spätmodernen Gesellschaft gibt es große Differenzen. Kann das Urchristentum ein Zukunftsmodell für die heutigen Herausforderungen sein?[7]

Werfen wir dazu einen Blick in die Soziologie. Einer ihrer Forschungsgegenstände sind die verschiedenen sozialen Gruppen in der Gesellschaft. Soziale Gruppen sind gekennzeichnet durch »gemeinsame Ziele und Interessen, Wir-Bewusstsein, gemeinsames Wert- und Normensystem, interne Rollenstruktur und Aufgabenverteilung«[8].

Der Charakter der protestantischen Kirche als soziale Gruppe ist dabei ein doppelter: Zum einen handelt es sich bei ihr, soziologisch gesehen, um eine Großgruppe ähnlich den Verbänden, Gewerkschaften und politischen Parteien. »Solche Großgruppen konstituieren sich oft zunächst nur durch abstrakte, gemeinsam geltende Vorstellungen und einander verbindende Überzeugungen ... Hinzu kommt bei vielen Großgruppen auch ein bestimmter Grad an Organisiertheit, der sie als Organisationen kenntlich macht.«[9] Als Großgruppe leidet die protestantische Kirche unter mangelndem Profil. Es ist, um noch einmal das Zitat der Schweizer Studie »Religion und Spiritualität in der Ich-Gesellschaft« aufzugreifen, »unklar, *wofür* sie [die evangelischen Christen, M.B.] genau stehen. In Abwandlung des berühmten Buchtitels von Musil könnte man von einer ›Kirche ohne Eigenschaften‹ sprechen.«[10] Ein Wir-Bewusstsein und gemeinsame Ziele zeichnen die Kirche als Großgruppe nicht aus.

Die protestantische Kirche ist jedoch nicht nur eine abstrakte Großgruppe. Weil sie zugleich in Ortsgemeinden organisiert ist[11], hat sie auf dieser Ebene das Potenzial, wie andere gesellschaftliche Kleingruppen von engeren Bindungen und personenbezogenen Kontakten geprägt zu sein und so Sozialbeziehungen zu entwickeln, die »wesentlich auf persönlicher Sympathie, ähnlichen Gefühlslagen, gleichgerichteten Interessen und Erwartungen beruhen«[12]. Allerdings nutzt die Kirche dieses Potenzial immer weniger, weil es ihr vorrangig darum geht, ein Dienstleistungsgroßunternehmen mit örtlichen Servicefilialen zu sein. Es geht ihr immer weniger darum, in der Nachfolge Jesu seinen Traum einer heilen Welt authentisch und überzeugend leben zu wollen. Daran krankt die Kirche.

Nur wenn es der Kirche gelingt, lebendige Kleingruppen aufzubauen, die eine gemeinsame Lebensvision haben und diese in die Praxis umsetzen, hat sie meines Erachtens eine Zukunft.[13] Als Dienstleistungsfirma wird die Kirche nicht überleben. Warum sollen Menschen dauerhaft Mitglied einer Institution sein, die sie nur wenige Male im Leben brauchen?

In den ersten Jahrzehnten der Kirchengeschichte breitete sich die Kirche gerade dadurch, dass sie überall lebendige Gemeinschaften ausbildete, in der damaligen griechisch-römischen Welt rasant aus. Diese Gemeinschaften hatten immer einen offenen und einladenden Charakter. Nie ging es ihnen darum, sich selbst zu genügen. Vielmehr wollten sie Menschen dafür gewinnen, Anteil zu nehmen an der von ihr vertretenen Lebenssicht und ihrem Lebensmodell. In dieser Weise wirkte sie in die Gesellschaft hinein. Die Identifikation der Gruppenmitglieder mit ihrer Gemeinschaft war hoch, ebenso ihr Ansehen in der Gesellschaft.

Würde die protestantische Kirche wieder wie in der urchristlichen Vision Apg 2 den Fokus darauf legen, aus einer lebendigen Gemeinschaft mit einem gemeinsamen Ziel zu bestehen, stünden nicht mehr in erster Linie Kasualien für Kirchenferne im Zentrum der kirchlichen Arbeit, sondern der planmäßige Aufbau von vitalen Keimzellen.

Kirche als lebendige, aktive Überzeugungsgemeinschaft: Wenn wir uns als protestantische Kirche an diesem Leitmodell orientierten, würde sich vieles verändern. Das

Gemeindeleben würde sich entsprechend umgestalten. Auch der Charakter der Gottesdienste würde sich wandeln. Und die Gemeinden wären deutlich attraktiver. Ich glaube, dass es gerade unsere volkskirchliche Beliebigkeit und Unverbindlichkeit ist, die uns uninteressant und unattraktiv macht. Wir werden als Christen immer unerkennbarer.

Aufschlussreich ist in diesem Zusammenhang, dass in der urchristlichen Gemeindevision keine Pfarrpersonen auftauchen – weil es sie damals noch nicht gab. Die ersten Ämter, die sich im Christentum alsbald herausbildeten, waren noch von einer großen Vielfalt. Da gab es Apostel, Propheten, Lehrer, Evangelisten, Älteste, Bischöfe, Hirten und Diakone. Bei uns ist die Pfarrperson die alles dominierende Figur, sozusagen die Berufsgläubige. Sie bietet die wichtigen Dienstleistungen an und leitet die Behörde »Pfarramt«. Im Urchristentum ging es hingegen zentral um eine Gemeinschaft von Gläubigen, die alles miteinander teilte. Das ist etwas ganz anderes.

Ich glaube, im Zuge der Erneuerung des Protestantismus muss auch über die Rolle der Pfarrpersonen nachgedacht werden. Ein hohes Maß an theologischer Expertise in christlichen Gemeinschaften ist durchaus notwendig, denn die theologischen Herausforderungen in der Spätmoderne sind gewaltig. Von daher ist es ganz und gar kein Luxus, dass sich einzelne Personen intensiv dem Studium der Theologie widmen. Das heißt aber nicht, dass diese deswegen in christlichen Gemeinschaften alle Rollen und Aufgaben auf sich ziehen müssen. Das ist eine Form der Entmündigung, die dem protestantischen Prinzip des »Priestertums aller Gläubigen« absolut zuwiderläuft.

Kirche als lebendige, aktive Überzeugungsgemeinschaft bedeutet für mich kein einseitiges Bekenntnis zur traditionellen Ortsgemeinde, die nach dem Parochial-prinzip einen bestimmten geografischen Raum abdeckt. Christliche Gemeinschaften können an unterschiedlichen Orten entstehen, unterschiedliche Formen annehmen und auf unterschiedliche Weise organisiert sein.[14] Es heißt aber umgekehrt auch nicht, dass die Ortsgemeinden keine sinnvolle Organisationsstruktur darstellten. Kirche ist für mich in erster Linie von ihren inhaltlichen Prinzipien und ihrem gelebten Lebensmodell her begründet (deshalb ist die eine Gemeinde tragende Gemeinschaft auch nicht gleichzusetzen mit der traditionellen Kerngemeinde). Von dieser Basis ausgehend können sich unterschiedliche Gemeindeformen entwickeln.

Der Kontext einer Kirche in Form lebendiger Ge-meinschaften ist der einer pluralistischen und zugleich individualistischen Gesellschaft. Das bedeutet, »dass das kirchliche Geschehen nur ein partikulares Element im Lebensvollzug und in der Lebenswirklichkeiten der Subjekte darstellt«[15]. Menschen leben in der spätmoder-nen Gesellschaft immer in verschiedenen Subsystemen zugleich und sind vielfältig vernetzt. Damit Kirche den einzelnen Menschen bei ihren Suchbewegungen behilflich sein kann, braucht es aber meines Erachtens Formen von gelebter Gemeinschaft[16], in der sich die Einzelnen austau-schen und beheimaten können.[17]

Ich bin davon überzeugt und erlebe das auch so, dass sich viele Menschen nach Gemeinschaften dieser Art seh-nen.[18] In Gemeinschaften, die sich über ein gemeinsames Ziel definieren, kann auch die Erfahrung gemacht werden, dass unterschiedliche Milieus keine Barriere, sondern eine Bereicherung darstellen. Meine berufliche Erfahrung ist, dass christliche Gemeinden, die den Charakter einer lebendigen Gemeinschaft haben, stabile oder sogar wach-sende Gemeinden sind.

Kirche als Behörde, Dienstleistungsunternehmen und Verein: Das war in einer Zeit, in der das Christentum seinen festen Platz in der Gesellschaft hatte, ein plausibles Modell. Doch die Zeit, in der das Christentum eine stabile Institution in der Gesellschaft war, ist an ihr Ende gekommen. Deshalb braucht es ein neues Modell von Kirche, das den veränderten Herausforderungen gerecht wird.

Kirche als lebendige, aktive Überzeugungsgemeinschaft: Diese urchristliche Vision ist das Modell der Zukunft. In vielen freikirchlichen Gemeinden kann man etwas vom Geist des Urchristentums spüren. Allerdings ist ihre inhaltliche Sicht in der Regel rückwärtsgewandt und mit einer spätmodernen Weltsicht schwerlich zusammenzubringen. Auch zeigen sich zumindest ansatzweise sektiererische Züge.

Kirche, die aus lebendigen Gemeinschaften besteht, muss in der spätmodernen Gesellschaft ein dynamisches System sein, das permanent mit anderen gesellschaftlichen Systemen und Weltsichten kommuniziert.[19] Gerade eine Kirche, die sich intensiv mit spätmoderner Denkart auseinandersetzt, hat ein hohes Interesse an intensivem Austausch auf allen Ebenen. Meines Erachtens besteht die Chance eines aufgeklärten Protestantismus genau darin, die Verbindung von spätmoderner Weltsicht und christlichem Lebensmodell in dieser Art und Weise zu leisten. Darin erwiese sich in meinen Augen seine Zukunftsfähigkeit.

Wie das konkret aussehen kann, darum soll es im nächsten Kapitel gehen.

Resümee

Kirche ist, von der biblischen Vision Apg 2 her betrachtet, weder Behörde noch Dienstleistungsunternehmen, sondern eine lebendige, aktive Überzeugungsgemeinschaft. Sie überlebt nur, wenn sie zu dieser biblischen Vision zurückfindet. Will die Kirche sich in dieser Weise verstehen, bedeutet das für sie große Veränderungen:

- Sie motiviert ihre Mitglieder, nicht mehr nur von Fall zu Fall Kirche zu konsumieren, sondern an der kirchlichen Gemeinschaft regelmäßig zu partizipieren.
- Sie setzt keinen Schwerpunkt auf Kasualien für Kirchenferne, sondern versucht, das Gemeinschaftsgefühl bei ihren Mitgliedern zu stärken.
- Sie arbeitet verstärkt an ihrem einladenden Charakter. Es geht ihr darum, Menschen zu gewinnen für das von ihr vertretene Lebensmodell.
- Sie kann dabei unterschiedliche Formen annehmen und auf unterschiedliche Weise organisiert sein.

Die Chance eines aufgeklärten Protestantismus besteht darin, in intensivem gesellschaftlichen Austausch spätmoderne Weltsicht und christliches Lebensmodell zu verbinden.

8. KAPITEL:
GLAUBWÜRDIGE KIRCHE

Glaubwürdigkeit halte ich für ein wichtiges Wesensmerkmal einer zukunftsfähigen Kirche. Eine unglaubwürdige Kirche interessiert niemanden. Eine glaubwürdige Kirche hingegen hat auch heute Chancen, wahrgenommen und respektiert zu werden. Die rasante Verbreitung des Christentums in seinen Anfängen ist jedenfalls ohne seine hohe Glaubwürdigkeit kaum erklärbar. Wie eine glaubwürdige Kirche heute konkret aussehen kann und worauf es dabei ankommt, darum soll es in diesem Kapitel gehen.

EINE VISION ZU HABEN
REICHT NICHT AUS

Eine Vision von Kirche kann für sich genommen interessant und nachdenkenswert sein. Sie wird jedoch in der Regel erst dann für Menschen bedeutsam, wenn sie erleben, dass eine Gruppe sie authentisch praktiziert. In der Bergpredigt, in der der Evangelist Matthäus das alternative Lebenskonzept Jesu entfaltet[1], heißt es gegen Ende: »An ihren Früchten werdet ihr sie erkennen!« (Mt 7, 20). Wenn wir diese Aussage auf uns, die protestantischen Landeskirchen in Deutschland, der Schweiz und Österreich beziehen, müssen wir ehrlicherweise zugeben, dass es nicht gut um uns steht. Unsere Früchte sind in der Regel kümmerlich. Zweifellos ist gibt Jesus in der Bergpredigt ein hohes Ideal vor.[2] Aber zumeist streben wir dieses Ideal nicht einmal mehr an. Entsprechend wenig

Unterschiede gibt es zwischen der Institution Kirche und anderen Institutionen. Die einzelnen landeskirchlichen Gemeinden bieten in der Praxis nur sehr selten ein überzeugendes, glaubwürdiges Lebensmodell.[3]

Das verwundert auch nicht. Die protestantischen Landeskirchen verstehen sich immer mehr als Serviceanstalt und immer weniger als lebendige, aktive Überzeugungsgemeinschaft. Entsprechend selektiv haben Menschen mit ihr Kontakt.

Sicherlich: Die Kirche proklamiert Werte und Haltungen, die vielen Menschen immer noch einleuchten. Aber sie lebt sie viel zu wenig. Von daher ist es spätmodernen Menschen kaum begreiflich zu machen, weshalb man dieser Institution angehören sollte, auch wenn man die von ihr vertretenen Werte und Haltungen teilt. Entsprechend sind die Kirchenaustritte kontinuierlich hoch.

Ich bin davon überzeugt: Eine Überlebenschance hat die Kirche nur dann, wenn sie sich wieder als dynamische Gemeinschaften versteht mit dem Anspruch, Jesu Vision des Reiches Gottes zu leben und in die Praxis umzusetzen.[4] Nur dann kann sie begründet darauf hoffen, dass Menschen ihr angehören wollen. »Das Evangelium wird am besten im Rahmen einer überzeugenden, plausiblen Gemeinschaft wahrgenommen«, meint auch der ehemalige EKD-Ratsvorsitzende Wolfgang Huber.[5]

Welt- und Selbstdeutung ist nicht auf Inhalte zu beschränken. Sie wird anschaulich und praktisch im gelebten Modell. Will Kirche heutigen Menschen bei ihrer religiösen Welt- und Selbstdeutung behilflich sein, kommt es auch und vielleicht in besonderer Weise auf ein authentisches und überzeugendes Lebensmodell an.

WORAUF ES ZUNÄCHST ANKOMMT

Zuallererst braucht es hierfür eine veränderte Grund-einstellung und Grundhaltung von uns Christen unserer eigenen Glaubensüberzeugung gegenüber.

Man muss uns abspüren, dass wir von Jesu Traum einer heilen Welt als Sichtweise und gelebte Praxis ganz und gar überzeugt sind.[6] Emotionalität und Leidenschaft[7] für das Jesus-Projekt »Reich Gottes« erlebe ich leider viel zu selten in unserer von Routine und festgefügten Verwaltungsabläufen geprägten Kirche.

Es ist meines Erachtens außerdem wichtig, dass wir Christen – um einen Begriff aus der Wirtschaft zu verwenden – Produktstolz entwickeln für unsere religiöse Überzeugung. Meist meinen wir jedoch, uns dafür entschuldigen zu müssen, immer noch Mitglied der Kirche zu sein. Während meiner Zeit als Auslandspfarrer in Singapur waren die Expatriates sehr an den fernöstlichen Religionen interessiert und bekamen von den Singapurern bereitwillig Auskunft darüber. Wollten diese jedoch im Gegenzug etwas über das Christentum erfahren, erzählten die Expatriates, wenn sie sich überhaupt noch als Christen verstanden, vor allem von ihren Vorbehalten und ihrer Kritik an der eigenen Religion. Die Chinesen waren verwundert: Sie wollten das Christentum besser kennenlernen. Was sie jedoch zu hören bekamen, war nicht dazu angetan, sich näher damit zu beschäftigen. Wenn sie erlebt hätten, dass ihre Gesprächspartner es als eine Ehre empfinden, in der Nachfolge Jesu zu stehen, wäre es um die Glaubwürdigkeit und Attraktivität des Christentums vermutlich anders bestellt gewesen.

Und schließlich geht es meiner Meinung nach – neben Emotionalität, Leidenschaft und Stolz – um »Hingabe«, um ein im Christentum selten gewordenes Wort zu benutzen. **187**

Unser Leben an den christlichen Idealen der Reich-Gottes-Botschaft Jesu auszurichten, muss uns Christen nicht nur etwas, sondern eine Menge wert sein. Jesus erzählt einmal von einem Kaufmann, der gute Perlen suchte, und als er eine kostbare Perle fand, verkaufte er alles, was er hatte, um diese eine Perle zu kaufen. Ein irrsinnig hoher Einsatz, den der Kaufmann aufbringt. Im Verhältnis dazu ist unser Einsatz für das Projekt »Reich Gottes« in der Regel vernachlässigbar. Christsein, meinen wir, darf nicht viel kosten. Sollte man es dann nicht lieber ganz sein lassen? Der Schriftsteller Christian Dietrich Grabbe hat einmal gesagt: »Ein halber Christ ist ein ganzer Unsinn.«

Eine veränderte Grundhaltung von uns Christen unserer Religion gegenüber: Leidenschaft, Stolz und Hingabe sind für ein glaubwürdiges Christentum essenziell.

Im nächsten Schritt geht es darum, Kirche im Sinne Jesu als authentische und überzeugende Gemeinschaften zu leben. Wie kann das unter den Bedingungen der Spätmoderne konkret aussehen?

KIRCHE ALS LEBENDIGE GEMEINSCHAFTEN

a) Gemeinschaft untereinander

Wenn wir uns die urchristliche Vision von Kirche in Apg 2 vor Augen halten, ist dort von einer intensiven Gemeinschaft die Rede, die weit über das hinausgeht, was man in unseren Kirchengemeinden erleben kann. In der Apostelgeschichte heißt es: »Alle waren beieinander und hatten alle Dinge gemeinsam. Sie verkauften Güter und Habe und teilten sie aus unter alle, je nachdem es einer nötig hatte« (Apg 2,44f). Dieses Ideal wurde in der Kirchengeschichte selten erreicht. Wie könnte sich diese Vision von Gemeinschaft in unseren Kirchengemeinden konkretisieren?

Ich stelle mir vor, was geschehen würde, wenn wir mehr aneinander Anteil nähmen, als wir dies gemeinhin tun. Häufig erschöpft sich unsere Kommunikation im Austausch von Oberflächlichkeiten. Dabei haben Menschen gerade heute ein riesiges Bedürfnis, wahrgenommen und gehört zu werden. Eine Geschäftsfrau erzählte mir einmal, dass in ihrem Laden Menschen stehlen und sich dabei bewusst erwischen lassen, weil sie auf diese Weise mit jemandem in Kontakt treten können. Immer wieder passiert es mir, dass ich in einer Warteschlange an der Kasse stehe und mich gedulden muss, weil die Person vor mir der Kassiererin ihr halbes Leben erzählt. Das Interesse an intensiver Gemeinschaft ist groß. Denn viele Menschen fühlen sich allein.

Jesus hat nicht nur eine intensive Gemeinschaft mit Freunden gelebt, er hat auf seinen Wanderungen durch das Land Israel auch intensiven Kontakt zu vielen Menschen gesucht. Ich sehe das als Herausforderung, mehr aneinander Anteil zu nehmen. Das heißt für mich, auch wirklich in die Tiefe zu gehen und die Sorgen und Ängste, Freuden und Hoffnungen miteinander zu teilen. Dazu braucht es ein großes Maß an Empathie.

In einer Kirchengemeinde, in der ich einmal gearbeitet habe, kam man, wenn man ins Gemeindehaus trat, in einen bistroähnlichen, liebevoll geschmückten Raum. Dort saßen immer irgendwelche Gemeindemitglieder beieinander. Der Vorteil war, dass man sich dort auch gruppenübergreifend traf und Menschen einbezog, die eher zufällig in das Gemeindehaus hereinschneiten.

Mein Traum ist, dass es Bistros dieser Art in jeder Kirchengemeinde gibt, möglichst unmittelbar hinter dem Eingang. Bistros, die liebevoll eingerichtet sind und

Menschen einladen, Platz zu nehmen. Idealerweise finden sich Gemeindemitglieder, die den Dienst versehen, andere mit Kaffee, Tee und Keksen zu bewirten.

»Sie aßen miteinander«, heißt es in der urchristlichen Vision von Kirche Apg 2. Das müssten wir auch viel häufiger in unseren Kirchengemeinden tun.[8] Beim gemeinsamen Essen ergeben sich ungezwungen Gespräche und man lernt sich gegenseitig kennen. Warum nicht eine Kirchenvorstandssitzung mit einem gemeinsamen Essen beginnen, zu dem jeder etwas beiträgt? Das nimmt der anschließenden Sitzung den Charakter des rein Geschäftsmäßigen. Eine gute Kultur des Miteinander-Essen-und-Trinkens in Kirchengemeinden bietet auch die Möglichkeit, die Menschen zu bewirten, die Schwierigkeiten haben, für ihren Unterhalt aufzukommen. Da lässt sich etwas von dem umsetzen, was die urchristliche Vision als das Teilen von Gütern benennt.

Intensive Gemeinschaft pflegen heißt für mich auch, dass die einzelnen Gruppen und Kreise in der Kirchengemeinde sich füreinander öffnen und einander begegnen. Denn alle sind ein Teil des Ganzen. Ein Kirchenchor ist ein Chor der Kirche, allein schon vom Namen her. Von daher geht es bei diesem Chor immer um mehr als nur um gruppeninternes Singen. Ein Kirchenchor ist Teil der Kirchengemeinde. Das soll auch gelebt werden.

Gemeinsame Feste sind gute Möglichkeiten, sich zu begegnen. Das muss nicht der eine große Event im Jahr sein. Viele kleine Feste lassen sich miteinander feiern. Ist nicht jeder gemeinsam gefeierte Gottesdienst eine hervorragende Gelegenheit? Damit kommt die spirituelle Dimension von Gemeinschaft ins Spiel, die das eigentliche Zentrum einer Kirchengemeinde darstellt.

Die urchristliche Vision Apg 2 ist ohne diese spirituelle Dimension von Gemeinschaft nicht denkbar. Inhaltlich geht es dabei darum, sich immer neu auszurichten an der Reich-Gottes-Botschaft Jesu. Nach meiner Wahrnehmung kommt diese Dimension von Gemeinschaft in den Kirchengemeinden vielfach zu kurz. Der Sonntagsgottesdienst wird von vielen, die sich unter der Woche im Gemeindehaus treffen, nicht besucht, von den Kirchenfernen ganz zu schweigen. Das hat verhängnisvolle Folgen für das gesamte Gemeindeleben, weil aus dem Blick gerät, worum es in einer Kirchengemeinde eigentlich geht.

Ich träume von einer Haltung der Wertschätzung und des gegenseitigen Respekts in unseren Kirchengemeinden. Dazu gehört auch, liebevoll über mancherlei Marotten hinwegzusehen. Jesus hat uns diese wertschätzende Haltung eindrücklich vorgelebt. Eine Kirchengemeinde tut deshalb gut daran, mehr miteinander statt übereinander zu reden. Viele Konflikte lassen sich so schon im Keim ersticken.

Apropos Konflikte: Diese wird es immer geben, auch und gerade dann, wenn eine intensive Gemeinschaft gepflegt wird. Das ist auch nicht weiter schlimm. Konflikte gehören dazu, wenn Menschen miteinander zu tun haben. Wichtig ist, dass wir eine gute Kultur der Konfliktlösung in den Kirchengemeinden entwickeln. Hier gibt es in unseren Kirchengemeinden vielerorts Optimierungspotenzial.

Ob eine Gemeinschaft eine Kultur der Wertschätzung lebt, zeigt sich auch darin, wie sie mit Menschen umgeht, die nicht zu denen gehören, die regelmäßig am Gemeindeleben teilnehmen. Von evangelikalen Gemeinden kann man lernen, wie herzlich und zugleich achtungsvoll diese begrüßt werden, ob im Gemeindegottesdienst oder zu sonstigen Anlässen. In den landeskirchlichen Gemeinden erlebe ich diese Art von Begrüßungskultur deutlich seltener. Das ist betrüblich, denn gerade der Erstkontakt **191** entscheidet darüber, wie eine Kirchengemeinde wahrgenommen wird.

»An ihren Früchten sollt ihr sie erkennen«: Diese Aussage Jesu gilt auch und besonders für die Art und Weise, wie wir in den Kirchengemeinden miteinander umgehen. Ich bin sicher: Eine entsprechende Kultur der intensiven, einfühlsamen und achtsamen Gemeinschaft wird sich positiv darauf auswirken, wie man uns Christen beurteilt.

Ich habe in diesem Kapitel Aspekte von Gemeinschaft beschrieben, die an die bisherige kirchliche Praxis anknüpfen. Ich kann mir aber auch intensivere gemeinschaftliche Formen vorstellen: Menschen, die zusammenwohnen und dadurch Lebensgemeinschaft in einem ganz anderen Sinne praktizieren. Solche Formen christlicher Lebensgemeinschaft gibt es schon und ich bin sicher, das Interesse daran wird in Zukunft noch zunehmen.

b) Gelebte Nächstenliebe

Jesus hat einmal gesagt: »Was ihr den Geringsten unter meinen Geschwistern getan habt, das habt ihr mir getan!« Das ist ein unerhörter Satz Jesu, wenn man es recht bedenkt. Die größten Außenseiter der Gesellschaft, also die Obdachlosen, Drogenabhängigen, Flüchtlinge, Suizidgefährdeten, Schulabbrecher, sollen wir als Geschwister Jesu ansehen. Was wir ihnen tun, das tun wir ihm, Jesus, ihrem Bruder.

Ich halte diese Identifikation Jesu mit den Außenseitern der Gesellschaft immer noch und heute erst recht für revolutionär. Vieles würde anders, wenn wir uns diese Sichtweise zu eigen machten. In der globalisierten Welt, in der alles miteinander verflochten ist, ist der Horizont dabei grenzenlos geworden. Fragen globaler Gerechtigkeit rücken in den Blick und können nicht außen vor gelassen werden.[9]

Müsste die Identifikation Jesu mit den Ärmsten nicht entsprechende Rückwirkungen auf unser kirchengemeindliches Leben haben?

In Stockholm habe ich vor einigen Jahren eine spannende Gemeinde erlebt. Es war kalt und wir hatten eine Kirche gesucht in der Hoffnung, dass wir uns dort etwas aufwärmen und auftanken könnten. Aber die Kirchen, an denen wir vorbeikamen, waren entweder geschlossen oder kalt und leer. Doch dann kamen wir unverhofft in eine beheizte Kirche mit angenehmer Atmosphäre, wurden freundlich begrüßt, bekamen einen heißen Kaffee und waren bald mitten in einer angeregten Unterhaltung mit einem freundlichen jungen Mann. Doch irgendwann meinte dieser, er müsse jetzt alles für den Nachmittagseinsatz herrichten. Und er erzählte mir, dass sie sich in der Gemeinde intensiv um Drogenabhängige und Bettler in der Innenstadt kümmern. Ob ich mitkommen wolle? Gemeinsam zogen wir mit einem Leiterwagen voller Kaffee und Broten auf den großen Platz in der Innenstadt, wo die Junkies und Bettler schon auf uns warteten. Ich war sehr angerührt davon, wie die Mitglieder der Gemeinde die zerlumpten Gestalten umarmten und ihnen so das Gefühl von Würde und Einzigartigkeit gaben. Nicht wenige Tränen sind geflossen. Das Engagement hat eine überraschende Wirkung: Die Drogenabhängigen und Bettler kommen regelmäßig in die Gottesdienste der Gemeinde. Die Kirche war, wie ich am Tag darauf feststellte, voll von Menschen, die man dort nicht erwarten würde. Aber nicht nur sie füllten den Kirchenraum: Viele junge Studierende und erfolgreiche Manager waren ebenfalls, beeindruckt vom Engagement der Kirchengemeinde, in den Bankreihen zu sehen. Und das Spendenaufkommen landesweit für die Gemeinde ist hoch, auch nichtreligiöse Menschen spenden für diese Gemeinde. Gelebte Jesusnachfolge heute!

Vor einiger Zeit berichtete eine Reportage über Ärzte, die in ihrer Freizeit obdachlose Menschen, die sich keine Krankenversicherung leisten können, kostenfrei behandeln. Sie opfern ihre private Zeit, um im Sinne Jesu zu handeln, auch wenn sie sich selbst zum großen Teil nicht als Christen verstehen! Auch die Organisation »Ärzte ohne Grenzen« kann in vielerlei Hinsicht Vorbild für uns sein.

In den Landeskirchen haben wir für bedürftige Menschen die Diakonischen Werke. Aber damit entsteht auch ein Problem: Als Kirchengemeinden geben wir damit das Thema »Nächstenliebe« ab und fühlen uns in der Regel für bedürftige Menschen nicht mehr direkt zuständig. Das halte ich für einen untragbaren Zustand. Es darf nicht sein, dass wir uns in den Kirchengemeinden nicht mehr für bedürftige Menschen verantwortlich fühlen. Denn Kirche ist immer auch Kirche für andere.

Es gibt für Kirchengemeinden viele Möglichkeiten, diakonisch tätig zu sein. In der Gemeinde, in der ich derzeit tätig bin, gibt es zum Beispiel einmal im Monat ein Frühstück für Bedürftige, das von Gemeindemitgliedern liebevoll vorbereitet wird.

Nächstenliebe zu praktizieren heißt nicht, einfach ein ethisches Programm umzusetzen, das sich auf humanitäre Grundwerte beruft. Nächstenliebe, christlich verstanden, entwickelt ihre Dynamik aus der Anschauung heraus, sich von der göttlichen Wirklichkeit umhüllt und in ihr aufgehoben zu wissen. In dieser Weise im Einklang zu sein eröffnet einen anderen Blick auf die Welt und ihre Herausforderungen.

Nächstenliebe, die in christlichen Gemeinden geübt wird, steht dabei immer in der Gefahr, sich zu überfordern. Wir werden als Kirche nicht alle sozialen Probleme lösen können. Mir geht es um das Bewusstsein, dass es zu den grundsätzlichen Wesensmerkmalen einer Kirchengemeinde gehört, sich um andere Menschen zu kümmern. Ein mit Liebe und Hingabe durchgeführtes soziales Projekt, das als Aufgabe der gesamten Kirchengemeinde verstanden wird, ist schon viel.

Das eine ist, miteinander in einer Kirchengemeinde aktiv zu werden und sich einem Projekt zu widmen, wie im Beispiel der Stockholmer Kirchengemeinde. Das andere ist, jeder für sich aktiv zu werden in seinem häuslichen Umfeld im Sinne einer christlichen Nachbarschaftshilfe.

Ich erlebe es tagtäglich, dass wir als Kirche auch daran gemessen werden, was wir hier tun bzw. unterlassen. An unseren Früchten werden wir erkannt. Oder eben auch nicht.

c) Ausstrahlung

Von Friedrich Nietzsche stammt die bekannte Aussage: »Erlöster müssten die Christen aussehen, wenn ich an ihren Erlöser glauben sollte.«[10] Sie beschäftigt mich seit Langem und immer mehr bin ich der Meinung, dass Nietzsche grundsätzlich recht hat. So bilden wir Menschen uns im Allgemeinen unsere Meinung: Wenn jemand auf uns überzeugend wirkt, dann beschäftigen wir uns auch mit seiner Weltsicht. Wenn die äußere Haltung auf uns einen wenig glaubhaften Eindruck macht, dann helfen auch die besten Argumente nichts, um sich mit der dahinterstehenden Anschauung auseinanderzusetzen.

»Erlöster müssten die Christen aussehen«: Das stimmt für mich auch inhaltlich. Wenn wir überzeugt sind, dass der christliche Glaube »unser Leben anders, tiefer und schöner werden«[11] lässt, dann muss sich das auch in unserer Haltung dem Leben gegenüber widerspiegeln. Das Christentum hat Furore gemacht als Freiheitsbewegung, die die Menschen von ihren inneren und äußeren Zwängen entlasten wollte. Ich würde mir wünschen, dass man uns Christen daran erkennt, dass wir dementsprechend eine heitere Gelassenheit ausstrahlen, dass wir – trotz allem Realismus, den es braucht – unverbesserliche Idealisten sind und man das Gefühl bekommt, dass wir in uns ruhen, bei aller Dynamik und Tatkraft, die wir an den Tag legen.

Ich weiß, dass uns das Leben oft hart mitspielt, aber dennoch: dass wir uns im Einklang fühlen mit uns selbst, unserer Umwelt und dem großen, göttlichen Ganzen, das soll sich in unserer allgemeinen Lebenshaltung widerspiegeln. Wir werden daran gemessen, ob wir wollen oder nicht.

d) Umweltbewusster Lebensstil

Dass unsere zerstörerische Lebensweise einen heftigen Klimawandel mit schlimmen Folgen ausgelöst hat, ist seit Jahrzehnten bekannt. Aber erst der unerschrockene und konsequente Einsatz der jungen Schwedin Greta Thunberg hat für dieses Problem ins gesellschaftliche Bewusstsein gebracht.

Ich lese in vielen kirchlichen Verlautbarungen seit Langem, wie notwendig es ist, die Umwelt zu schützen, erlebe aber in den Kirchengemeinden eher wenig Sensibilität für dieses Thema. Es gibt in der Kirche auch in diesen Fragen einen ausgeprägten Gegensatz zwischen Theorie und Praxis, und das trotz sinnvoller Umweltinitiativen wie dem »Grünen Gockel«. Ich will dies mit zwei Beispielen belegen:

Ich bin Vegetarier und habe auf Pfarrkonventen lange Zeit erlebt, dass es zu Mittag nur ein Essen, und zwar ein fleischhaltiges, gab. Auf meinen Hinweis, dass ich leider nicht mitessen könne, wurde ich freundlich getröstet mit den Worten: Es gäbe ja auch Brot.

Wer als Pfarrperson auf Fortbildungen fährt, bekommt die Fahrtkosten komplett erstattet, wenn er mit öffentlichen Verkehrsmitteln anreist. Dennoch kommt es eher selten vor, dass Pfarrkolleginnen und -kollegen dies nutzen. Ich habe den Eindruck, dass diese Möglichkeit bei den allermeisten überhaupt nicht im Blick ist. Aber müsste es das nicht sein, wenn wir das Thema »Bewahrung der Schöpfung« ernst nehmen wollen? Ich habe manchmal das Gefühl, wir wollen das gar nicht, jedenfalls nicht, wenn es unseren eigenen Lebensstil tangiert.

Könnte man nicht erwarten, dass Initiativen wie Unverpacktläden von Christen mitgetragen werden, weil das einem ihrer zentralen Grundwerte, der Bewahrung der Schöpfung, im Innersten entspricht?

Müssten sich nicht in Umweltinitiativen, wie sie der Film »Tomorrow« eindrucksvoll vor Augen führt, Christen zuhauf finden?

Wäre es nicht an der Zeit, in den Landeskirchen über Themen wie vegetarische oder gar vegane Ernährung wenigstens zu diskutieren? Ich stelle jedoch hierzu unter Christen und Pfarrkolleginnen und -kollegen häufig großes Desinteresse fest, obwohl wir andererseits rührselige Tiergottesdienste feiern. Ist das nicht verrückt?

Ich träume von Kirche als lebendigen und authentischen Gemeinschaften, die einen umweltbewussten Lebensstil pflegen, weil dieser zu den Grundüberzeugungen ihres christlichen Glaubens gehört.

Abschluss

»An ihren Früchten werdet ihr sie erkennen«, heißt es im Matthäusevangelium. Es wird Zeit, dass wir Christen uns dem Anspruch stellen, in unserer Lebensweise und unserer Haltung das widerspiegeln zu lassen, was unsere innerste Glaubensüberzeugung ausmacht. Der Reich-Gottes-Traum Jesu darf kein christliches Lippenbekenntnis sein. Ihm müssen Taten folgen.[12]

Ich bin überzeugt, dass wir als Kirche unter anderem deshalb so rasant Mitglieder verlieren, weil wir allzu oft als matter Haufen wahrgenommen werden. Wenn wir das nicht leben, was uns von Jesus als befreiende Haltung und als alternatives Lebensmodell überliefert ist, dann braucht es uns als Landeskirchen auch nicht. Ob wir wollen oder nicht: Wir werden von unseren Zeitgenossen gemessen an unseren Taten. Es müsste uns ins Mark treffen, dass sich diese immer mehr von uns abwenden. Mein Eindruck ist jedoch, dass uns Kirchenleuten die kontinuierlichen Kirchenaustritte nicht besonders wehtun. Wir haben uns längst innerlich darauf eingestellt, eine schwindende Kirche zu sein.

Das Modell von Kirche als lebendige, aktive Überzeugungsgemeinschaft zu verbinden mit spätmoderner Denkart: Darum muss es einem Protestantismus gehen, der auf der Höhe der Zeit sein will.

Von dieser Grundausrichtung her ergeben sich weitere wichtige Aufgaben einer zukunftsfähigen christlichen Gemeinde, die in den nächsten zwei Kapiteln zur Sprache kommen sollen.

Resümee

Bei einer Kirche, die zukunftsfähig sein will, kommt es vor allem auf Glaubwürdigkeit an. Ich träume von einer Kirche,

- in der die Menschen miteinander eine wertschätzende und achtsame Gemeinschaft pflegen
- die sich bedürftigen Menschen liebevoll zuwendet und sie unterstützt
- in der die Mitglieder etwas von der heiteren Gelassenheit des christlichen Glaubens in ihrer Lebenshaltung widerspiegeln
- und die an ihrem umweltbewussten Lebensstil erkennbar ist.

9. KAPITEL:
SPIRITUELLE KIRCHE

Ohne spirituelle Praxis wird die Kirche über kurz oder lang eingehen. Als theoretische Weltanschauung verlieren die allermeisten Menschen das Interesse an ihr, auch wenn sie ihr bei der Wertevermittlung immer noch eine gewisse Bedeutung einräumen. Eine spirituelle Kirche zu sein ist für den Protestantismus ziemlich herausfordernd, denn um seine diesbezügliche Praxis ist es nicht gut bestellt: Die Gottesdienste finden keinen großen Anklang – und viel mehr gibt es in der protestantischen Kirche an Spiritualität nicht. Wie Gottesdienste anders gefeiert werden können und spirituelle Praxis darüber hinaus aussehen kann: Darum geht es in diesem Kapitel.

EINLEITUNG

a) Was ist Spiritualität?

Spiritualität können wir in erster Näherung definieren als »die aktive Praktizierung einer als richtig angesehenen Religion oder Weltanschauung«[1].

Aktives Praktizieren ist etwas anderes als gedankliche Reflexion. Es meint das ganzheitliche Erleben, Gestalten und Feiern der religiösen Überzeugung. Für eine lebendige Religion ist religiöse Praxis elementar.

Spiritualität ist heute ein unscharfes, offenes Wortfeld, das vielfältige Assoziationen hervorruft. Gerade darin liegt meines Erachtens die Chance dieses Begriffs für die protestantische Kirche. Es gibt vielfältige Formen gelebter Spiritualität in den anderen christlichen Konfessionen und den anderen Religionen sowie Spiritualität als Suchbewegung über die etablierten Religionen hinaus.[2] Diese spirituelle Vielfalt kann uns inspirieren, über eingefahrene und eingerostete Gleise hinauszudenken.

b) Funktionen von Spiritualität

Spiritualität hat für religiös praktizierende Menschen unterschiedliche Funktionen:[3]
- Sie dient der Vergewisserung, indem sie in Form von vertrauten Ritualen und Inhalten Heimat bietet.
- Sie bietet Impulse für die Lebensdeutung. Das geschieht nicht nur dadurch, dass in den vertrauten Ritualen unterschiedliche thematische Akzente gesetzt sind, sondern auch vertraute Inhalte immer wieder neue Assoziationen hervorrufen.
- Spiritualität kann auch alleine geübt werden. Vielfach hat Spiritualität jedoch einen gemeinschaftsfördernden Charakter.

c) Spiritualität in der protestantischen Kirche

Protestantisches Christentum ist heute in einem doppelten Sinn spirituell ausgetrocknet: Zum einen sind die wenigen traditionellen Formen der individuellen Spiritualität, die der Protestantismus ausgebildet hat, kaum mehr vorhanden. Häusliche spirituelle Praxis wie tägliche Bibellese und/oder das Lesen der Tageslosung findet immer weniger statt.[4] Zugleich wird, wie wir gesehen haben, der sonntägliche Gottesdienst – auf den sich protestantische

Spiritualität meist beschränkt – von einer nur sehr geringen Anzahl von Kirchenmitgliedern besucht. Deshalb braucht es in der protestantischen Kirche eine spirituelle Erneuerung auf allen Ebenen.

Ich werde vor allem das Thema »Gottesdienst« behandeln, darüber hinaus aber auch weitere Ausdrucksformen von Spiritualität in den Blick nehmen.

DIE WÖCHENTLICHE RELIGIÖSE FEIER

Ich habe in dieser Überschrift die Bezeichnung »Gottesdienst« bewusst vermieden, weil ich der Meinung bin, dass sie für uns heute nicht mehr passt: Zum einen ist die Bezeichnung »Dienst« theologisch missverständlich. Zum anderen geht sie von einer einseitig theistischen Vorstellung Gottes aus, die heute überschritten werden muss. Aus diesem Grunde wähle ich die allgemeinere Bezeichnung »religiöse Feier«.

Ich spreche bewusst von einer wöchentlichen Feier. Das ist ein Gegenakzent zu der in der Praktischen Theologie immer stärker vollzogenen Hinwendung zu Gottesdiensten, die zu besonderen Gelegenheiten gefeiert werden[5], den sogenannten Kasualgottesdiensten. Eine spirituelle Erneuerung wird meiner Meinung nach nur dann nachhaltigen Erfolg zeitigen, wenn sie sich auf die wöchentliche religiöse Feier, traditionell Sonntagsgottesdienst genannt, bezieht.

Worum geht es beim Gottesdienst?

»Religionsgeschichtlich ... erfolgt im *Ritus* die dramatische Vergegenwärtigung der Heilsgeschichte, des *Mythos*. Die göttliche Gründungs- oder Rettungstat, auf der der Bestand von Welt und Leben ruht und von der der *Mythos* erzählt, wird im Kult dargestellt.«[6] Als solcher ist der Gottesdienst »ein Angebot von Sinn-Bildern für die Grundfragen und Erfahrungen der Menschen. Er kommuniziert Symbole und Anregungen zu ihrer Selbstdeutung.«[7]

Indem die moderne Lebenswelt im Gottesdienst mit der fremden Welt der Bibel in Beziehung gesetzt wird, ist, egal in welcher Form er gefeiert wird, eine Fremdheitskomponente für ihn charakteristisch. Diese ist nicht reduzierbar, weil in der biblischen Heilsgeschichte die religiöse Geheimnisdimension der Wirklichkeit zur Sprache kommt, die den Alltag transzendiert. Der Gottesdienst gibt dieser Komponente eine spezifische Gestalt. »Gott ist Geheimnis, und Liturgie macht solches Geheimnis begehbar.«[8]

Als Vergegenwärtigung der biblischen Heilsgeschichte mithilfe symbolisch-ritueller Elemente, die auf unmittelbares Erleben zielen, ist Gottesdienst kein Religionsunterricht und auch nicht eine von Liedern eingerahmte Predigt, sondern eine eigene Kategorie.[9] Als solcher ist er »ein ›offenes Kunstwerk‹, das auf unterschiedliche Weise in Szene gesetzt, unterschiedlich interpretiert werden kann und muss, ein Werk, das als ›sinnerzeugende Form‹ nicht nur offen ist für Sinngewinn, für Sinnerweiterung, sondern auch Sinnes-Änderung ermöglicht und bewirkt«[10].

Protestantische Gottesdienstformen

Ganz allgemein gibt es im Protestantismus zwei Formen des Gottesdienstes. Die eine Grundform »hat an den Gottesdienst der lateinischen Kirche angeknüpft, der sich bis in die frühe Christenheit zurückverfolgen lässt. Man bezeichnet diese Grundform herkömmlich als ›Mess-Typ‹.«[11] Sie enthält viele traditionelle liturgische Gesänge und Elemente. »Daneben hat sich in den südwestdeutschen Städten schon im späten Mittelalter ein einfacher volkssprachlicher Predigtgottesdienst entwickelt, an den die Reformatoren dieser Region anknüpfen konnten, als sie den Gottesdienst aus evangelischem Geist neu zu gestalten versuchten. Damit war eine weitere Grundform des evangelischen Gottesdienstes entstanden.«[12] Sie folgt in etwa dem Ablauf und der Struktur des Mess-Typs, weist aber deutlich weniger liturgische Gesänge und Elemente auf. Stattdessen legt sie einen Schwerpunkt auf den Verkündigungsteil. Das Abendmahl wird in dieser Grundform oft weggelassen.

Die protestantischen herkömmlichen Gottesdienste, die heute in Deutschland gefeiert werden, fußen auf diesen Grundformen, in unterschiedlicher Weise und mannigfachen regionalen Ausprägungen.

Probleme des protestantischen Gottesdienstes

Nur etwa 3,7 Prozent der Mitglieder der protestantischen Kirche in Deutschland besuchen die wöchentliche gottesdienstliche Feier. In der schon mehrfach zitierten empirischen Studie »Religion und Spiritualität in der Ich-Gesellschaft« kommt der protestantische Gottesdienst im Urteil der Befragten schlecht weg: »Gottesdienste werden oft als ›fad‹, ›zum Einschlafen‹ und ›verstaubt‹ gesehen.«[13] Was macht unsere Gottesdienste im Urteil der Besuchenden so langweilig und wenig ansprechend? Ich versuche im Folgenden, die Schwachpunkte des traditionellen protestantischen Gottesdienstes näher in den Blick zu nehmen, so, wie ich sie wahrnehme, und zugleich Perspektiven zu benennen für ein zeitgemäßes gottesdienstliches Feiern.

1) Die Dramaturgie protestantischer Gottesdienste entspricht nicht den Erwartungen heutiger Menschen

Jeder Gottesdienst folgt einer Dramaturgie. Der Begriff kommt aus der Theaterwelt und bezeichnet die äußere Bauform sowie die Gesetzmäßigkeiten der inneren Struktur eines Dramas. Im Zusammenhang des Gottesdienstes lässt sich Dramaturgie verstehen »als gestaltete Vollzugseinheit, dessen innere Verlaufsstruktur sowie die damit verbundenen Spannungsqualitäten«[14].

Die Dramaturgie des protestantischen Mess-Typs folgt ihren eigenen Gesetzen. Sie ist nicht auf Spannungsaufbau aus, sondern stellt sich dar als vielschichtiges Spiel von Verweisen und Querverbindungen. Biblische Elemente werden nicht unmittelbar in Szene gesetzt, sondern auf eine sublime, verschlüsselte Weise.[15]

Diese Art von Dramaturgie, die nicht auf unmittelbare psychologische Nachvollziehbarkeit setzt, ist immer schwerer nachvollziehbar, da Menschen heute Dramaturgien ganz anderer Art gewohnt sind. Diese setzen Spannungsbögen und arbeiten mit Mitteln der Erregungssteigerung. Filme sind nach diesen Prinzipien aufgebaut, aber auch Popkonzerte und Fernsehshows. Wenn die Spannung abfällt, beginnen die Zuschauer, sich zu langweilen und schalten innerlich ab – oder im Fernsehen auf ein anderes Programm um.

Die dramaturgischen Probleme der protestantischen Gottesdienste, die nach der Grundform II, dem Predigtgottesdienst, gefeiert werden, sind anderer Art. Im Predigtgottesdienst ist die Dramaturgie des Mess-Typs reduziert zugunsten eines stärkeren Wortanteils, der dadurch noch zusätzlich an Bedeutung gewinnt, dass das Abendmahl meist weggelassen wird. Dramaturgische Monotonie (meist wechseln sich Worte und Musik ab) und Ausrichtung vor allem auf den Hörsinn machen diese Form von Gottesdienst für viele Menschen noch unattraktiver.

Vermutlich steht die Entwicklung der sogenannten »erneuerten Agende«[16] im Zusammenhang mit den veränderten Erwartungen und Wahrnehmungsgewohnheiten spätmoderner Menschen. Sie wurde 1990 als Vorentwurf in den deutschen Landeskirchen zur Diskussion gestellt und fand 1999 in der gemeinsamen Agende der meisten Landeskirchen Aufnahme. Um mehr Abwechslung in den Gottesdienst zu bringen, wurde das Prinzip einer flexiblen Grundstruktur entwickelt, die unterschiedliche Ausformungsvarianten ermöglicht. Allerdings bleibt sie dem traditionellen Gottesdienst eng verhaftet, da aus Prinzip an allen herkömmlichen liturgischen Elementen festgehalten wird.[17] Weil das Konzept einer »schmiegsamen Agende« zudem eine hohe liturgische Kompetenz erfordert, werden protestantische Gottesdienste weiterhin vielerorts in der althergebrachten, starren Liturgie der Grundformen I und II gefeiert. Das große Ziel der erneuerten Agende, die Flexibilisierung des Gottesdienstes, wurde damit weitgehend verfehlt.

In letzter Zeit werden immer mehr Stimmen lauter, die eine echte Innovation des Gottesdienstes fordern. Der Gottesdienst, heißt es im ›Liturgischen Wegweiser der Evangelischen Kirche von Hessen-Nassau‹ 2018, »sollte für unsere heutige Vorstellungswelt nicht mehr an höfischen Ritualen ausgerichtet werden, wie es in feudalen Kulturen möglich war, sondern an kulturellen Phänomenen des Theaters oder des Films«[18]. In dieser Spur werden vermehrt Gottesdienstformen entwickelt, die bewusst Spannungsbögen setzen und Elemente wie Anspiele und Szenen als

Einführung in ein Thema oder besondere Gäste in den Gottesdienst integrieren. Dabei wird in erster Linie an den Predigtgottesdienst angeknüpft und zugleich versucht, die Wortlastigkeit dieser Gottesdienstform zu vermeiden. Wenn protestantische Gottesdienste in Deutschland und der Schweiz außerhalb von besonderen Festtagen regelmäßig gut besucht werden, dann sind es meist Gottesdienste, die in diese Richtung gehen. Menschen von heute dürfen meines Erachtens nicht einseitig auf die traditionelle Art, Gottesdienste zu feiern, festgelegt werden.[19] Andererseits scheint es mir wichtig, dass auch Gottesdienste, deren Dramaturgie sich an Prinzipien moderner Eventkultur ausrichtet, ihren spezifischen Charakter wahren. Gottesdienste sind religiöse Feiern. Deshalb ist Sensibilität für angemessenes liturgisches Verhalten gefragt. Es darf weder auf billige Effekthascherei gesetzt werden, noch dürfen Gottesdienste zur Selbstinszenierung der Gottesdienstleitenden verkommen.

2) Protestantische Gottesdienste sind von einer veralteten Theologie geprägt

Die Art und Weise, in Gottesdiensten die mythische Heilsgeschichte der Bibel und die spätmoderne Lebenswelt mit ihren spezifischen Denkprinzipien miteinander zu verschränken, ist immer von einer entsprechenden Gesamtdeutung des christlichen Glaubens geprägt. Insofern liegt jeder gottesdienstlichen Feier eine spezifische theologische Anschauung zugrunde.

Ich halte die implizite Theologie, die in den allermeisten protestantischen Gottesdiensten zum Ausdruck kommt, für nicht mehr auf der Höhe der Zeit. Das ist ein weiterer Grund, warum heutige protestantische Gottesdienste kaum Anklang finden. Wird die revidierte theologische

Sicht grundgelegt, die ich im 5. Kapitel skizziert habe, hat das entsprechende Auswirkungen auf die Gestaltung von Gottesdiensten:

- Biblische Texte spielen weiterhin eine zentrale Rolle im Gottesdienst. Sie sollten aber nicht mehr unmittelbar als »Wort Gottes« eingeführt und behandelt werden.
- Gebete dienen nicht mehr dazu, von einer extramundanen Person alles Mögliche zu erbitten, sondern sind die meditative Übung, der umfassenden göttlichen Wirklichkeit innezuwerden und sich ihr anzuvertrauen. Das ändert ihren Charakter grundlegend. Die klassische »Du«-Anrede im Gebet ist poetische Ausdrucksweise. Weil sie einseitig die Vorstellung einer extramundanen Person befördert, ist ein metaphorisches Verständnis ihrer anzubahnen (z.B. transpersonale Prädikationen in der Anrede: »Gott, Quelle unseres Lebens« oder »Komm, göttliches Licht«).
- Viele Lieder transportieren eine veraltete theologische Sichtweise und sind entsprechend zu modifizieren bzw. zu ersetzen. Das betrifft nicht nur alte Lieder (und nicht nur Lieder der Passionszeit), sondern auch und gerade die allermeisten Lobpreislieder, die in den letzten Jahren in Mode gekommen sind.

3) Protestantische Gottesdienste wirken sprachlich und musikalisch angestaubt

Nicht nur der traditionelle Ablauf des Gottesdienstes in der Grundform I (Mess-Typ) ist eher unzugänglich. Auch die einzelnen liturgischen Elemente sind schwer verständlich, weil sie von einer veralteten bzw. dogmatisch aufgeladenen Sprache geprägt sind.[20] Dies provoziert geradezu das Urteil, dass der Gottesdienst nichts mehr mit der spätmodernen Lebenswelt zu tun hat. Um ein paar Beispiele zu nennen:

Das wechselseitige »Der Herr sei mit euch – und mit deinem Geist« wird von heutigen Menschen nicht mehr als Gruß angesehen und inhaltlich nicht verstanden. Es ist kein Zufall, dass viele Gottesdienstteilnehmende »seinem Geist« sagen. Mit der Metapher »Lamm Gottes« können Menschen, die nicht regelmäßig in den Gottesdienst kommen, nicht viel anfangen. Und das Kollektengebet mit seiner komprimierten Sprache rauscht an den Hörerinnen und Hörern mehr oder minder komplett vorbei. Viele traditionelle Psalmen und traditionelle Gesangbuchlieder sind nicht nur theologisch, sondern auch sprachlich schwer nachvollziehbar.[21] Manche Lieder (EG 14: »Dein König kommt in niedern Hüllen, er trägt der lastbar Eselin Füllen«) und Gebetsformulierungen[22] wirken auf heutige Menschen fast schon wie eine Karikatur. Allgemein ist das Lutherdeutsch vielen Menschen heute fremd.[23]

Die schwer verständliche Sprache in protestantischen Gottesdiensten fordert ein hohes Maß an kognitiver Verarbeitung. Nur wenn dies geleistet wird, findet eine Korrespondenz und gedankliche Auseinandersetzung mit der eigenen Lebenswelt statt. Weil die gottesdienstliche Sprache jedoch viele überfordert, schalten sie ab und empfinden die Feier als langweilig.

Viele Pfarrpersonen spüren dies und versuchen, das Problem durch eine durchgehende Moderation des Gottesdienstes zu entschärfen. Sie erklären, warum gerade was getan wird, und sagen die einzelnen Elemente an (»Wir singen jetzt …«). Doch damit wird alles nur noch schlimmer: Die Gottesdienstteilnehmenden werden immer wieder aus der Unmittelbarkeit des Mitvollzugs herausgerissen. Außerdem bekommt der Gottesdienst durch die ständige Moderation den Charakter von Geschwätzigkeit. Moderationstätigkeit weist auf das Problem hin, dass der Ablauf und die einzelnen Elemente des Gottesdienstes erklärungsbedürftig und nicht aus sich selbst heraus verständlich sind. Warum geht man dann das Problem nicht direkt an?

Auch der Versuch, die veraltete Sprache (und Theologie) durch flotte Rede und Jugendsprache aufzufrischen, ist meines Erachtens zum Scheitern verurteilt: Es behebt nicht das Problem, sondern wirkt anbiedernd und erzeugt durch die verschiedenen Sprachweisen, die hart aufeinanderprallen, eine ungute Spannung. Viel besser erscheint es mir, die veraltete Sprache neu zu übersetzen.

Der altertümliche Charakter vieler Gesangbuchlieder hat nicht nur sprachliche Ursachen. Die allermeisten Melodien wirken auf heutige Menschen zumeist spröde und schwerfällig, mit einer Tendenz zum Dunklen. Ich behaupte, dass mindestens drei Viertel aller Gesangbuchlieder theologisch, sprachlich und/oder von ihrer Melodie her spätmoderne Menschen milieuübergreifend nicht mehr ansprechen. Ich nehme mich selbst da nicht aus. Damit ich nicht missverstanden werde: Es geht mir nicht um süßliche Lieder ohne inhaltlichen Tiefgang. Was wir brauchen, sind Lieder in einer verständlichen und sinntiefen Sprache, die emotional ansprechen, theologisch gehaltvoll sind und über eine ansprechende Melodie verfügen, die auch schwungvoll sein darf. Es gibt solche Lieder, aber man muss sie suchen!

Musik spielt für viele Menschen eine überragende Rolle. Spricht sie an, ist das schon fast die halbe Miete. Wir Protestanten sind im Bereich unserer Gottesdienste musikalisch häufig auf einen bestimmten traditionellen Stil festgelegt. Johann Sebastian Bach ist für uns das Maß aller Dinge. Ich halte es jedoch für einen Fehler, weiterhin auf einen bestimmten Musikstil und ein einziges Instrument, nämlich die Orgel, zu setzen.[24] Nach meiner Wahrnehmung ist ein moderner, differenzierter Musikstil mit Pop- und Jazz- sowie klassischen Elementen durchaus milieuübergreifend konsensfähig. Dafür sind andere Instrumente notwendig. Differenzierte Musik beherrscht nicht nur die lauten, sondern auch die leisen Töne und verfügt über eine breite Palette von schwungvollen bis ruhigen Klangfarben.

4) Die spätmoderne Lebenswelt kommt in protestantischen Gottesdiensten zu kurz

Gottesdienste verschränken die mythische Heilsgeschichte der Bibel und die spätmoderne Lebenswelt miteinander. Das ist zumindest ihr Anspruch. In der Praxis kommt allerdings die moderne Lebenswelt im Gottesdienst vielfach zu kurz. Das liegt auch an der antiquierten und dogmatischen Sprache, aber nicht nur. Die spätmoderne Lebenswelt wird in vielen Gottesdiensten meist eindimensional und negativ eingespielt. In den Gebeten dominiert einseitig die Sündhaftigkeit des Menschen. Wenn überhaupt, werden existenzielle Lebensfragen und Herausforderungen in Liedern und Gebeten oder der Predigt vielfach klischeehaft aufgenommen. Die Erfahrungsdimension, die ich für zentral halte, scheint viel zu wenig auf.[25] Die Vielfalt der modernen Lebenswelt wird reduktiv behandelt, ihre Chancen und Optionen werden nicht wahrgenommen.

5) Protestantische Gottesdienste sind nicht überzeugend inszeniert

»Die Frage nach dem Lebensbezug ... scheint für die Weitergabe der Religion ... zum entscheidenden Punkt zu werden. Nicht Wahrheit, sondern *Bedeutung* und *Betroffenheit* bestimmen über ihre Aneignung und über ein entsprechendes Interesse – ›wahr‹ ist, was betrifft.«[26] Man mag die Veränderung des Wahrheitsverständnisses, die in diesen Worten zur Sprache kommt, bedauern. Sie zu ignorieren halte ich jedoch für fahrlässig.

Inszenierung spielt heute eine zentrale Rolle. David Plüss zufolge bezeichnet der Begriff im Zusammenhang des Gottesdienstes »Liturgie als szenische[n], mitunter körperlich-gestisch-atmosphärische[n] Kommunikationsprozess«[27]. Diesem Faktor »Inszenierung« kann sich niemand entziehen. Auch Protestanten inszenieren in ihrem Privatleben Anlässe und Feste liebevoll. Warum soll die zentrale religiöse Feier von einer Inszenierung freigehalten werden? Das leuchtet mir nicht ein.

Von Protestanten wird häufig eingewendet, dass es um das »Wort allein« gehe. Ich halte die Inszenierungsverweigerung mit Verweis auf das reformatorische Sola-scriptura-Prinzip[28] schlichtweg für theologisch falsch. »Die Reformation«, schreibt der reformierte Neutestamentler Ulrich Luz (1936–2019), »hat zu einer Konzentration des Lebens der Kirche auf sprachgestaltige Bibelinterpretation geführt und – verbunden damit – zu einer Dominanz von Lehre, Intellekt und Predigt. Die Reformatoren reinigten die Kirche von viel zu vielem, von Bildern, Prozessionen und von vielen Formen des Kults und der Meditation, wie sie in der spätmittelalterlichen *devotio moderna* üblich waren, ja anfangs sogar von Musik. Sie reduzierten das Leben der Kirche auf wenig mehr als das Hören des Wortes ... Aber diese Konzentration auf das Wort der Bibel war zugleich eine Entfremdung von vielfältigen und vielfarbigen Wirkungen, welche dieselbe Bibel im Leben der Kirche und der Kultur gehabt hatte.«[29]

In Abwandlung des bekannten Satzes von Paul Watzlawick »Man kann nicht nicht kommunizieren«, könnte man formulieren: Man kann nicht nicht inszenieren. Soll heißen: Jede Gottesdienstgestaltung wird von Teilnehmenden als Inszenierung verstanden. Wenn alle Elemente, die über Worte und Lieder hinausgehen, ungestaltet bleiben oder dem Zufall überlassen werden, wird das als schlechte Inszenierung wahrgenommen.

Wir entkommen also dem Thema »Inszenierung« nicht. Sicherlich legen wir zurecht Wert darauf, dass Gottesdienste nicht nur erlebt, sondern auch inhaltlich mitvollzogen und verstanden werden. Allerdings kommt der Erlebnischarakter in protestantischen Gottesdiensten deutlich zu kurz. Gottesdienst ist für Protestanten eine intellektuelle Angelegenheit, die vor allem auf den Hörsinn ausgerichtet ist (weshalb sie für taube oder hörgeschädigte Menschen ein absolutes Fiasko sind). Ein solch eindimensionaler Gottesdienst ist jedoch nicht mehr zeitgemäß. Wir leben in einem visuellen Zeitalter. Das hat entsprechende Auswirkungen auf die Erwartungen spätmoderner Menschen. Aber diese spielen in unseren Gottesdiensten so gut wie keine Rolle.

Im Sinne eines ganzheitlichen Gestaltungsprozesses bezieht Inszenierung atmosphärische, räumliche, beleuchtungstechnische, rollenbezogene, gestische und viele andere Aspekte ein. Farben, Formen, Gegenstände, Kleidung: All das spielt eine Rolle. Gottesdienst ist ein ganzheitlich-sinnliches Gesamtkunstwerk, das sorgfältig vorbereitet und überlegt gestaltet werden will.

Auch wenn es im Protestantismus immer noch große Vorbehalte gibt, was die Inszenierung von Gottesdiensten betrifft, findet man gerade im Bereich moderner Gottesdienste inzwischen durchaus Sensibilität hierfür sowie entsprechenden Gestaltungswillen.

Ohne Anspruch auf Vollständigkeit skizziere ich im Folgenden ein paar zentrale Aspekte von Inszenierung und formuliere einige Ideen:

a) Der Raum

Immer wieder begegne ich unter Protestanten der Meinung, Gottesdienst könne man überall feiern. Das ist natürlich grundsätzlich erst einmal richtig. Dennoch spielt der Raum für das atmosphärische Erleben eines Gottesdienstes eine nicht zu unterschätzende Rolle. Es ist kein Zufall, dass sich viele Menschen auch heute noch von sakralen Räumen und ihrer besonderen Atmosphäre angesprochen fühlen. Die Wirtschaft weiß das seit Langem und macht es sich entsprechend zunutze. Man muss nur einmal in Verkaufsräume von Daimler-Benz oder Apple gehen, dort kann man ›Sakralität‹ hautnah erleben. Nach meiner Einschätzung ist es gerade die atmosphärische Fremdheit unserer Kirchenräume, die Menschen anspricht. Von daher halte ich die immer wieder aufkommende protestantische Tendenz, Gottesdienste in multifunktionalen Gemeinderäumen abzuhalten, für eine völlige Fehleinschätzung spätmoderner Bedürfnisse. In Gottesdiensten geht es um eine Begegnung mit der fremden mythopoetischen Welt der Bibel. Vielleicht braucht es gerade deshalb entsprechende Räumlichkeiten. Schauen wir in die Kirchengeschichte und auf die verschiedenen Baustile, die sich ausgeprägt haben, da kommt dieses Bedürfnis nach besonderen Räumen in vielfältiger Weise zum Ausdruck.

Aus all dem wird deutlich: Unsere sakralen Kirchenräume sind ein großer Schatz. Aber wir müssen sie auch nutzen, sie öffnen für Gläubige wie Nichtgläubige – nicht nur zur Gottesdienstzeit. Und ihr Potenzial für die Gestaltung unserer Gottesdienste erkennen.

Viele protestantische Kirchenräume sind jedoch nicht nur funktional-kalt, sondern manchmal auch noch ungepflegt. In besonderen Fällen gleichen sie fast einer Abstellkammer. Planlos hängen verblichene Hungertücher

herum oder Gestaltungen von früheren Konfirmanden-
jahrgängen, die man vergessen hat abzuhängen. Eine
moderne Stehlampe steht in merkwürdigem Kontrast
zu den anderen in die Jahre gekommenen Beleuchtungs-
körpern. Das Altartuch wirkt schmuddelig, Steckdosen
hängen halb aus der Wand heraus ... Es gibt nichts, was es
nicht gibt. Durchdacht gestaltete und liebevoll gepflegte
Räume: Das wäre schon einmal eine gute Voraussetzung
für ansprechende Gottesdienste.

Darüber hinaus ist zu überlegen: Wie können Kirchenräume bewusst in die gottesdienstliche Inszenierung
einbezogen werden? Ihr reiches Potenzial hat man für
pädagogische Zwecke bereits erkannt (Kirchenraumpäd-
agogik), als Faktor der Inszenierung von Gottesdiensten
bleibt es von uns Protestanten oft noch unausgeschöpft.
Wenigstens hinweisen möchte ich auf das Problem fest
installierter Kirchenbänke, die viele Gestaltungsideen blo-
ckieren. Sie sind Ausdruck eines Gottesdienstverständ-
nisses, das auf Belehrung abzielt und den Charakter einer
Vortragsveranstaltung hat. Meiner Meinung nach sollten
Kirchenbänke aus Kirchenräumen deshalb möglichst wieder entfernt werden.

b) Das Licht

Bedauerlicherweise spielt das Licht bei der Gottesdienstgestaltung in der Regel eine rein funktionale Rolle. Es
dient dazu, dass man die Liedtexte im Gesangbuch lesen
kann und die Pfarrperson ihre Predigt. Licht transpor-
tiert in der Wahrnehmung der Gottesdienstbesuchenden
jedoch auch Inhalte und leistet einen nicht zu unterschät-
zenden Beitrag zur Atmosphäre eines Raumes. Um das zu
erleben, muss man nicht in Popkonzerte gehen.

Im Kirchenraum der Gemeinde, in der ich zur Zeit tätig bin, wurde im letzten Jahr eine Oper aufgeführt. Die aufwändig installierte Lichttechnik führte dazu, dass ich meine eigene Kirche kaum wiedererkannt habe. Der Eindruck war unglaublich! Dies zeigt: Mit entsprechender Lichttechnik lassen sich nicht nur eher unschöne Kirchen, sondern auch nichtsakrale Gebäude in spirituelle Räume verwandeln.

In besonderen Gottesdiensten im Jahr spielt Licht eine bedeutungsvolle Rolle. Denken wir nur an Weihnachten! Der Zauber der Heiligabendgottesdienste rührt auch von der außergewöhnlichen Lichtstimmung dieser Gottesdienste her. Auch die Osternacht ist ohne das Gestaltungselement »Licht« schlechterdings nicht denkbar.

Ob und wie wir Licht einsetzen in unseren Gottesdiensten, hat eine große atmosphärische Wirkung, auch wenn diese Wirkung oft eher unbewusst wahrgenommen wird. Ich erinnere mich an einen Ostergottesdienst in Wien, der in einer atmosphärisch schweren und drückenden Kirche stattfand. Der Prediger gab sich viel Mühe, etwas von der Osterfreude auf uns überspringen zu lassen. Aber er hatte keine Chance. Gegen den dunklen, schlecht ausgeleuchteten Raum kam er einfach nicht an!

c) Die Rollen

Der Vergleich mit dem Theater kommt bei den Rollen in einem Gottesdienst an seine Grenzen. Bei einer Theateraufführung sind die Besuchenden in der Regel Zuschauer, im Gottesdienst sind sie direkt beteiligt. Wobei: So falsch ist der Vergleich leider doch nicht. Die Partizipationsmöglichkeiten der Gottesdienstbesuchenden sind nämlich nicht sehr ausgeprägt. Sie singen Lieder und liturgische Gesänge mit, ansonsten beschränkt sich ihre Beteiligung in der Regel darauf, das Geschehen innerlich mitzuvollziehen. Damit gerät der Gottesdienst zu einer fast ausschließlich kognitiven Angelegenheit. Reicht es da nicht aus, den Gottesdienst am Fernsehbildschirm mitzuvollziehen?

Im Gegensatz dazu ist die Rolle der Pfarrperson sehr dominant. Er bzw. sie »hält« den Gottesdienst. Weitere Personen haben – außer dem Organisten – nur kleine, leicht ersetzbare Rollen. Um noch einmal den Vergleich mit dem Theater heranzuziehen: In den allermeisten protestantischen Gottesdiensten wird Sonntag für Sonntag ein Ein-Personen-Stück aufgeführt.

Kein Wunder, dass der protestantische Gottesdienst vielfach einer Vereinsfeier gleicht, bei der man in der Bankreihe Platz nimmt und diese bis zum Schluss nicht mehr verlässt, während der Vorsitzende vorne, den Versammelten zugewendet, die ganze Zeit agiert, indem er vor allem spricht.

Die Wortlastigkeit vieler protestantischer Gottesdienste[30] ist ein dramaturgisches Grundproblem. Sie hat auch zur Folge, dass die Gottesdienste so stark milieubezogen sind. Manche Kirchengemeinden denken deshalb immer wieder einmal darüber nach, mit welchen Gottesdienstformaten sie andere Milieus ansprechen können. Ich bin sicher: Wenn unsere Gottesdienste sinnlicher und ganzheitlicher wären, könnten wir uns diese Diskussion zumindest teilweise ersparen. Ich möchte als positives Beispiel noch einmal die Heiligabendgottesdienste ansprechen, in diesem Falle die Christvesper. Weil dieser Gottesdienst durch Krippenfiguren, Kerzenlichter, den Weihnachtsbaum, besondere Musik und manchmal noch besondere Bildelemente sinnlichen Charakter hat, kann er verschiedene Milieus ansprechen. **217**

Die Wortlastigkeit protestantischer Gottesdienste hängt mit der Rolle der Pfarrperson zusammen. Sie ist noch dominanter als im katholischen Gottesdienst, wenn auch der reformatorische Grundsatz »Priestertum aller Gläubigen« in protestantischen Kreisen hochgehalten und gerne und häufig zitiert wird. Diesen Widerspruch gilt es aufzulösen. Neben der Pfarrperson sollten deshalb weitere Personen in protestantischen Gottesdiensten mitwirken.

Wenn mehrere Personen in die Vorbereitung und Durchführung von Gottesdiensten einbezogen werden, ist eine überlegte Inszenierung wichtig. Ansonsten kommt es im Gottesdienst zu einem geschäftigen Kommen und Gehen und er wird unruhig und anstrengend. Zudem gilt: »Wer liturgisch Verantwortung trägt, muss wissen, in welcher inneren Einstellung und in welcher Körperhaltung er jeweils agiert: Wo rede ich die Gemeinde an? Wo wenden wir uns alle im Gebet zu Gott? Wo bete ich stellvertretend für die Gemeinde? Und nicht zuletzt: Wo habe ich zurückzutreten und andere ihre Rolle spielen zu lassen?«[31] Angemessenes liturgisches Verhalten ist eine hohe Kunst, die geübt werden muss, sonst wird der gottesdienstliche Charakter zerstört.

Weiter ist zu überlegen, wie sich Gottesdienstbesuchende intensiver beteiligen können. Viele Teilnehmende sind dafür aufgeschlossen, da in der heutigen ›Erlebnisgesellschaft‹ »Religion zunehmend – besonders in der jüngeren Generation, aber nicht nur in dieser – mit einem Anspruch auf ein inneres ›Erleben‹ verbunden (wird) ... Viele Menschen möchten innerlich beteiligt und durchaus auch ›ergriffen‹ sein von religiösen Phänomenen, Stimmungen und Ereignissen.«[32] Ein kleines Beispiel zeigt, wie wichtig dieser Faktor ist: Bei Popkonzerten schwenken Zuschauer brennende Feuerzeuge hin und her, um ihrer Stimmung Ausdruck zu geben. In traditionellen katholischen Gottesdiensten knien die Gottesdienstteilnehmenden in bestimmten Phasen des Gottesdienstes. In protestantischen Gottesdiensten gibt es nichts Vergleichbares – und das ist durchaus ein Problem.

Gottesdienstteilnehmende, die aktiver beteiligt sind, und mehrere Personen, die den Gottesdienst gemeinsam vorbereiten und durchführen: Wenn dies geschieht, kann der Gottesdienst wirklich zu einem Gemeindegottesdienst werden.[33]

d) Sinnlichkeit im Allgemeinen

Wie schon erwähnt, kommt die Sinnlichkeit in traditionellen protestantischen Gottesdiensten deutlich zu kurz. Das kulturelle Gedächtnis der Protestanten ist noch allzu sehr bestimmt von der Ablehnung jeglicher Sinnlichkeit im religiösen Bereich[34] – trotz gleichzeitiger Sehnsucht nach intensiven Erlebnissen, Phänomenen und Stimmungen. Ein Musical will man medial inszeniert haben, aber bei Gottesdiensten erwartet man als Protestant eine verkopfte Veranstaltung, die einen dann aber auch nicht anspricht, weshalb man ihr fernbleibt. So schizophren kann Protestantismus sein!

Unsere Gottesdienste müssen sinnlicher werden, das ist für mich überhaupt keine Frage. Im durchaus religionskritischen Buch »Das Tagebuch der Menschheit« heißt es: »Das Christentum entfaltete seinen Zauber auch als Kirche der Sinne und der Fülle.«[35] Bei uns Protestanten herrscht hingegen traditionell sinnliche Armut. Wie problematisch es ist, Sinnlichkeit als vernachlässigbare oder gar abzulehnende Kategorie des Gottesdienstes anzusehen, lässt sich anhand der wenigen im Gottesdienst verwendeten Zeichen vor Augen führen:

Da gibt es zum einen die wuchtige Altarbibel in schwarzem Einband, oft ein Exemplar mit alter, kaum lesbarer Schrift, außerdem das Kreuz, das manchmal überdimensionale Ausmaße annehmen kann und einen fast erschlägt, sowie der schwarze Talar mit Beffchen oder Halskrause: ein groteskes Ensemble, das die Botschaft vermittelt: Was in diesem Raum geschieht, ist etwas Schweres, Dunkles und Vergangenes. Gehen wir die einzelnen Zeichen durch:

Die *Altarbibel* ist Ausdruck der zentralen Bedeutung, die die Bibel im protestantischen Gottesdienst zweifelsohne hat. Martin Nicol zweifelt allerdings zu Recht an, dass die Bibel auf den Altar gehört. Dieser ist der Ort des Abendmahls. Besser wäre es seiner Meinung nach, die Bibel auf einen Ständer zu stellen.[36] Weil der Altarbibel im zeichenarmen protestantischen Gottesdienst eine solch herausgehobene Bedeutung zukommt, die durch ihre voluminöse Größe noch unterstrichen wird, steht sie in der Gefahr, zum Fetisch zu werden. Andererseits ist die Altarbibel in der Regel nur Dekoration. Im Gottesdienst erfolgt die Lesung meist aus einer anderen Bibel, die eine lesbarere Schrift hat, wenn sie nicht gar von einem ausgedruckten Zettel abgelesen wird.

Das *Kreuz* ist sichtbarer Ausdruck für das Leiden Jesu. In der Regel ist es das einzige Zeichen im gottesdienstlichen Raum, das im Zusammenhang mit der Person Jesu steht. Damit bleibt nicht nur seine Botschaft, die Vision des Reiches Gottes, außen vor. Es fehlt auch das anschließende Geschehen, das wir Auferstehung nennen und das zur Gründung der Kirche geführt hat. Sicherlich lässt sich dieses schwer darstellen. Aber wenn die österliche Dimension keinerlei zeichenhafte Gestalt bekommt, bleibt nur die Schwere des Leidens Jesu wirkmächtig. Wollen wir das wirklich?

In den lutherischen Kirchen blieben in der Reformationszeit die Messgewänder häufig in Gebrauch. Der schwarze *Talar* wurde 1811 durch eine Kabinettsorder König Wilhelms III. in Preußen für (christliche wie jüdische) Geistliche, Richter und andere königliche Beamte eingeführt. Ich halte ihn heute für keine gute protestantische Amtstracht, und zwar aus mehreren Gründen: Seine Ähnlichkeit mit der Richterrobe rückt den Pfarrer in die Nähe eines Richters und verdunkelt damit die befreiende Dimension des Evangeliums. Die schwarze Farbe des Talars enthält zudem immer auch den Aspekt des Todes und der Trauer. Die Halskrause als Bestandteil der Mode des 16. Jahrhunderts und das Beffchen, das ursprünglich zum Schutz des Talars vor dem gepuderten Bart gedacht war, wirken heute wie aus der Zeit gefallen und sind nicht dazu angetan, dem Protestantismus Zukunftsfähigkeit zu unterstellen.

Es rächt sich, dass wir fast alles Zeichenhafte eliminiert haben und die wenigen Zeichen, die noch vorhanden sind, den Protestantismus in ein problematisches Licht stellen. Nonverbale Kommunikation im protestantischen Gottesdienst wird nur selten thematisiert.[37] Jedoch gilt: »Nur wenn alle Sinne, Herz, Gemüt und Vernunft, also der ganze Mensch, im Gottesdienst angesprochen werden, ist es ein ganzheitlicher Gottesdienst.«[38] Aufgabe eines zeitgemäßen Protestantismus wird es sein, der eigenen Glaubensüberzeugung und den Gottesdiensten wieder einen sinnlicheren Ausdruck zu verleihen. Das wird nicht mit einer Hauruck-Aktion gehen. Zunächst einmal ist es wichtig, für das Thema überhaupt sensibel zu werden. Für die (Wieder-)Entdeckung sinnlicher Elemente kann ein Blick in die eigene Geschichte hilfreich sein, denn manche Schätze aus der eigenen Tradition lassen sich behutsam heben. Das

Kirchenjahr enthält zudem einen reichen Schatz von Zeichen und Symbolen, der Gottesdiensten sinnlichen Charakter verleiht und für Abwechslung sorgt. Es gibt nicht nur den Adventskranz und den Weihnachtsbaum, sondern auch z.B. den Osterstrauß oder die Passions- bzw. Osterkrippe, die die Geschehnisse der letzten Tage Jesu und seiner Auferstehung in Szene setzt. Daneben gilt es, neue Formen der Sinnlichkeit zu entwickeln.

Das entscheidende Kriterium ist dabei immer die Frage, inwieweit Zeichen und Rituale, Gebärden und Gesten zu uns passen und in heutiger Zeit stimmig sind. Auch eine sparsame Gestaltung kann effektvoll sein, wenn sie überlegt und angemessen inszeniert ist.

6) In protestantischen Gottesdiensten fehlen zeitgemäße spirituelle Komponenten

In protestantischen Gottesdiensten sind die Wortanteile dominant. Gottesdienste gleichen bis heute eher Lehrveranstaltungen, und die kognitive Komponente ist zentral.

Sicherlich gab und gibt es spirituelle Elemente wie Musik, Gebete und Rituale, die primär die Emotionen ansprechen wollen. Aber ihre Bedeutung gegenüber der Predigt war tendenziell immer eher gering. Heute kommt das Problem hinzu, dass diese Elemente auf ästhetische und kognitive Vorbehalte stoßen: Die Musik ist meist traditionell, die Sprache veraltet und viele Menschen haben Schwierigkeiten mit dem Gebet.

Es fehlen zeitgemäße spirituell-meditative Elemente, die Menschen emotional ansprechen, sie bei sich ankommen lassen und in eine Haltung der Konzentration und Präsenz führen.

7) Protestantische Gottesdienste sind zu wenig professionell

In Zeiten ausgestalteten Eventmanagements fällt unangenehm auf, wenn Gottesdienste handwerklich und formal ungenügend sind. Fehlende Professionalität in Gottesdiensten bezieht sich auf viele Bereiche. Ich nenne ein paar:

- schlechte musikalische Qualität
- handwerklich fehlerhafte, langweilige Predigten
- unsicheres und rhetorisch schwaches Agieren sowie liturgisch unangemessenes Verhalten der Gottesdienstleitenden
- formal ungenügende Liedzettel

Wenn unsere Gottesdienste Menschen ansprechen sollen, müssen sie professioneller werden. Wir erwarten selbst in vielen anderen Lebensbereichen Professionalität. Dann müssen wir diesen Anspruch aber auch auf uns und unsere Gottesdienste beziehen. Mir ist durchaus bewusst, dass wir dann mehr Zeit und mehr finanzielle Mittel brauchen. Das sollten uns unsere Gottesdienste aber wert sein.

8) Die zwischenmenschliche Kommunikation ist unzureichend

Ich kann mich noch gut an einen Gottesdienst erinnern, den ich einmal in England erlebte. Ich wurde von einem Empfangsteam freundlich begrüßt, das an der Kleidung als solches erkennbar war. Im Vorraum der Kirche gab es ein Café, in dem sich viele Menschen aufhielten. Der ältere Herr, der mich begrüßt hatte, lud mich zu einem Kaffee ein. Es beeindruckte mich sehr, wie achtsam er mit mir umging: Sein Interesse an mir wirkte authentisch, er wahrte jedoch bei aller Freundlichkeit auch eine gewissen wohltuenden Abstand. Nachdem er mich mit einem anderen Besucher bekannt gemacht hatte, verabschiedete er sich, um andere Personen am Eingang zu begrüßen.

Nach dem Gottesdienst blieb ich noch wie viele andere im Vorraum. Die Räumlichkeit lud dazu ein: Der Raum war bistromäßig eingerichtet, es gab kleine Snacks und Getränke zum Selbstkostenpreis. Menschen kamen auf mich zu und unterhielten sich mit mir. Mit einigen von ihnen hatte ich schon während des Gottesdienstes Kontakt.

So, stelle ich mir vor, müsste die Kommunikation auch bei religiösen Feiern in Deutschland sein. Anders als in freikirchlichen Gemeinden erlebe ich das in der protestantischen Volkskirche allerdings selten.

9) Protestantische Gottesdienste sind insgesamt atmosphärisch wenig ansprechend

Wenn man die Atmosphäre einer Veranstaltung beurteilt, geht es nicht um einzelne Details, sondern um das Ganze. Atmosphäre ist keine leicht fassbare Kategorie. Meine Erfahrung ist, dass viele Menschen Gottesdienste als atmosphärisch wenig ansprechend beurteilen. Das hat unterschiedliche Gründe, die sich auch auf die Kritikpunkte beziehen, die ich schon genannt habe.

Insgesamt erscheinen ihnen unsere Gottesdienste zu ernst und zu schwer. Dieses Urteil muss uns auch inhaltlich zu denken geben. Die Jesusbewegung damals hatte auch deshalb eine so große Ausstrahlung, weil sie eine Befreiungsbewegung war. Eine gelöste, warmherzige Atmosphäre ist in unseren Gottesdienste jedoch selten anzutreffen. Unsere Gottesdienste haben häufig eher einen dunklen und bedrückenden Charakter.

Ein Beispiel macht das deutlich: Zu Beginn eines Gottesdienstes nach der Grundform I (Mess-Typ) heißt es im Vorbereitungsgebet in der Erneuerten Agende: »Der allmächtige Gott erbarme sich unser. Er vergebe uns unsere Sünde ...« Die Gerichtssaalmetaphorik in protestantischen Gottesdiensten ist dominant. Wenn dann noch ein drückender Raum, der schwarze Talar, eine starre, sprachlich kaum verständliche Liturgie, verblichene Lieder und wenige, vor allem alte Menschen als Gottesdienstteilnehmende dazukommen, dann muss man sich nicht wundern, wenn unsere Gottesdienste viele, vor allem jüngere Menschen nicht anlocken.

Was für einen Gottesdienst brauchen wir für die Zukunft?

Was die Gestalt zukünftiger Gottesdienste betrifft, gibt es innerhalb des Protestantismus unterschiedliche, zum Teil konträre Ansichten. Martin Nicol, Professor für Praktische Theologie in Erlangen, spricht sich dafür aus, »es schlicht noch einmal mit dem evangelischen Gottesdienst der Tradition zu versuchen«[39]. Sein in Buchform gefasstes Plädoyer ist eine leidenschaftliche und wortmächtige Abhandlung, die die Probleme des traditionellen Gottesdienstes nicht verschweigt und viele bedenkenswerte und innovative Ideen enthält. Ich persönlich kann mit einem erneuerten traditionellen Gottesdienst im Sinne Martin Nicols durchaus einiges anfangen. Allerdings bin ich aufgrund meiner Pfarrerbiografie nicht repräsentativ. Spätmoderne Menschen haben gegenüber früheren Generationen jedoch massiv veränderte kulturelle Gewohnheiten und Erwartungen. Wenn wir sie ansprechen wollen, müssen wir im gottesdienstlichen Bereich Veränderungen vornehmen, die weit über die letzte Agendenreform hinausgehen.

Dass durchschnittlich nur 3,7 Prozent der Kirchenmitglieder an evangelischen Sonntagsgottesdiensten teilnehmen, habe ich schon erwähnt. Auch in der katholischen Kirche ist der Gottesdienstbesuch stark rückläufig. Warum also nicht von den Gottesdiensten in neuer Form, die an verschiedenen Orten in Deutschland und der Schweiz stattfinden und oft gut gefüllt sind, lernen, wie Gottesdienst heute Gestalt gewinnen kann?

Sicher ist dafür eine wachsame Begleitung und Reflexion durch liturgische Expertinnen und Experten notwendig. Neue Gottesdienstformen pauschal abzuwerten und beharrlich gottesdienstliche Sonderwelten zu pflegen, die kaum mehr wahrgenommen werden, hilft uns jedoch nicht weiter.

Welche Gottesdienstformen sind geeignet, heutige Lebenswelt mit der für Christen maßgeblichen biblischen Heilsgeschichte stimmig in Korrespondenz und emotionale Berührung zu bringen? Darum geht es im Kern, wenn wir grundsätzlich über das Thema »Gottesdienst« nachdenken. Dafür müssen wir einerseits die spätmoderne Lebenswelt, ihre kulturelle Gewohnheiten und Erwartungen sowie Dramaturgien kultureller Veranstaltungen kennen und andererseits anhand der Auseinandersetzung mit dem reichen Schatz gottesdienstlicher Traditionen liturgisch kompetent sein. Zudem sind Mut und die Lust, Neues auszuprobieren, notwendig. In diesem Sinne ist auch das Gottesdienstprogramm zu verstehen, das ich im Folgenden vorstellen möchte.

Man kann sich die grundsätzlichen Herausforderungen, vor denen Gottesdienste heute stehen, kaum groß genug vorstellen. Sie müssen versuchen, verschieden geartete Milieus anzusprechen. Hinzu kommen die unterschiedlichen persönlichen Einstellungen zum Christentum. Das Spektrum reicht von enger Verbundenheit über Distanz bis hin zu völliger Ablehnung (auch Menschen, die sich als areligiös bezeichnen, tauchen in unseren Gottesdiensten dennoch zuweilen auf). Wie gelingt es, dem allem gerecht zu werden? Oder anders gefragt: Wie lassen sich Gottesdienste milieu- und einstellungsübergreifend feiern?

Das Gottesdienstprogramm, das ich im Folgenden vorstellen möchte, erhebt einen Gottesdienst in moderner Gestalt zur zentralen sonntäglichen Veranstaltung. Er richtet sich an spätmoderne Menschen unterschiedlicher Milieus, die religiös auf der Suche sind. Darin erweist sich der offene und einladende Charakter einer christlichen Gemeinde, die sich nicht selbst genügen will. Als notwendige Ergänzung empfehle ich eine wöchentliche Abendandacht im Stil von Taizé am Samstagabend. Sie ist gedacht für Menschen, die im christlichen Glauben ihr religiöses Zuhause gefunden haben.[40] Im Zentrum dieser Andacht steht die Feier des Abendmahls. Sie lebt von der besonderen Atmosphäre der Taizétradition.

Gottesdienst am Sonntag in neuer Form

1) Ablauf

Der Ablauf »meines« Gottesdienstes knüpft an die Grundform II, den sogenannten Predigtgottesdienst, an, da diese entsprechende liturgische Freiräume bietet, vermeidet aber durch Anspiele, (Kurz-)Filme, Videoclips und besondere Gäste die Wortlastigkeit herkömmlicher Predigtgottesdienste.

Dramaturgisch handelt es sich um einen Dreischritt: Im ersten Teil geht es darum, Menschen ankommen zu lassen und sie einzustimmen auf das, was sie erwartet. Der zweite Teil greift ein existenzielles Thema auf und bearbeitet es anhand biblischer Perspektiven. Der dritte Teil hat die Aufgabe, die Anwesenden zurückzubegleiten in ihren Alltag.

So sieht der Ablauf im Überblick aus[41]:

Teil I

Musik zur Einstimmung
Begrüßung der Gottesdienstteilnehmenden
Ein einstimmendes Lied
Ausführliche Eingangsmeditation (mit Gebets- und Stilleelementen, Musik und/oder biblischen Psalmversen)
2-3 Lieder (schwungvoll und/oder meditativ, je nach Thema)

Teil II

Thematischer Einstieg
(Musik)
Text/Anspiel/Film/Bild(er)/Performance[42]/Interview mit einem Gast
Lied/Musik
Predigt
Musik
Rückfragen zur Predigt, Predigtperson steht an einem Bistrotisch (Besuchende schreiben SMS oder auf Zettel)
Lied/Musik
Thematischer Schlussimpuls

Teil III

Lied
Schlussmeditation (mit Gebets- und Stilleelementen)
Lied/Musik
Verabschiedung der Gottesdienstteilnehmenden
Segen
Musik zum Ausklang (wer will, bleibt noch und hört
zu, die anderen gehen schon hinaus)

Der Gottesdienst ist gekennzeichnet durch einen Spannungsbogen, der charakteristische Wechsel von impulsgebenden und verweilenden sowie stillen und weniger stillen Phasen enthält.

Die Musik zum Beginn hat die Aufgabe, die Teilnehmenden auf den Gottesdienst einzustimmen. Sie sollte dem spezifischen Charakter des jeweiligen Gottesdienstes angemessen sein.

Danach begrüßen ein, besser zwei Gemeindemitglieder die Gäste und leiten als Moderatoren durch den Gottesdienst. Gelungene Moderation heißt für mich, das Wesentliche knapp, verständlich, warmherzig und mit einer Prise Humor zur Sprache zu bringen. Die Begrüßung sollte nicht abgelesen werden. In ihr geht es darum, die Menschen willkommen zu heißen, das Thema zu benennen und weitere notwendige Hinweise zu geben. Sie darf keinesfalls zu einer Minipredigt ausarten, sondern soll Appetit machen auf das, was kommt.

Das anschließende Lied sollte motivierenden und zugleich entspannenden Charakter haben. Es hat die Aufgabe, die Menschen emotional im Gottesdienst ankommen zu lassen.

Die ausführliche Eingangsmeditation enthält viele **229**

Möglichkeiten, das zum Klingen zu bringen, was die Teilnehmenden des Gottesdienstes an Erfahrungen, Erwartungen und Gestimmtsein mitbringen: Enttäuschungen und Erfolge, Hoffnungen und Ängste, Leichtigkeit und Schwere. Je nach Charakter des Gottesdienstes können hier entsprechende Schwerpunkte gesetzt werden. Momente der Stille, des Gebets, evtl. durch leise Musik unterlegt, und/oder geeignete Psalmverse sollen einen Raum eröffnen, in dem jeder bei sich ist und sich zugleich aufgehoben fühlen kann. Im Rahmen der Eingangsmeditation kann auch eine Kontaktaufnahme mit dem Sitznachbarn arrangiert werden.

Der Anfangsteil endet mit mehreren Liedern, die durch musikalische Überleitungen miteinander verbunden sind.

Im zweiten Teil des Gottesdienstes wird ein Thema entfaltet. Teil dessen ist in der Regel ein Abschnitt aus der Bibel. Zwischen den einzelnen thematischen Aspekten erklingt Musik oder wird ein Lied gesungen. Die Ansprache sollte nicht länger als 12 bis 15 Minuten sein. Danach kann die Person, die die Ansprache gehalten hat, von den Moderatoren befragt werden. Dazu nehmen sie Fragen der Teilnehmenden auf.

Der dritte Teil beginnt mit einem Lied. Die sich anschließende Schlussmeditation nimmt Impulse des Themas auf und bezieht sie auf die Lebenswelt der Anwesenden.

Auf die Instrumentalmusik bzw. ein Lied folgt die Verabschiedung durch die Moderatoren. Auch sie sollte warmherzig, aber knapp sein. Der Hinweis, dass es anschließend noch Getränke und kleine Snacks gibt, sollte allerdings nicht fehlen.

Mit dem Segen, dem alten Zeichen der Verbundenheit in einem größeren Ganzen, und der abschließenden Musik endet der Gottesdienst.

2) Vorbereitung

Gottesdienste in der dargestellten Form müssen von einem Team geplant, durchgeführt und reflektiert werden. Grundsätzliche Dinge wie Raum, Finanzen, Aspekte der Inszenierung, Öffentlichkeitsarbeit, Zielgruppe, allgemeiner Ablauf der Feier, Technik und Musik sind zu thematisieren und müssen geklärt werden.[43] Wie können die Menschen, die zur Feier kommen, einladend empfangen und begleitet werden? Was kann getan werden für eine warmherzige, gelöste Atmosphäre? Auch das gilt es zu erörtern.

Für die einzelnen Gottesdienste muss ein Thema festgelegt werden, das die Menschen existenziell betrifft und religiös relevant ist. Dabei ist zu reflektieren, wie dieses Thema theologisch sachgerecht angelegt, biblisch grundiert[44], lebensweltlich verankert und versinnlicht werden kann. Danach kann die Feier konkret gestaltet und vorbereitet werden.

Es lohnt sich sehr, nach geeigneten und interessierten Personen Ausschau zu halten und ins Team aufzunehmen. Sollen die Gottesdienste gelingen, sind auf vielen Ebenen Professionalität, Expertise und Einsatzbereitschaft notwendig.

All das erfordert nicht unbedingt einen riesigen Vorbereitungsaufwand. Vor allem dann nicht, wenn man ein wenig Routine entwickelt hat. Manchmal genügt ein kleines Ein-Personen-Anspiel vor der Ansprache[45], ein kurzer Videoclip oder ein Bild, das zu einer biblischen Erzählung eingespielt wird.

Nicht nur denkbar, sondern auch sehr sinnvoll ist es, dass Gottesdienste dieser Art ein Gemeinschaftsprojekt mehrerer Gemeinden sind.

3) Raum und Beleuchtung

Ein stimmiger Raum ist viel wert. Durch eine entsprechende Lichttechnik lassen sich auch eher unschöne Kirchen in stimmungsvolle, spirituelle Räume verwandeln.

Alte Kirchen haben dem eigentlichen Kirchenraum oft
einen Narthex vorgelagert, eine Art Vorhalle. Sie ist beim
sonntäglichen Gottesdienst sehr sinnvoll: Hier werden die
Teilnehmenden nicht nur freundlich empfangen, sondern
können sich hier aufhalten, bevor es losgeht, und nach
dem Gottesdienst noch ein wenig verweilen. Auch die
Einrichtung der Vorhalle ist eine wichtige Gestaltungs-
aufgabe.

4) Musik

Die Musik eines Gottesdienstes entscheidet darüber mit,
wie Menschen die Feier atmosphärisch wahrnehmen.
Den hohen Erwartungen an die Qualität der Musik, die
Gottesdienstbesucher heute haben, sollten wir Rechnung tragen. Das heißt nicht, dass nur noch Berufsmu-
sikerinnen und -musiker eingesetzt werden können.
Es gibt viele Menschen, die auf hohem Niveau Musik
machen. Sie zu finden ist gar nicht so schwer, wie man
manchmal meint.

Musik mit Pop-, Jazz und klassischen Elementen
scheint mir milieuübergreifend konsensfähig zu sein. Für
Musik dieser Art braucht es eine Band. In unseren Gottes-
diensten gab es eine, bei der ich selbst mitgespielt habe.
Wir haben viel miteinander geprobt und uns genügend
Zeit für das Arrangement unserer Songs genommen.

5) Inszenierung

Gottesdienste in neuer Form bedürfen einer durchdachten Inszenierung. Inszenierung ist ein komplexes Feld mit vielen Faktoren:

- Es gilt, sich Überlegungen zu machen hinsichtlich der Gestaltung des Gottesdienstraums. Die Atmosphäre soll ansprechenden Charakter haben. Dabei geht es zum einen um eine allgemeine Raumgestaltung. Möglicherweise hat das gewählte Thema aber auch Auswirkungen auf die Gestaltung.
- Die Personen und ihre Rollen im gottesdienstlichen Geschehen sind in den Blick zu nehmen. Oft gibt es in modernen Gottesdiensten neben dem Gottesdienstleiter bzw. der -leiterin (in der Regel ein Theologe oder eine Theologin) ein Musik- und Technikteam, Platzwarte sowie Personen, die ein Anspiel aufführen. Auf die Rolle der Moderatoren bin ich schon eingegangen. Ich halte diese Rolle für sehr sinnvoll. Sie hat nichts zu tun mit der Unart in traditionellen Gottesdiensten, liturgische Teile umständlich anzumoderieren.
- In vielen modernen Gottesdiensten ist es üblich, mit einer Videoleinwand zu arbeiten. Darauf können nicht nur Videoclips gezeigt, sondern unter anderem auch die Texte der gesungenen Lieder angezeigt werden.

6) Theologie und Sprache

Die Gottesdienste sollten von einer aufgeklärten, modernen Theologie geprägt sein. Das ist keineswegs selbstverständlich. Ich erlebe öfter moderne Gottesdienste, die sich um eine flotte Inszenierung bemühen, zugleich aber von einer rückwärtsgewandten, evangelikalen Theologie getragen sind.

233

Die Sprache in religiösen Feiern für kirchlich nicht verbundene Menschen muss einfach und verständlich sein.
Kirchliche Binnensprache ist genauso fehl am Platz wie
milieuspezifischer Slang. Jesu Verkündigung kann uns
ein Vorbild sein, wie man einfach und doch hintersinnig
sprechen kann.

Wöchentliche Taizéandacht am Abend

Die wöchentliche Taizéandacht am Abend verstehe ich als
Ergänzung, gewissermaßen als Gegenklang zur Feier am
Sonntag. Sie lebt von den mehrstimmigen Gesängen, von
der Stille und der besonderen Atmosphäre der Taizétra-
dition. Der vorgetragene Bibeltext wird nicht ausgelegt.
Es gibt allenfalls eine kurze (!) Hinführung, die die spi-
rituelle Dimension des Textes in den Blick nimmt. Der
Höhepunkt ist das gemeinsam gefeierte Abendmahl.

1) Ablauf

Einüben der Gesänge 10 bis 15 Minuten vor Beginn
....

Glockenläuten

Kurze Begrüßung

Gesang

Eingangspsalm oder Eingangsgebet

Gesang

Lesung (evtl. mit kurzer Hinführung)

Gesang

Stille (diese kurz ankündigen)
Abschluss der Stillephase z.B. mit diesen Worten: Un-
sere Gedanken, unser Wollen und Tun: In dir, Gott, ist
es aufgehoben. Aus dieser Gewissheit schöpfen wir
Kraft für unser Leben. Amen.

Gesang

Einleitung Abendmahl (Präfation)

Hei - lig bist du, Ur - sprung der Welt.

Hei - lig bist du, Ziel al - ler We - ge.

Hei - lig bist du, e - wi - ge Ge - gen - wart.___

Abendmahlsgebet I

Gesang

Einsetzungsworte

Abendmahlsgebet II

Gott, dein Frie - de füll___ uns - re Her - zen,

Gott, dein Frie - de fül - le uns - re___ Welt!

Einladung und Austeilung

Gesang: With you, oh Lord (auf Deutsch: Christus, in dir ist Leben in Fülle. In deinem Licht sehen wir das Licht)

Dankgebet (evtl. mit Zwischengesang)

Gesang

Segen

Abschlussgesang

2) Vorbereitung

Die Vorbereitung der Taizéandacht braucht nicht viel Zeit, vor allem dann nicht, wenn die Aufgaben von einem Team übernommen werden (den Raum gestalten, das Abendmahl richten, Texte aussuchen). Man kann zur Vorbereitung passende inhaltliche Literatur aufnehmen und adaptieren.[46] Zu den vierstimmigen Taizégesängen gibt es schöne Instrumentalsätze, die von verschiedenen Soloinstrumenten genutzt werden können.

3) Raum und Licht

Die Taizéandacht sollte unbedingt in einem sakralen Raum stattfinden. Alte Kirchen haben manchmal einen größeren Chorraum, der sich für Taizéandachten sehr gut eignet. Es hat sich bewährt, nicht nur den Chorraum mit vielen Teelichtern auszustatten, sondern auch den Weg vom Eingang hin zum Andachtsraum entsprechend zu gestalten. Viele Menschen sitzen in Taizéandachten auf einem Gebetsbänkchen. Wir haben in der Regel eine schöne Ikone mit einer Kerze davor aufgestellt. Es empfehlen sich auch kirchenjahreszeitliche Arrangements.

4) Abendmahl

Das Abendmahl ist sinnlich erfahrbares Geheimnis des Glaubens. Von daher ist die protestantische Sitte, das Abendmahl eher selten zu feiern, theologisch äußerst fragwürdig. Hier können uns die katholischen und die orthodoxen Kirchen Vorbild sein, für die das Abendmahl bzw. die Eucharistie essenziell bedeutsam ist.

Das Abendmahl bezieht sich durch die Rezitation der Einsetzungsworte in erster Linie auf das letzte Abendmahl

Jesu mit seinen Jüngern. Indem wir uns die Geschehnisse rund um dieses letzte Mahl vergegenwärtigen und uns im Verhalten der Jünger gespiegelt sehen, beziehen wir Jesu Vergebungszusage auch auf uns.[47]

Es erinnert darüber hinaus an weitere Mahlgemeinschaften Jesu und enthält viele Bedeutungshorizonte: Es bedeutet Befreiung, stiftet Gemeinschaft und Versöhnung, hat schöpfungstheologische (Brot und Wein/Saft als Schöpfungsgaben) und soziale Implikationen (»Brot für die Welt«) und wird gefeiert als Anzeichen einer vollendeten Welt. Der lateinamerikanische Priester und Dichter Ernesto Cardenal hat es so formuliert: »Wir sind noch nicht im Festsaal angelangt, aber wir sind eingeladen. Wir sehen schon die Lichter und hören die Musik.«

Es ist eine schöne Idee, sich nach dem Abendmahl ein Gläschen mit einem brennenden Teelicht vom Altar mit an den Platz nehmen, als Symbol dafür, dass in Jesus Christus das göttliche Licht gegenwärtig ist. Wir haben bei uns dazu gerne das Taizélied »With you, oh Lord« gesungen.

5) Weitere Aspekte

Im Vergleich zum Sonntagsgottesdienst hat die Sprache in der Taizéandacht stärker symbolisch-metaphorischen Charakter.

Warum nicht nach der Taizéandacht miteinander zu Abend essen? Das stärkt die Gemeinschaft. Eine praktikable Idee ist es, dass jeder, der am Abendessen teilnimmt, etwas dafür von zu Hause mitbringt, das zu einem Büffet zusammengestellt wird.

Das Zusammenspiel beider Feiern

Der Charakter beider Feiern unterscheidet sich in vielerlei Hinsicht:

• Im Sonntagsgottesdienst in neuer Form dominiert der Verkündigungsteil, die Taizéandacht gipfelt im gemeinsamen Abendmahl.
• Der Sonntagsgottesdienst orientiert sich an modernen Dramaturgien, während die Taizéandacht meditativ orientiert ist.
• Die Zielgruppe des Sonntagsgottesdienstes sind spirituell suchende Menschen, die sich vom Christentum Impulse erhoffen, während die Teilnehmenden der Taizéandacht in der christlichen Symbolwelt ihre spirituelle Heimat gefunden haben.

Gerade in der Unterschiedlichkeit liegt aber auch der Reiz beider Feiern. In ihrem Zusammenklang versuchen sie, unterschiedliche Milieus, Einstellungen und Altersgruppen anzusprechen. Unsere Erfahrung ist, dass nicht nur beide Feiern ihr Stammpublikum haben, sondern auch, dass dieses anders zusammengesetzt ist, als man es vermuten würde. Viele wechseln immer mal wieder zwischen beiden Gottesdienstformen oder nehmen an beiden teil.

Weitere religiöse Feiern

Neben den beiden vorgestellten Formen prägen weitere Gottesdienste das kirchliche Leben:

• Besondere Gottesdienste im Kirchenjahr, wie z.B. die Osternachtfeier
• Kasualgottesdienste (Trauungen und Beerdigungen, Gottesdienste anlässlich des Schulanfangs oder des

Schuljahresendes und weitere Gottesdienste aus besonderem Anlass)

- Ökumenische Gottesdienste
- Kindergottesdienste (hier befürworte ich einen gemeinsamen Beginn mit den Großen am Sonntagmorgen. Die Kinder gehen nach dem Eingangsteil in einen separaten Raum, wo sie weiterfeiern. In regelmäßigem Abstand kann der Erwachsenengottesdienst seinen Charakter ändern und als Gottesdienst für Große und Kleine gefeiert werden.)

Eine besondere Chance liegt meines Erachtens in den Andachten, weil ihr Ablauf weniger festgelegt ist als bei der Großform »Gottesdienst«. Daraus ergeben sich große Freiheiten, die man unterschiedlich nutzen kann. Wir feiern in der Gemeinde, in der ich derzeit arbeite, einmal im Monat am Sonntagabend eine Andacht, die vor allem von Konfirmandinnen und Konfirmanden gestaltet wird. Moderne Musik und ein vielfältiger Bezug zum Alltag spielen darin eine wesentliche Rolle.

Reizvoll finde ich auch experimentelle Elemente wie zum Beispiel Formate, die durch sphärische Musik, besondere Lichttechnik und Pantomime geprägt werden und in denen der Wortanteil sehr stark reduziert ist. Andachten in diesem Stil benötigen einen entsprechenden (Sakral-)Raum und finden idealerweise am späten Abend statt.

WEITERE SPIRITUELLE ELEMENTE

Neben Gottesdiensten und Andachten gibt es im Christentum weitere spirituelle Elemente. Im Protestantismus
nicht so sehr, bei uns herrscht in der Regel spirituelle

Ebbe. Aber manchmal kann man selbst im Protestantismus Spannendes hierzu erleben:

Ich war einmal für ein Wochenende bei den Berneuchenern, einer evangelischen liturgischen Bewegung im Kloster Kirchberg (Landkreis Rottweil), und habe in diesem Rahmen eine spirituelle Kirchenführung mitgemacht. Wir haben am Abend mit Kerzen einen Stationenweg in die alte Klosterkirche unternommen, haben zu den einzelnen Gegenständen wie Taufstein und Altar eine kleine Einführung bekommen, danach gesungen, Stille erlebt und Gebete mitvollzogen. Für alle, die dabei gewesen sind, war es ein eindrückliches Erlebnis.

Andere christliche Konfessionen haben spirituelle Formen mehr bewahrt als wir. Zum Beispiel das Pilgern. Wer hätte gedacht, dass ausgerechnet Hape Kerkeling damit einen großen Bucherfolg erzielen würde, dass er von seiner Wanderung auf dem Jakobsweg berichtet? Auch Protestanten gehen inzwischen pilgern. Das ist auch gut so. Wir können es ja auf unsere protestantische Weise tun.

Eine andere Idee ist es, die Fastenzeiten wiederzuentdecken. Nach meiner Wahrnehmung ist die spätmoderne Gesellschaft dafür durchaus offen, auch wenn sie meist einen anderen Zugang dazu hat.

Freunde von uns feiern in der Weihnachtszeit eine Waldweihnacht im kleinen Kreis, mit Kerzen, Liedern und biblischen Texten.

Vieles gibt es für uns Protestanten zu entdecken. Wir vergeben uns nichts, wenn wir ehrlich zugestehen, dass wir hier Nachholbedarf haben. Warum nicht von anderen Konfessionen lernen und uns anregen lassen, eigene spirituelle Formen zu entwickeln?

Spiritualität im persönlichen Bereich

Bei meinen Begegnungen mit Religionen in Asien und im Nahen Osten habe ich eine vielfältige religiöse Praxis im persönlichen Bereich kennengelernt: Ich habe erlebt, wie in Bali Hindus auf ihren Hausaltären Opfer darbringen, wie in Thailand Buddhisten selbstvergessen meditieren, habe in Jerusalem gehört, wie fromme Juden in ihren Häusern singen und beten, gesehen, wie in Ägypten Moslems ihre Teppiche ausrollen und sich zur Gebetszeit hinknien, wo auch immer sie sich gerade befinden. Aber dass ich einmal Ausdrucksformen persönlicher Spiritualität bei einem Protestanten erlebte: Da muss ich ganz tief in meinen Erinnerungen kramen.

Das war früher noch anders: In protestantischen Häusern wurden die Tageslosung und die Bibel gelesen. Es gab das Tischgebet und bevor ein Brot angeschnitten wurde, machte man auch in protestantischen Haushalten noch das Kreuzzeichen darüber. Das alles ist im volkskirchlichen Protestantismus fast komplett verlorengegangen – ein Ausdruck der immer stärkeren spirituellen Auszehrung, unter der der Protestantismus leidet. Wobei das falsch gesagt ist: Eigentlich leidet keiner richtig darunter. Denn das würde ja heißen, dass man den Verlust intensiv spürt. Aber wir bemerken den Verlust gar nicht.

Um Spiritualität im persönlichen Bereich neu zum Leben zu erwecken, brauchen wir neue Formen und Rituale, ausgehend von einem Neuverständnis des Christentums.

Ich glaube, dass es in der Spätmoderne nicht nur entsprechende Sehnsüchte, sondern auch Anzeichen dafür gibt:

- In Zeiten des Klimawandels entwickelt sich ein neuer Zugang zur Natur: Waldbaden, überhaupt Natur ganzheitlich erleben ist im Trend.

- Meditation ist »in« in unserer hektischen Zeit. Meditationskurse sind über Monate hinweg ausgebucht. Viele Menschen erzählen, dass sie meditieren oder meditieren wollen.
- Mystische und erlebnisbezogene Formen und Rituale sind attraktiv. Man muss nur einmal ins Internet gehen, um sich hierzu ein Bild zu machen.

Ein inhaltlich runderneuerter Protestantismus könnte hier durchaus anknüpfen: Warum nicht die Natur neu und ganzheitlich in den Blick nehmen? Den Wald einmal nachts wahrnehmen, seine Geheimnisse spüren: Von einem solchen Erlebnis her könnte sich ein neuer Zugang eröffnen zu dem, was wir Christen in Psalmen als Lobpreis der Schöpfung besingen.

Und wären nicht auch christliche Meditationskurse ein Angebot, das in unserem ureigensten Interesse läge? Meditation als Einkehr in die Stille, sich auf den eigenen Atem konzentrieren, den eigenen Körper gedanklich entlanggehen (Body Scan), Objektmeditationen, bei denen man sich auf ein Betrachtungsobjekt konzentriert: Das sind doch Übungen, die sich gut verbinden lassen mit einer christlichen Weltsicht.[48] Christliche Meditation wird sicherlich nicht alle Formen derzeitiger Meditationspraxis übernehmen. Aber das muss auch gar nicht sein. Außerdem gibt im Bereich klösterlicher Spiritualität viel Erfahrung mit meditativen Elementen, die es wiederzuentdecken gilt.

Intensiv praktizierte Meditation kann zu einer mystischen Ganzheitserfahrung führen, die eine tiefe religiöse Erfahrung darstellt.

Ich bin davon überzeugt, dass in Verbindung mit neuen Formen spiritueller Praxis auch neue Zugänge zur Schatztruhe »Bibel« möglich sind. Der Neutestamentler

Ulrich Luz meint, es brauche dafür heute ganzheitliche Zugänge: Diese Art der Bibelinterpretation »wird besonders in den östlichen Orthodoxen Kirchen gepflegt. Orthodoxe Christen exegesieren und predigen nicht nur die Bibel, sondern sie feiern sie, meditieren sie, singen sie, beten und malen sie.[49]« Vielleicht lässt sich hier von orthodoxen Christen lernen. Einen Kurs in »Ikonenmalerei« anzubieten wäre für eine protestantische Gemeinde einmal ein spannendes Unternehmen. Die im Bereich der Meditation erwähnte Objektmeditation ist eine interessante Form, die einen vertieften Zugang zu einzelnen biblischen Versen oder biblisch inspirierten Bildern der Kunst ermöglicht.

Ich sehe also für das Thema »persönliche Spiritualität« durchaus nicht schwarz. Vieles kann hier wachsen. Ich habe keine Bedenken, dass Protestanten dabei ihre Identität verlieren. Vielmehr macht mir Sorge, dass es so weitergeht wie bisher: dass der Protestantismus immer mehr austrocknet – bis er irgendwann zusammenbricht.

Resümee

Spirituelle Kirche zu werden ist eine der Hauptauf-
gaben des Protestantismus in heutiger Zeit. Dafür
sind im Bereich der wöchentlichen religiösen Feier,
traditionell Gottesdienst genannt, umwälzende Veränderungen notwendig:
Zielgruppe des Sonntagsgottesdienstes sollten meiner Überzeugung nach religiös suchende Menschen
sein. Er sollte von heutigen Lebensfragen und -er-
fahrungen ausgehen und in einer anderen Form als
bisher gefeiert werden. Wichtige Merkmale sind:

* eine nachvollziehbare und Spannungsmomente
  setzende Dramaturgie
* ein moderner Musikstil
* verständliche Sprache
* eine durchdachte Inszenierung
* Beteiligung von Gemeindemitgliedern an Vorbereitung und Durchführung
* und eine ansprechende Gesamtatmosphäre.

Als Ergänzung und gewissermaßen als Gegenklang
hierzu schlage ich eine abendliche Andacht unter der
Woche im Taizé-Stil vor, die für Menschen gedacht
ist, die im christlichen Glauben ihre Heimat gefunden
haben. In ihrem Zentrum steht die Feier des Abendmahls.
Über die regelmäßigen Gottesdienste hinaus gilt es
in einem weiteren Schritt, zusätzliche spirituelle Elemente wie z.B. Meditationskurse, gemeinsames Pilgern oder ganzheitliche Zugänge zur geheimnisvollen
Welt der Bibel im Gemeindeleben zu verankern. Diese
können Inspiration sein für die Entwicklung einer persönlichen Spiritualität.

10. KAPITEL:
BILDENDE KIRCHE

*Kirche hat sich immer als bildende Kirche verstan-
den. Sie investiert heute mehr denn je in religiöse
Lernprozesse, die allerdings oft keine nachhaltige
Wirkung haben. Im Urteil vieler Menschen wird die
Bildungseinrichtung »Kirche« immer mehr als entbehrlich angesehen.*
*Wie religiöse Lernprozesse erfolgreich initiiert wer-
den können und worauf es dabei im Einzelnen ankommt, ist Gegenstand dieses Kapitels.*

I) SITUATION

Protestantische Bildungsarbeit

Wenn wir Bildung allgemein definieren als die Fähigkeit
des Menschen, Verständnis für Zusammenhänge zu entwickeln und entsprechende Erkenntnisse zu gewinnen,
dann ist Kirche immer auch bildende Kirche. Es ist eine ihrer Grundaufgaben, Lernprozesse zu initiieren, die Menschen befähigen, sich mit ihren eigenen existenziellen
Erlebnissen und Fragen produktiv auseinanderzusetzen
und diese mit christlichen Traditionen in Korrespondenz
zu bringen.

Entsprechend vielfältig ist kirchliche Bildungsarbeit.
Sie richtet sich an Menschen jeder Lebensphase, vom
Kleinkindalter bis hin zum Greisenalter. Im Lauf der Ge-
schichte des protestantischen Christentums haben sich
Schwerpunkte kirchlicher Bildungsarbeit herauskristalli-

siert: in erster Linie die Konfirmandenarbeit, die essenzieller Bestandteil kirchengemeindlicher Bildungsarbeit ist. Viele Kirchengemeinden haben auch eigene Kindergärten. Die Arbeit mit Kindern, Jugendlichen, Erwachsenen und älteren Menschen wird in den Kirchengemeinden mit unterschiedlichen Schwerpunkten organisiert und hat zumindest implizit immer auch einen Bildungsaspekt, insofern Lebensthemen und christliche Traditionen – in unterschiedlicher Gewichtung – eine Rolle spielen. In jüngster Zeit hat die kirchliche Bildungsarbeit an Dynamik gewonnen, weil in vielen Kirchengemeinden Glaubenskurse angeboten werden, die dazu einladen, sich mit den Grundfragen des christlichen Glaubens auseinanderzusetzen.

Basierend auf dem Grundgesetz, garantiert der Staat konfessionellen Religionsunterricht an öffentlichen Schulen. Dieser wird »in Übereinstimmung mit den Grundsätzen der Religionsgemeinschaften« (Grundgesetz, Artikel 7) erteilt. Entsprechend benötigen die Lehrkräfte, die das Fach »Religion« unterrichten, eine kirchliche Beauftragung.

Die protestantische Kirche investiert also nicht nur viel in kirchliche Bildungsarbeit; sie ist zudem dadurch, dass der Staat kirchlichen Religionsunterricht an öffentlichen Schulen garantiert, in einer komfortablen Situation.

Bewertung protestantischer Bildungsarbeit

Nimmt man die anhaltend hohen Kirchenaustritte in den Blick, ist der Erfolg kirchlicher Bildungsarbeit aus Sicht der Kirche als Institution kritisch zu beurteilen: Es gelingt der Kirche nicht, ihre Mitglieder von ihrer Bedeutung zu überzeugen. Im Gegenteil: Immer mehr Menschen distanzieren sich von der protestantischen Kirche.

Für diese Entwicklung gibt es, wie differenziert dargestellt, viele Gründe. Einer davon ist meines Erachtens die
Tatsache, dass die religiösen Lernprozesse, die kirchliche
Bildungsarbeit anstößt, nicht erfolgreich sind und allzu
oft ins Leere laufen.

Religiöses Lernen ist eine komplexe Angelegenheit.
Wie funktioniert es? Welche Faktoren spielen hierbei eine
gewichtige Rolle? Wie können religiöse Lernprozesse op-
timiert werden? Damit befasst sich dieses Kapitel.

Zuvor will ich noch kurz erzählen, wie ich selbst kirchliche Bildungsarbeit als Kind und Jugendlicher erlebt
habe:

Die Bewertung meines schulischen Religionsunterrichts in den 70er- und 80er-Jahren fällt insgesamt
ziemlich negativ aus. Ich habe unterschiedlichste Konzepte erlebt: Auf der einen Seite gab es noch Unterricht
als Vermittlung katechismusartigen Grundwissens. Wir
mussten unter anderem Bibelverse und Gesangbuchlieder
auswendig lernen, die nichts mit unserem Leben zu tun
hatten. Überhaupt war der Unterricht insgesamt langweilig, weil er eine Sonderwelt behandelte, deren Sinn
sich mir nicht erschloss. Andere Lehrkräfte hielten einen
extrem problemorientierten Religionsunterricht, der Themen wie Drogen und den Vietnamkrieg ausführlich behandelte. Aber in diesem Fall erschloss sich uns Schülern
nicht, was das mit Religion zu tun hatte.

Auch der Konfirmationsunterricht war nicht dazu angetan, uns für Religion zu begeistern. Wir saßen an Ti-
schen im Kreis und arbeiteten ein Unterrichtswerk durch.
Der Pfarrer monologisierte und sein Versuch, uns durch
Fragen miteinzubeziehen, schlug regelmäßig fehl. Spannend war die Konfirmandenzeit auf einer Ebene, von der
der Pfarrer wenig mitbekam: Der Kontakt zu den anderen
Konfirmanden und vor allem Konfirmandinnen ließ mich

jede Woche doch wieder gern ins Gemeindehaus gehen. Die Konfirmandenfreizeit war schön, aber nicht aufgrund der Inhalte, sondern wegen der Gemeinschaftserfahrung. Nach der Konfirmandenzeit interessierte sich keiner dafür, sich weiterhin in der Kirchengemeinde sehen zu lassen.

Die 70er- und 80er-Jahre sind lange vorbei. Vieles hat sich seitdem verbessert. Und doch: Wirklich erfolgreich ist kirchliche Bildungsarbeit aufs Ganze gesehen nicht, trotz vielerlei Bemühungen. Von daher lohnt es sich, das Thema grundsätzlich in den Blick zu nehmen.

II) WIE FUNKTIONIERT RELIGIÖSES LERNEN?

Lernen als offener Suchprozess: didaktische Perspektiven

Der katholische Religionspädagoge Rudolf Englert kennzeichnet religiöses Lernen heute als »Expedition in offenes Land«: »In Zeiten gesellschaftlicher Individualisierung ist ein als offener Suchprozess angelegtes religiöses Lernen in gewisser Weise zum Normalfall geworden.«[1]

Wie kann sich kirchliche Bildungsarbeit in diesen offenen Suchprozess konstruktiv einbringen? Wenn ich an meine eigenen Erfahrungen zurückdenke, wird mir deutlich, warum die beiden gegensätzlichen Unterrichtskonzepte, die ich erlebt hatte, zum Scheitern verurteilt waren:

- Der Katechismusunterricht gab uns fertige Inhalte vor, die wir als solche zu akzeptieren hatten. Mit unserer Lebenswelt hatten diese nichts zu tun. Ein paar Jahrzehnte früher hätte man das vielleicht noch hingenommen. Im Zeitalter des Individualismus zieht man jedoch aus der angestammten Tradition aus, wenn sie keine Heimat mehr bietet.[2]

• Der problemorientierte Unterricht setzte bei der heutigen Lebenswelt an (meist allerdings bei der Lebenswelt der Lehrperson), verlor aber das Thema »Religion« aus dem Blick. Für die Themen, die wir im Unterricht behandelten, brauchte man Religion, in welcher Form auch immer, nicht wirklich.

Wenn kirchliche Bildungsarbeit heute erfolgreich sein will, muss sie bei der subjektiven Erfahrungswelt ansetzen, und zwar der Erfahrungswelt der Schüler. In der kirchlichen Bildungsarbeit soll es aber immer um die religiöse Dimension von Welt- und Selbsterfahrung gehen. Joachim Kunstmann kennzeichnet religiöses Lernen dann als sinnvoll, wenn es sich »auf subjektive Erfahrungen bezieht, diese einbringt, symbolisiert, kommuniziert und ... mit den Geschichten, Mythen, Symbolen, Ritualen der religiösen Tradition in deutungsoffene Verbindung stellt«[3]. Wie kann das konkret geschehen?

Die Dimensionen religiösen Lernens, die ich im Folgenden benenne – ich spreche ausdrücklich von Dimensionen, weil sie keine zwingende zeitliche Abfolge bedeuten –, knüpfen an das Motiv der »Reise« an, das ich in den vorausgegangenen Kapiteln bereits verwendet habe. Sie vertiefen es im Blick auf die Prozesse, die beim religiösen Lernen allgemein von Bedeutung sind. Das Motiv der Reise liegt nahe, weil im Wort »Erfahrung« bereits das Wort »fahren« steckt.

Dimensionen religiösen Lernens I: Erinnern und symbolisieren

Religiöse Lernprozesse setzen bei der subjektiven Lebenswelt an. Sie ist Ausgangs- und zugleich ständiger Bezugspunkt religiösen Lernens. Das ist deshalb so wichtig, weil »Bildung sich im Menschen als Selbstbildung vollzieht. Das heißt, der Lehrende kann nicht davon ausgehen, dass er einen Lehrinhalt ›unterrichtet‹ und die Lernenden diesen Inhalt in der von ihm dargestellten Weise am Ende in ihrem Kopf und ihrem Herzen gespeichert haben.«[4] Was sich der Einzelne aneignet, entscheidet er selbst – oftmals unbewusst.

Auch wenn es nicht vorhersehbar ist, was das Individuum im Prozess des Lernens aufnimmt, gibt es doch Kriterien dafür, warum es das tut. Angeeignet wird,

- was emotional[5] und existenziell berührt,
- was man »jeweils als sinnvoll, als bedeutsam, als lebensdienlich«[6] erfährt
- und was sich verknüpfen lässt mit dem eigenen Vorwissen und den bisher gemachten Erfahrungen.

Weil man immer von bisherigen Erfahrungen und den Meinungen, die man sich gebildet hat, ausgeht, ist es wichtig, sich dieser Erfahrungen und Einstellungen bewusst zu werden und sie aktiv zu erinnern, um Neues daran anknüpfen zu können. Im Zusammenhang religiösen Lernens geht es dabei um die großen Lebensfragen und zentralen Lebenserfahrungen. Je nach Thema werden unterschiedlich Schwerpunkte gesetzt:

- Existenzielle Erfahrungen, z.B. Glücksmomente, Leid, Sinnlosigkeitsgefühle, Verlustängste, sind nicht nur emotional hochbedeutsam, sie sind auch »deutungsoffen für Religion«[7].
- Existenzielle Fragen, die sich Kinder und Erwachsene stellen, bringen religiöse Suchbewegungen zur Sprache. Der katholische Religionspädagoge Rainer Oberthür hat in seinem Buch »Kinder und die großen Fragen« Fragen dieser Art aufgelistet. Sie thematisieren

unter anderem die eigene Identität, Geheimnisse des Unendlichen/Unvorstellbaren sowie Trauer, Leiden, Tod und die Frage, was danach kommt.[8]

- Auch Erfahrungen im Bereich persönlicher Religiosität (das Staunen über die Welt, über das Wunder des Lebens, darüber, dass es überhaupt etwas gibt) sowie erlebte Grenzerfahrungen sind für religiöses Lernen bedeutsam.
- In der subjektiven Lebensgeschichte und Erfahrungswelt gibt es vielfache Berührungen und Begegnungen mit dem Christentum, mit anderen Religionen und weiteren religiösen Elementen. Manchmal sind diese ganz offensichtlich, manchmal eher verborgen.
- Jeder hat, aufgrund von Fragen und Erfahrungen, sich (s)eine Meinung zum Thema »Religion« im Allgemeinen und zum ausgewählten Thema gebildet.

Für diesen Prozess des Sich-bewusst-Werdens religiöser Erfahrungen und Einstellungen können auch Medien (Bilder und Texte) eingesetzt werden. Daneben erscheint es heutzutage wichtig, durch geeignete Methoden religiöses Erleben auch zu inszenieren, um eine Sensibilität für das Thema »Religion« zu wecken.[9]

In diesem Schritt religiösen Lernens bleibt in der Regel jeder erst einmal für sich. Hilfreich und weiterführend ist es, wenn jedem die Gelegenheit gegeben wird, seinen Gedanken und Erfahrungen Ausdruck zu geben.[10] »Ich brauche für die eigene Erfahrung ein Bild. Ich muss anderen sprachlich oder in irgendeiner sonstigen Weise mitteilen, was mich berührt. Dasselbe gilt für Gefühle: sie verblassen, wenn sie nicht den ihnen angemessenen Ausdruck finden, etwa eine Geste, eine sprachliche Mitteilung, eine schriftliche Notiz ... ›Jeder Ausdruck individuellen Erlebens kann immer nur Symbol sein‹. Symbolisierung ist also der Vorgang, der die Ausdrucksform individuellen

Erlebens entstehen lässt. Mit einem anderen Wort könnte man statt von Symbolisierung auch von Repräsentation reden. Die Darstellung ist für Gefühle, innere Erlebnisse und auch für Gedanken, Einstellungen, Haltungen, Deutungen wesentlich.«[11] »Das ›individuelle Symbolisieren‹ eröffnet ein echtes religiöses Verstehen und zugleich damit die Möglichkeit der religiösen Selbstdeutung und der religiösen Kommunikation. Nur wer selbst symbolisiert, wird auch die Symbolisationen anderer wirklich verstehen und ernst nehmen.«[12]

Der anschließende Austausch mit anderen ist dabei anregend und weiterführend, denn »die individuelle Vergewisserung über die Ausformung der eigenen Religiosität entsteht ... in Wechselspiel und Dialog mit anderen Auffassungen oder Deutungsangeboten«[13].

Beides ist also gleichermaßen notwendig für ein religiöses Lernen, das bei der subjektiven Lebenswelt ansetzt: Raum für existenzielle und religiöse Fragen und Erfahrungen sowie die Möglichkeit, diese zu symbolisieren, damit sie mitgeteilt, kommuniziert und neu verstanden werden können.

Dimensionen religiösen Lernens II: Wahrnehmen und entdecken[14]

Religiöses Lernen ist auch eine Entdeckungsreise in die Welt der sichtbaren und zeichenhaft vermittelten Religion. Für evangelische Bildungsarbeit geht es dabei vorrangig darum, Begegnungen mit der Welt des protestantischen Christentums als einem spezifischen, geschichtlich gewachsenen Arsenal von Symbolisierungen zu arrangieren. Dabei gilt es, gemäß dem gewählten Thema entsprechende Schwerpunkte zu setzen.

Vielfältige Zugänge zur Welt des christlichen Glaubens
sind möglich:

- Das protestantische Christentum »ist zu entdecken in
  der Dorf-, Stadt- und Kirchenarchitektur, im gottesdienstlichen Raum, in der Geschichte von Kirchengemeinden und ihrem Brauchtum«[15].
- Protestanten sind kennenzulernen als Personen, die
  von sich, ihrem Glauben und ihrer religiösen Praxis
  erzählen.
- Christliche »Texte, Bilder und Symbole können Erfahrungsräume darstellen, die zu Entdeckungsreisen einladen. Lernende können sich von den jeweils eigenen,
  individuellen Ausgangslagen her kreativ in diese Erfahrungsräume einbringen und sie für sich ›wohnlich‹
  machen.«[16]

Das »wohnlich machen« ist durchaus eine Herausforderung, da die Ausdrucksformen des Christentums oft starr
und unzugänglich wirken. Aber hinter ihnen stehen vielfältige Erfahrungen und Lebensgeschichten. In religiösen
Lernprozessen geht es unter anderem darum, durch kreative Wahrnehmung diesen Hinter- bzw. Untergründen auf
die Spur zu kommen. Dadurch werden erstarrte Traditionen gleichsam »verflüssigt«[17]: »Der Lernprozess soll wieder zurück zu den ursprünglichen Quellen der Erfahrung
gelangen: an den Ort, an dem sich Menschen und Dinge
von sich her zeigen und in ihrer Eigenart entdeckt werden
können. Daher sollen Lernende selbst auf die Reise gehen
und Entdeckungen machen und nicht nur über ›Reisen‹
informiert‹ werden.«[18]

Selbst auf Reisen gehen: Das heißt auch, Symbole und
Formen nicht nur von außen wahrzunehmen, sondern sie
selbst im Sinne einer Performativen Religionspädagogik
auszuprobieren, gleichsam in sie hineinzuschlüpfen und

von innen zu erleben. Es ist ein Lerneffekt eigener Art, die Osterkerze anzuzünden, eine Meditationshaltung auszuprobieren oder die Rolle einer Person in einer biblischen Erzählung einzunehmen und von ihr her Gedanken zu entwickeln. Sichtbare Religion ist ein riesiger, manchmal irritierend vielfältiger Schatz, der immer nur in kleinen Teilen entdeckt und gehoben werden kann.

Dimensionen religiösen Lernens III:
Verstehen und deuten

Um die Erfahrungsräume der religiösen Tradition in ein produktives Verhältnis zu den eigenen Erfahrungen setzen zu können, bedarf es unterschiedlicher Kompetenzen der Lernenden, die zu fördern und weiterzuentwickeln ein wichtiges Anliegen kirchlicher Bildungsarbeit sein muss.

Zunächst sind historische und sprachliche Kompetenzen notwendig, um die religiösen Traditionen, die man auf der Entdeckungsreise kennengelernt hat, angemessen verstehen zu können:

- Religiöse Traditionen sind herzuleiten von ihrem Entstehungszusammenhang her: Welche geschichtlichen Bedingungen haben zur Ausbildung der Traditionen geführt? Wie stehen sie in innerem Zusammenhang?
- Religiöse Traditionen enthalten als Symbolisierungen, die sich geschichtlich ausgeformt haben, eine spezifische Zeichen-Sprache. Um religiöse Traditionen erfassen zu können, ist es wichtig, unterschiedliche Dimensionen religiöser Sprache zu kennen.[19]

Darüber hinaus sind hermeneutische Kompetenzen notwendig, um religiöse Traditionen kritisch beurteilen und auf die moderne Lebenswelt beziehen zu können:

- Zum einen benötigen die Lernenden einen religions-hermeneutischen Rahmen, um das Phänomen »Religion« angemessen einordnen zu können. Dass Religion im Kern aus symbolisierten religiösen Erfahrungen besteht, versteht sich nicht von selbst. Ein religions-hermeneutischer Rahmen macht sensibel und wachsam für Dogmatisierungen, die sich von Erfahrungen abgekoppelt haben und ein Eigenleben führen.
- Zudem brauchen die Lernenden ein Grundverständnis der Bedingungen, Prinzipien und Funktionsweisen der spätmodernen Lebenswelt, um sich und die eigenen Erfahrungen einordnen zu können. Peter Biehl (1936–2006) sprach in diesem Zusammenhang von einer »Hermeneutik der Lebenswelt«[20].
- Und schließlich bedarf es eines allgemeinen herme-neutischen Interpretationsrahmens.[21] Dieser setzt sich mit den weltanschaulichen Herausforderungen durch die Spätmoderne auseinander und zieht Folgerungen für die Interpretation der eigenen biblischen Tradition. Gerade für das Verständnis mythischer Elemente ist ein solcher Rahmen wichtig. Ein Interpretationsrah-men kann immer nur ein Angebot für die Lernenden sein. Diese entscheiden selbst, wie sie mit religiösen Traditionen umgehen.

Allgemein gilt: »Der Lernende versteht sich selbst nicht unmittelbar, sondern im Spiegel des anderen und auf dem langen Weg über den Schatz kultureller und religi-öser Symbole [besser: Symbolisierungen, Anm. von M. Beile]. Das Selbstverstehen ist zeichenvermittelt.«[22] Für das Selbstverstehen leistet religiöse Tradition wertvolle Hilfe:
- Sie bietet einen Resonanzraum an. Die biblischen Motive, Erzählungen und Symbole »sind so ins Gespräch

zu bringen, dass gegenwärtige Hörerinnen und Hörer sich mit ihren eigenen Lebenserfahrungen angesprochen und verstanden fühlen, tiefer als es ihnen selbst möglich ist«[23].

• Sie stiftet Gemeinschaft dadurch, dass sie für eine Vielzahl von Menschen gemeinsamer Resonanzraum ist.

• Sie bietet denen, die sich ihr aussetzen, Sprache für Bereiche menschlicher Erfahrung, die manchmal schwer in Worte zu fassen sind.

• Sie setzt gerade wegen ihrer deutungsoffenen Symbolsprache eine Fülle von Assoziationsmöglichkeiten frei.[24]

• Sie sorgt allein durch ihre Existenz dafür, dass die religiöse Frage wach bleibt und das Leben nicht nur von ökonomischen und funktionalen Gesichtspunkten her betrachtet wird.

• Sie kann Anstoß geben zur eigenen Symbolisierung. Mehr noch: Sie kann und soll »die eigenen Symbolisierungen als religiös relevant einsichtig machen. So erst wird wirklich nachvollziehbar, dass Religion die bleibend wichtige Kulturdimension der Lebensdeutung darstellt.«[25]

Indem sie dies alles leistet, übernimmt religiöse Tradition die »Funktion als Orientierungs- und Deutungshorizont, in den die eigenen Interpretationen eingefügt werden können«[26].

Wichtig ist, dass Lernende im Prozess des Deutens und Verstehens selbst tätig sind und nicht auf »richtige« Auslegungen festgelegt werden. Der Verstehens- und Deutungsprozess ist prinzipiell offen und unabschließbar.

Dimensionen religiösen Lernens IV:
Gestalten und Handeln

Religiöses Lernen ist immer ein ganzheitliches Geschehen, zu dem es auch gehört, zu gestalten und zu handeln. Soll religiöses Lernen nachhaltig sein, müssen diese Dimensionen, die leider oft zu kurz kommen, genügend Raum bekommen.

Individuelles Symbolisieren zieht sich durch den gesamten Lernprozess. Die Lernenden bringen damit nicht nur ihre Vorerfahrungen und Einstellungen zum Ausdruck, sondern bearbeiten das, was sie sich bewusst gemacht haben, anhand der zusätzlichen Wahrnehmungen, Erfahrungen und Erkenntnisse, die sie sich im Lernprozess aneignen. Wenn die Lernenden dabei intensiv gestalterisch tätig werden, ist der Lerneffekt umso höher.

Das gestalterische Handeln kann in einem Produkt kulminieren, das von den Lernenden in Kleingruppen erstellt wird. Im Buch »Konfis auf Gottsuche«[27] bauen die Konfirmandinnen und Konfirmanden Holzfliesen zum Thema »Gott«, Jenseitskisten und einen Credotunnel. Es gibt viele Möglichkeiten, gestalterisch tätig zu werden: gemeinsam Ausstellungen vorbereiten, in denen das bearbeitete Thema in vielen Facetten zum Ausdruck kommt, Aktionen durchführen oder religiöse Feiern veranstalten. Die methodischen Möglichkeiten sind nahezu unbegrenzt.

Dimensionen religiösen Lernens:
Zusammenfassung

Wird den verschiedenen Dimensionen religiösen Lernens ausreichend Rechnung getragen, kann von den Lernen-

den er-fahren werden, was einen gelingenden Lernprozess ausmacht: »Die Steigerung von Selbstwertgefühl,
Vertrauen, Orientierung und Sinnerfahrung.«[28]

Rolle der Lehrperson

Die Rolle der Lehrperson im Rahmen einer Symbolisie-
rungsdidaktik hat unterschiedliche Aspekte:

Im Zusammenhang der Lerndimension »Erinnern und
symbolisieren« fungiert sie als »Moderator subjektiver
Kommunikationsprozesse«[29]. Wenn es um das »Wahrnehmen und Entdecken« der Welt des christlichen Glaubens geht, arrangiert die Lehrperson Begegnungen mit
christlichen Gebäuden, Symbolen, Personen und Texten.
Sie beurteilt, welche Begegnungen die Lernenden weiter-
führen und inspirieren können. Im Zusammenhang der
Lerndimension »Verstehen und Deuten« ist die Lehrperson als Expertin besonders wichtig. Sie unterstützt mit
ihrem theologischen und hermeneutischen Fachwissen
die Lernenden beim Aufbau und der Entwicklung einer
eigenen Verstehens- und Deutungskompetenz. Bei der
Lerndimension »Gestalten und Handeln« trifft die Lehrperson Entscheidungen bezüglich der Form der Gestaltung, kann sich dann aber wieder zurücknehmen und in
die Rolle eines Coachs gehen.

Der Vergleich zur traditionellen Didaktik zeigt die
veränderte Rolle der Lehrperson deutlich auf: Ihre theologische und hermeneutische Kompetenz ist mehr denn
je gefragt. Mithilfe dieser initiiert und arrangiert sie die
Lernprozesse. Zugleich nimmt sie sich im Lerngeschehen
selbst zurück und begleitet die Selbsttätigkeit der Lernenden.

Lernprozesse nach Altersstufen

Die verschiedenen Dimensionen religiöser Lernprozesse spielen in allen Altersstufen eine wichtige Rolle, sind allerdings unterschiedlich ausgeprägt.

Im Kindesalter kommt der religiösen Tradition ein hoher Eigenwert zu. In diesem Alter geht es besonders darum, eine Beheimatung, ein »Bewohnen« religiöser Tradition zu ermöglichen. Dabei sollte gut überlegt werden, welche religiösen Traditionen sich hierfür eignen. Die religiösen Lernprozesse sind dabei so anzulegen, dass die religiösen Traditionen in Korrespondenz stehen zu den existenziellen Fragen und Erfahrungen der Kinder. Außerdem ist wichtig, bei den Kindern Sensibilität für die symbolisch-metaphorische Qualität religiöser Ausdrucksformen zu fördern. Hubertus Halbfas spricht in diesem Zusammenhang von der Weckung eines Symbolsinnes bei den Lernenden.[30]

Bei Jugendlichen verschieben sich die Gewichte. Gerade in der Pubertät spielen existenzielle Fragen und Herausforderungen eine herausragende Rolle. Entsprechend sind diese intensiv in den Blick zu nehmen. Religiöse Tradition muss sich in ihrer Tragfähigkeit zunehmend beweisen und legitimieren. Ein kritischer Umgang mit ihr ist gefordert und zu fördern.

Auch für das Erwachsenenalter ist eine kritische Haltung gegenüber religiöser Tradition kennzeichnend, doch die Akzente verlagern sich häufig in Richtung weltanschaulicher und hermeneutischer Fragen. Wie lässt sich Religion mit naturwissenschaftlicher Sichtweise und modernem Weltbild allgemein verbinden? Was ist der Wahrheitswert anderer Religionen? Wichtig erscheint mir, dass Lernprozesse in diesem Alter nicht nur auf der kognitiven Ebene stattfinden, sondern auch auf der Ebene existenzieller Auseinandersetzung und Bearbeitung.

Im höheren Alter wünschen sich Menschen wieder stärker eine Beheimatung in religiöser Tradition. Gerade weil der Tod intensiver in den Blick kommt, fühlen sich Menschen existenziell herausgefordert. Ist es gelungen, in der Kindheit einen positiven Bezug zu religiöser Tradition herzustellen, lässt sich daran anknüpfen.

Methodische Aspekte

Es hängt von den jeweiligen Dimensionen religiösen Lernens ab, welche Methoden sinnvollerweise eingesetzt werden.

Für die Lerndimension »Erinnern und symbolisieren« braucht es »kreative Methoden, wie sie jeder erfahrene Religionslehrer ja kennt und im Repertoire hat: persönliche Dokumentationen oder Tagebucheinträge, bildliche Darstellungen und kreatives Schreiben, aber auch Phantasiereisen, fiktive Dialoge, Rollenspiele usw.«[31] sind geeignet, sich eigene existenzielle und religiöse Erfahrungen und Fragen bewusst zu machen. Meditative Elemente[32] und intensives Naturerleben können die Sensibilität für Religiosität fördern. Für den Austausch der Lernenden sind wiederum unterschiedliche Formen der Kommunikation zu kultivieren.

Bei der Lerndimension »Wahrnehmen und entdecken« geht es nicht nur um das Einspielen von Texten. Religion vermittelt sich auch über Gebäude, Gegenstände, Symbole, Bilder und Personen. Reale Begegnungen sind medial vermittelten vorzuziehen. Im Sinne einer kreativen Wahrnehmung der Welt des Christentums legt sich der Einsatz origineller und ganzheitlicher Methoden nahe, um eingeschliffene Sehgewohnheiten aufzubrechen (z.B. nächtlicher Besuch einer Kirche, Interviews mit den Personen des Kirchenvorstands, Abzeichnen eines religiösen Symbols in der Kirche zu leiser Musik). Dazu gibt es inzwischen eine große Bandbreite methodischer Ideen.

Für die Lerndimension »Verstehen und Deuten« sind hingegen eher analytische und hermeneutische Methoden notwendig. Auch diese sollten einen ganzheitlichen, spielerischen Charakter haben.[33] Doch geht es hier durchaus darum, Sachverhalte zu durchdringen und Dinge miteinander in Beziehung zu setzen. Dies setzt kognitive Fähigkeiten voraus und erfordert eine kritische Haltung.

In der Lernzieldimension »Gestalten und Handeln« sind wiederum kreative und künstlerisch-ästhetische Verfahren zu bevorzugen, die die Eigentätigkeit der Lernenden anregen.

Insgesamt gilt bezüglich der Methoden einer subjektorientierten Didaktik: Sie braucht »offene didaktische Verfahren: spielerische, experimentelle, prozessuale; solche jedenfalls, die auf eine möglichst hohe Beteiligung zielen«[34] und ganzheitlichen Charakter haben.

Strukturierte Erschließung der Welt des christlichen Glaubens

Wenn ich mich mit Menschen unterhalte, die zwölf oder dreizehn Jahre Religionsunterricht und zusätzlich Konfirmandenunterricht erlebt hatten, sagen sie mir regelmäßig, dass sie über das, was sie in dieser Zeit gemacht haben, fast nichts mehr wissen. Einige biblische Erzählungen und Rudimente des Christentums sind ihnen auf Nachfrage hin durchaus bekannt, aber so gut wie keiner ist auch nur in Ansätzen auskunftsfähig über das Thema Religion und Christentum. Ob das mit dazu beiträgt, dass man sich nach der Schulzeit vielfach von der Kirche abwendet?

Auch bei einer subjektorientierten Didaktik, die lebensweltlich ansetzt, geht es darum, dass Lernende sich die Welt des Christentums und der Religionen erschließen. Im Sinne einer größeren Nachhaltigkeit sollten meines Erachtens Lehrpersonen darauf hinarbeiten, dass Lernende einen strukturierten Überblick über Religion im Allgemeinen und die Welt des Christentums im Besonderen gewinnen. Wie kann das geschehen?

Planmäßiger Aufbau eines Lehrplans

Es versteht sich von selbst, dass kirchliche Bildungsarbeit in Lernprozessen, ausgehend von existenziellen Lebensfragen, immer nur einzelne Aspekte der Welt des Christentums ins Spiel bringen kann. Umso mehr ist im Bereich des schulischen Religionsunterrichts ein Lehrplan wichtig, der den Lernenden sukzessiv einen strukturierten Überblick über die Welt des christlichen Glaubens vermittelt. Worauf kommt es dabei an?

- Alle zentralen Themen und Texte im Sinne einer zeitgemäßen Theologie sollten in diesem Lehrplan auftauchen und nach entwicklungspsychologischen, religionspädagogischen und theologischen Gesichtspunkten verteilt sein.
- Zudem sollte der Lehrplan spiralförmig aufgebaut sein in dem Sinne, dass er jedes Schuljahr die zentralen Themen erneut aufgreift und sie entsprechend vertieft. Das wirkt sich durch den Wiederkennungseffekt positiv auf die Nachhaltigkeit aus. Der katholische Religionspädagoge Hubertus Halbfas hat genau dieses Ziel verfolgt. Sein Unterrichtswerk vermittelt eine, wie ich finde, durchaus diskussionswürdige Gesamtschau des Christentums. Protestantische Religionspädago-

gik wird sicherlich im Einzelnen andere Schwerpunkte setzen. Dennoch ist die Anlage des Unterrichtswerkes von Halbfas ein in sich stimmiges Gesamtwerk, von dem man viel lernen kann.

Überblicksmedien

Ich verwende im Religionsunterricht inzwischen vermehrt Überblicksmedien in Plakatgröße, die in ihrem Zusammenspiel eine Gesamtschau des Themenfelds »Religion« vermitteln. Da es diese nur in Ansätzen gibt, habe ich sie für den Eigengebrauch selbst produziert:

a) Religion allgemein

- »Religion«: Hier visualisiere ich auf dem oberen Teil des Plakates unter dem Titel »Perspektivität« die Tatsache, dass jegliche Weltsicht die Wirklichkeit immer unter einem bestimmten Aspekt betrachtet (Bild: Verschiedene Personen betrachten die Wirklichkeit mit einer spezifischen Brille). Was eine religiöse Weltsicht ausmacht, stelle ich auf dem unteren Teil des Plakates dar: 1.: Fragen und Erlebnisse (Rätselfragen, endliches Dasein, Erfahrung von Unverfügbarkeit, existenzielle Erlebnisse, differenzierte Realitätserfahrung usw.); 2.: religiöse Deutung: die Welt als Teil eines großen Ganzen, symbolisch-metaphorische Sprache; 3.: Ausbildung eines Traditionsstroms mit typischen Kennzeichen einer Religion: heilige Schrift(en), Symbole, Rituale, Orte und Räume usw.
- »Weltreligionen«: Diese gestalte ich als sechs große Kreise: Chinesische Religion, Buddhismus, Hinduismus, Judentum, Christentum, Islam. In die sechs

Kreise habe ich typische Elemente der jeweiligen Religion in Form von Bildern, Symbolen und Stichworten eingefügt. Die Kreise hängen zum Teil voneinander ab, überlappen sich zum Teil, werden am Rand unscharf und enthalten unterschiedliche Segmente als Ausdruck der inneren Vielfalt. Auf dem Plakat gibt es weitere (kleinere) Kreise. Darin sind weitere Religionen aufgeführt, einige Kreise sind unbeschriftet. Unten auf dem Plakat wird die Frage gestellt: »Was macht eine Religion zu einer Weltreligion? Mögliche Kriterien: Größe, Verbreitung, Alter.«

b) Christentum

- »Bibel als Bibliothek«: Diese Darstellung gibt es bereits. Ich habe sie auf DIN A0 großgezogen und auf die einzelnen Buchrücken Stichworte zu den wichtigsten Erzählungen bzw. Texten sowie im unteren Teil Informationen zur Verfasserschaft und Entstehungsort/-zeit eingefügt.
- »Was die Bibel erzählt«: Auf diesem Plakat habe ich eine gewundene Linie gemalt, an ihr die wichtigsten geschilderten Ereignisse kurz benannt und kleine Zeichnungen dazu kopiert. Unten steht der wichtige Hinweis, dass das, was die Bibel erzählt, theologische Deutung ist und keine historische Schilderung (wiewohl sich an vielen Stellen historische Erinnerungen finden). Unterhalb der gewundenen Linie werden wichtige Textgattungen aufgeführt, aus denen die Bibel besteht (z.B. Lieder, Chroniken, Reiseberichte, Gleichnisse).
- »Die Geschichte der Kirche«: Hier habe ich analog zum vorhergehenden Überblicksmedium, aber mit anderen farblichen Elementen, eine gewundene Linie (mit Ab-

zweigungen) gezeichnet mit den wichtigsten Ereignissen und kleinen Zeichnungen an den entsprechenden Stellen.

- »Das Kirchenjahr«: Auch zum Kirchenjahr gibt es schon geeignete Darstellungen als Kirchenjahresscheibe. Ich habe eine Kirchenjahresscheibe auf DIN A0 vergrößert und Elemente, Inhalt und Bedeutung einzelner Feste mit ein paar Stichworten benannt und mit Symbolen gekennzeichnet. Die spezifisch katholischen Feste sind ebenfalls (eingeklammert) aufgeführt.
- »Kirchengemeinde«: Hier habe ich wichtige kirchliche Gebäude (Kirche, Gemeindehaus, Kindergarten, Diakoniestation) nach vorne hin offen abgebildet und mögliche Verwendungszwecke der einzelnen Räume anhand von Stichworten eingefügt.
- »Themen«: Auf diesem Plakat habe ich wichtige existenzielle und religiöse Themen(-bereiche) auf bunte Kugeln geschrieben, die durch einen imaginären Raum schweben. Viele Kugeln sind unbeschrieben.

Meine Schülerinnen und Schüler mögen diese Überblicksmedien. Sie sind ihnen gleichermaßen Strukturierungs- wie Erinnerungshilfe. Ich möchte ihre Bedeutung nicht überbewerten, aber es lässt sich gut mit ihnen arbeiten.

Jeweils am Ende einer Unterrichteinheit sowie am Ende des Schuljahres schauen wir gemeinsam die Plakate an. Die Schülerinnen und Schüler versuchen dabei, ihre Lernerfahrungen den Überblicksmedien zuzuordnen. Nach dem Abitur mache ich anhand der Überblicksmedien mit den Schulabgängern ein Quiz, bei dem es auch etwas zu gewinnen gibt.

Unterrichtsbücher

Ich arbeite in der Regel nicht mit Schul- und Konfirman-
denbüchern. Nicht nur, weil sie mich theologisch allesamt
nicht überzeugen, sondern auch, weil ihnen ein durch-
dachtes und theologisch stimmiges Gestaltungskonzept
fehlt:

- In den früheren Auflagen des Unterrichtswerkes »Spu-
  renlesen« wurde auf fast jeder Doppelseite ein Bild aus
  der modernen Kunst einer Textseite gegenübergestellt.
  Das war monoton und der Sinn des Bildes im Zusammenhang des Textes war häufig nicht erkennbar.
- Nicht besser ist die Gestaltung heutiger Schulbücher
  wie »Moment mal!«, »Ortswechsel« oder »Das Kursbuch
  Religion«. Egal, um welches Thema es sich handelt: Das
  Layout ist immer ähnlich, zugleich ähnlich überladen
  und wirr. Auf einer beliebigen Doppelseite finden sich
  Kunstbilder, Infografiken, Kinderzeichnungen, Fotos
  und Cartoons, dazu kurze Infotexte, unvermittelte Bi-
  belzitate, Aussagen heutiger Menschen, Bibelraps, die
  Darstellung einzelner Methoden sowie Fragen – und
  das alles in verschiedenen Schriften und Farben.

In keinem der genannten Schulbücher macht das Layout
ersichtlich, dass es sich bei biblischen Texten um mythopoetische Symbolisierungen handelt, die auf einer anderen Ebene anzusiedeln sind als unsere moderne Alltags-
sprache. Es wird überhaupt zwischen der Welt der Bibel
und der heutigen Spätmoderne bild- und textdidaktisch
nicht unterschieden, als sei alles auf einer Ebene abhan-
delbar. Dazu passt der stellenweise unverhüllte Theismus
(»Meine Beziehung zu Freunden, Familie und Gott«, »Gott
geht auf Sendung«), der sich in allen genannten Schulbüchern findet. Insgesamt sind nach meiner Einschätzung

diese Schulbücher allesamt theologisch nicht mehr anschlussfähig an die heutige Spätmoderne. Und der Verdacht drängt sich auf, dass ein gewollt modernes und saloppes Design dies zu überdecken versucht.

Soweit ich sehe, ist wiederum Halbfas' Unterrichtswerk das einzige, das eine theologisch durchdachte Gestaltungskonzeption enthält. Im Lehrerhandbuch für die 5. Klasse erläutert Halbfas neben dem didaktisch-theologischen Ansatz auch die wesentlichen Gestaltungsprinzipien[35], die er seinem Unterrichtmaterial zugrunde legte:

- Es wurde darauf geachtet, Text und Bild in ein stimulierendes Verhältnis zueinander zu bringen, den Doppelseiten ein eigenes Gesicht zu geben, das sie unverwechselbar macht.
- Der Auswahl der Bilder, ihrer Qualität und ihrer didaktischen Relevanz wurde größte Beachtung geschenkt. Bevorzugt finden sich Werke der bildenden Kunst. Diese wollen nach Rang und Bedeutung einen Niveauanspruch verdeutlichen, der dem Religionsunterricht Kindertümelei und Provinzialität nicht mehr zugesteht. Bewusst wurden auch Kunstwerke früherer Zeiten integriert, die theologische Anschauungen vermitteln, die heute überholt sind. Dabei wird die Möglichkeit des Bildvergleichs genutzt, um mittels der hermeneutischen Differenz Unterscheidungsvermögen und kritisches Bewusstsein zu entwickeln.
- Für Typografie und Layout bestand die Absicht, dem Religionsbuch einen ruhigen Charakter zu geben. Darum wurden farbig unterlegte Textfelder ausgeschlossen und auch keine sonstigen Farbeffekte verwendet.
- Die Schulbücher folgen nicht ausschließlich einem Landeslehrplan, sondern enthalten eine eigene und eigenständige Systematik. Dabei finden sich auch Themen, die bisher keine Beachtung im Religionsunter-

richt fanden, die aber einem volleren Religions- und Glaubensverständnis dienlich sind. Als solche sind die einzelnen Schulbücher auch unabhängig vom Unterricht als Sachbuch lesbar.

Das Unterrichtswerk von Halbfas ist das einzige, das ich – in der überarbeiteten Neuausgabe – für meinen Unterricht öfter heranziehe; nicht nur wegen seiner theologischen Konzeption und seines ausgezeichneten Bildmaterials, sondern auch, weil mich sein Gestaltungskonzept von allen Schulbüchern als einziges überzeugt.

Lernumgebung

Wenigstens kurz möchte ich noch auf die Bedeutung der Lernumgebung für religiöse Lernprozesse eingehen. In die Wahrnehmung und Beurteilung von Lerninhalten spielt immer auch die Lernumgebung hinein.[36] Auch hierzu hat sich Hubertus Halbfas als einer von wenigen Religionspädagogen Gedanken gemacht: »Die Schule wirkt auf die räumliche Sensitivität des Menschen besonders nachhaltig ein. Sie sendet mit der Architektur ihrer Gebäude, ihrer langen Flure und gleichförmigen Klassenzimmer, mit der Funktionalität ihrer Tische, Stühle, Tafeln und Kartenständer über viele Jahre Botschaften aus, die von den meisten Schülern niemals bewusst gelesen, dafür aber umso auswegloser mit Leib und Seele verinnerlicht werden.«[37] Was Halbfas über Schulen schreibt, gilt gleichermaßen für kirchliche Gemeindehäuser. Die Lernumgebung wird immer mitgelernt.

Es ist kein Zufall, dass moderne Laborschulen[38] allergrößten Wert darauf legen, die Lernumgebungen neu zu gestalten. Mit Fantasie und Engagement können auch in

Regelschulen kahle und unwirtliche Klassenzimmer in wohnlichere Lernräume umgewandelt werden. Hubertus Halbfas schlägt in diesem Zusammenhang variable Arbeitsplätze, funktionsverschiedene Zonen, offene Zugänglichkeit vielfältiger Materialien und das Einbeziehen von Nebenräumen, Sonderräumen und Fluren in den Aktionsbereich der Klasse vor. Viele dieser Ideen lassen sich vermutlich im Schulalltag schwerlich umsetzen und sind am ehesten in einer Privatschule realisierbar. Ich bin jedoch sicher, dass, wenn es um die Zukunft der Schule geht, Überlegungen dieser Art mehr Beachtung geschenkt werden wird.

Vermutlich noch weiter weg von der Realität sind eigene Religionszimmer. Wo es sie gibt, sollte der überlegten Gestaltung dieser Räume große Bedeutung zugemessen werden. Eine anregende Lernumgebung im religiösen Sinne zu erstellen wäre ein eigenes Kapitel wert, was allerdings unseren Zusammenhang deutlich sprengt.

Überlegungen dieser Art sind allerdings sehr wohl angebracht, wenn es um die Gestaltung evangelischer Gemeindehäuser geht. Auch hier wirken die Räumlichkeiten nicht selten kalt und abweisend. Für die Zukunft von Kirchengemeinden spielt auch eine Rolle, ob es ihnen gelingt, ihren Gemeindemitgliedern atmosphärisch und religiös ansprechende Räumlichkeiten zu bieten.

Resümee

Eine bildende Kirche ist dann erfolgreich, wenn die religiösen Lernprozesse, die sie initiiert, nachhaltig wirksam sind.

- Hierfür sollte religiöses Lernen von der Lebenswelt der Lernenden ausgehen. Diese sollten die Gelegenheit haben, ihren Gedanken und Erfahrungen individuell Ausdruck zu verleihen.
- Religiöses Lernen ist darüber hinaus eine Entdeckungsreise in die Welt der sichtbaren und zeichenhaft vermittelten Religion. Je ganzheitlicher diese Entdeckungsreise angelegt ist, desto erfolgversprechender ist sie. Evangelischer Bildungsarbeit geht es dabei in erster Linie um die Welt des (protestantischen) Christentums.
- Die Entdeckungen, die die Lernenden in dieser Welt gemacht haben, sind im Prozess des Verstehens und Deutens mit den eigenen Gedanken und Erfahrungen in Relation zu bringen.
- Daraus ergeben sich vielfältige Gestaltungs- und Handlungsoptionen.

Grundsätzlich ist es wichtig, den Lernprozess ganzheitlich anzulegen und die Eigeninitiative der Lernenden zu fördern.

Wichtig ist eine strukturierte Erschließung der religiösen Welt. Dazu bedarf es eines durchdachten Lehrplans und geeigneter Überblicks- und Hilfsmedien.

Weil die Lernumgebung bei Lernprozessen eine nicht zu unterschätzende Rolle spielt, muss sie so gestaltet werden, dass sie Lernen fördert.

11. KAPITEL:
PLANMÄSSIG SICH ENTWICKELNDE KIRCHE

Sich planmäßig entwickelnde Kirche? Die kirchliche Praxis sieht in der Regel anders aus: Ein planmäßiger Gemeindeaufbau findet nur selten statt, meist agiert man in der Gemeindearbeit ohne ein Gemeindekonzept. Entsprechend gering ist ihre Akzeptanz bei den Mitgliedern und der Gesellschaft ganz allgemein. Wie ein Gemeindeaufbau planmäßig und strukturiert angegangen werden kann, davon handelt dieses Kapitel.

Der Alltag von Kirchengemeinden wird in der Regel von den traditionellen, regelmäßig wiederkehrenden Veranstaltungen und Angeboten bestimmt. Trotz der Erfahrung, dass die Teilnahmezahlen kontinuierlich nach unten gehen, werden die Angebote selten hinterfragt. Man hat sich auf diese Abwärtsbewegung mental eingestellt. Und das Kirchensteuersystem sorgt mit der zentralen Ausschüttung der finanziellen Zuweisungen dafür, dass auch klinisch tote Kirchengemeinden künstlich am Leben gehalten werden.

Das kann noch eine Weile so weitergehen, aber lange wird dieses System nicht mehr aufrechterhalten werden können. Deshalb ist es dringend notwendig, grundsätzlich darüber nachzudenken, was in den Kirchengemeinden falsch läuft, worauf es ankommt und wie ein planmäßiger Gemeindeaufbau gelingen kann.

Noch vor 15 bis 20 Jahren wurden in Deutschland Gemeindeaufbaufragen intensiv diskutiert. Viele Bücher behandelten das Thema. Inzwischen ist die Diskussion spürbar abgeebbt.[1] Warum? Weil man schon viel versucht hat, aber alles erfolglos war? Oder weil man sich insgeheim längst mit dem unaufhaltsamen Untergang der Kirche abgefunden hat?

Wenn der Protestantismus zukunftsfähig sein will, kommen wir jedoch um einen planmäßigen Gemeindeaufbau nicht herum.

Ich setze in meinen folgenden Überlegungen bei der Situation an, in der sich die landeskirchlichen Kirchengemeinden in der Regel befinden.

PLANMÄSSIGER GEMEINDEAUFBAU: EINZELNE SCHRITTE

Öfter habe ich das schon mitbekommen: In einer Kirchengemeinde tun sich Menschen zusammen, die etwas bewegen wollen. Sie haben Ideen, wie sie ihre Gemeinde »auf Vordermann« bringen können, gehen voller Elan an die Sache heran und investieren viel Zeit. Doch schon bald ist der Schwung dahin: Es läuft nicht so an, wie es sich die Planungsgruppe vorgestellt hat. Zum ersten Treffen, das liebevoll vorbereitet und eifrig beworben wurde, kommen weniger Leute, als erwartet, beim zweiten sind noch weniger da. Bald verläuft das Projekt im Sand, und zurück bleibt nichts außer Frust und Enttäuschung.

Gemeindeaufbau ist ein anspruchsvolles Geschäft. Damit er erfolgreich sein kann, sind nicht nur Zeit und Energie vonnöten. Er muss auch professionell geplant und durchgeführt werden. Vergleichbare Innovations- und Reorganisationsprozesse in Wirtschaftsunternehmen sind komplexe Managementaufgaben. Ähnlich herausfordernd ist das Unternehmen »Gemeindeaufbau« in einer Kirchengemeinde.

Ich habe vor einigen Jahren die Langzeitfortbildung »Spirituelles Gemeindemanagement« besucht und von ihr sehr profitiert, auch wenn ich manches in meinen theologischen Horizont übersetzen musste. Überzeugt hat mich der doppelte Ansatz. Einerseits ist immer im Blick, dass eine Kirchengemeinde von einer spirituellen Grundlage ausgeht. Andererseits gibt es keine Berührungsängste gegenüber Managementansätzen, die in der Wirtschaft erfolgreich angewendet werden. Denn die Initiatoren des »Spirituellen Gemeindemanagements« gehen davon aus, dass diese Ansätze auch im Bereich des Gemeindemanagements hilfreich sein können.

Im Folgenden möchte ich die einzelnen Schritte kurz vorstellen:[2]

Ganz allgemein ist vorab zu sagen, dass Gemeindeaufbau ein Prozess ist, der die ganze Kirchengemeinde angeht. Entsprechend breit muss der Prozess kommuniziert und auf allen Ebenen mitgetragen und diskutiert werden. Es sind Begeisterung für und Lust auf diesen Prozess nötig sowie eine Steuerungsgruppe, die ihn vorwärtstreibt.

Im ersten Schritt geht es darum, eine Gemeindevision zu entwickeln. Was ist unser Ideal einer christlichen Gemeinde? Wie soll unsere Gemeinde in 20 Jahren aussehen? Biblische Perspektiven sollen genauso ins Spiel kommen wie Träume und Vorstellungen eines »Dreamteams«, das sich aus unterschiedlichen Leuten zusammensetzt. Am Ende dieses ersten Schrittes stehen ein Leitsatz und ein Leitbild, die in der Gemeinde auf allen Ebenen diskutiert und schließlich vom Kirchenvorstand beschlossen werden. Der Leitsatz, den wir in einer meiner früheren Gemeinden beschlossen hatten, lautete: »Wir sind eine lebendige Gemeinschaft von Christen, die durch ihren gemeinsamen Glauben verbunden und nach außen offen und einladend ist.« Das Leitbild in dieser Gemeinde war ein Haus: Für die einen ist es ihr Zuhause, für die anderen bedeutet es gastliche Herberge.

Im zweiten Schritt geht es darum, den Ist-Zustand der Kirchengemeinde möglichst genau zu erfassen: Welche Menschen leben hier? In welchem Alter sind sie? Was arbeiten sie? Wie sind die räumlichen Bedingungen der Kirchengemeinde? Wie sind die örtlichen Rahmenbedingungen? Wer sind die Konkurrenten? Was sind die Stärken und Schwächen der Kirchengemeinde? Es ist hilfreich, im Rahmen dieses Schrittes eine Gemeindebefragung durchzuführen, um herauszufinden, wie die Menschen »ticken«, was ihnen wichtig ist und wie sie die Kirchengemeinde sehen und beurteilen. Eine detaillierte Gemeindeanalyse braucht viel Zeit. Eine Analysegruppe führt diesen Schritt durch und trifft sich regelmäßig.

Im dritten Schritt werden Ziele festgelegt. Eine präzise Zieldefinition und eine genaue Absprache über das, was erreicht werden soll, sind überaus wichtig. Ziele bedeuten nicht zwangsläufig noch mehr Aktivität. Es kann auch ein Ziel sein, Strukturen effektiver zu gestalten, die Öffentlichkeitsarbeit zu optimieren oder bestehende Aktivitäten abzubauen.

Im vierten Schritt wird eine Strategie aufgestellt, wie die Ziele erreicht werden können. Die Strategie ist der Weg, auf dem das Ziel erreicht werden soll.[3] Aus ihr ergibt sich die notwendige »Struktur als Zuordnung von Menschen, Zeit und Sachmitteln«[4], mit denen das Ziel erreicht werden soll.

Im fünften Schritt geht es schließlich darum, die erforderlichen Maßnahmen umzusetzen. Dabei ist ein Handlungs-Schema hilfreich, das die Arbeitsschritte gliedert. Diese folgen zeitlich und inhaltlich aufeinander, um ganz bestimmte Gemeindeziele zu erreichen. Hier wird es nun konkret und die Gemeinde aktiv.[5]

In einem revolvierenden Prozess erneuert das Führungsgremium immer wieder vor dem Hintergrund des weiteren Erkenntniszuwachses seine Planung. Die gesamte Schrittfolge, die immer wieder neu beginnt, bedarf einer entsprechenden Begleitung und der ständigen Kontrolle. Die Gemeindevision muss bei den Gemeindemitgliedern lebendig bleiben. Ohne die Vision fehlt die Kraft für den Gemeindeaufbauprozess. Erfolgt keine Umsetzung, verliert wiederum die Vision an Kraft.[6]

DIMENSIONEN UND ASPEKTE EINER ZUKUNFTSORIENTIERTEN GEMEINDE

Jeder Gemeindeaufbau nach diesem oder einem ähnlichen Schema wird im Detail unterschiedlich verlaufen. Im Folgenden stelle ich vor, welche Dimensionen und Aspekte einer zukunftsorientierten Gemeinde mir im Prozess eines kontinuierlichen Gemeindeaufbaus sinnvoll und hilfreich erscheinen.[7]

Gemeindeleitung

Gemeindeleitung ist in evangelischen Kirchengemeinden, rechtlich gesehen, ein ausgeklügeltes System. Es gibt Mitspracherechte von Mitarbeitenden genauso wie Mitspracherechte aller Gemeindemitglieder. Faktisch wird Gemeindeleitung jedoch durch den Kirchenvorstand ausgeübt.

Kirchenvorstand

Der Kirchenvorstand bildet die Exekutive einer Kirchengemeinde. Allerdings ist es de facto meist die Pfarrperson, die die Leitung einer Kirchengemeinde innehat und die Fäden im Kirchenvorstand in der Hand hält. Häufig ist sie auch die Vorsitzende dieses Gremiums. Ich halte es für eine Fehlentwicklung, dass das Wohl und Wehe einer Kirchengemeinde von einer einzigen Person abhängt. Der Pfarrerzentrismus, der sich im Protestantismus immer mehr ausgeprägt hat, muss unbedingt überwunden werden. Eine zukunftsfähige Gemeinde braucht ein funktionsfähiges, selbstbewusstes Leitungsgremium, das von einer Laienperson geleitet wird. Meiner Meinung nach sollte die Pfarrperson in diesem Gremium kein Stimmrecht haben. Sie ist nicht das Zentrum der Gemeinde, sondern ihre erste Angestellte.

Die Sitzungen des Kirchenvorstandes sind in der Regel vom Alltagsgeschäft dominiert. Der Kirchenvorstand diskutiert über Bauangelegenheiten und Finanzen und beschäftigt sich häufig mit Themen, die eigentlich Angelegenheiten des Pfarrbüros sind. Damit der Kirchenvorstand genügend Zeit hat, sich ausführlich dem Gemeindeaufbau zu widmen, ist es wichtig, die Sitzung gut vorzubereiten und diszipliniert durchzuführen: Es werden nur Themen besprochen, die wirklich hier hingehören. Ausführliche Diskussionen über Finanzen und Bauangelegenheiten finden in Ausschüssen statt, die Beschlussvorlagen vorbereiten. So kann die Zeit hierfür im Kirchenvorstand erheblich gestrafft werden.

Für die große Aufgabe des Gemeindeaufbaus ist ein gutes Miteinander im Führungsteam wichtig, deshalb sollte alles dafür getan werden, dass es zusammenwächst und am gleichen Strang zieht. Einkehrtage und gemeinsame Abendessen vor den Sitzungen können hierbei gute Dienste leisten.

Ausschüsse

Spezielle Fachthemen sollten in Ausschüsse verlagert werden. Bau- und Finanzausschüsse gibt es vielerorts. Mindestens ein Mitglied des Kirchenvorstands sollte in jedem Ausschuss dabei sein. Es ist hilfreich, in diese Ausschüsse Fachleute hineinzuwählen, die auch beruflich mit der Materie vertraut sind und ihr Expertenwissen einbringen können. Neben Bau- und Finanzausschuss ist auch ein Gemeindeaufbauausschuss sinnvoll, der den Prozess des Gemeindeaufbaus begleitet und betreut. Die Ausschüsse arbeiten dem Kirchenvorstand zu bzw. berichten ihm regelmäßig über ihr Tun.

Weitere Führungsebenen

Die weiteren Führungsebenen, Mitarbeiterrunde und Gemeindeversammlung, sind in ihrer Rolle zu stärken. Sie sollten nicht von der Pfarrperson geleitet werden.[8]

Die Rolle der Pfarrperson

Im Lauf der letzten Jahrzehnte sind den Pfarrpersonen in der Kirchengemeinde immer mehr Aufgaben zugewachsen. Die Verwaltung verschlingt immer mehr Zeit, Repräsentationsaufgaben haben zugenommen, in Finanz- und Bauangelegenheiten ist immer umfangreicheres Expertenwissen notwendig, und Trauungen und Beerdigungen sind eine immer zeitaufwändigere Angelegenheit geworden. Viele Pfarrpersonen klagen über Überlastung, andererseits ziehen viele von ihnen Aufgaben an sich, weil sie der Meinung sind, dass es niemand besser kann als sie selbst. Es ist dringend an der Zeit, hier Veränderungen vorzunehmen.

Um Zeit zu haben für die Aufgaben, für die sie wirklich gebraucht werden, müssen Pfarrpersonen entlastet werden. Wie kann dies geschehen?

- Im administrativen Bereich braucht die Pfarrperson wirksame Unterstützung.
- Pfarrpersonen sollten mit den Bau- und Finanzangelegenheiten der Gemeinde nichts zu tun haben müssen.
- Repräsentationsaufgaben können zumindest teilweise auch von der Vorsitzenden der Kirchengemeinde übernommen werden.
- Der Kirchenvorstand sollte überlegen, wie die zeitliche Beanspruchung der Pfarrperson für die Vorbereitung und Durchführung von Trauungen und Beerdigungen begrenzt werden kann. Nicht allen Sonderwünschen kann und sollte entsprochen werden. Außerdem lassen sich möglicherweise Ruheständler und Prädikantinnen finden, die die Pfarrperson hier entlasten können.

Wenn diese Maßnahmen erfolgreich sind, kann die Pfarrperson sich wieder ausreichend Zeit nehmen für die Aufgaben, für die ihre Expertise gebraucht wird: für die wöchentlichen und besonderen religiösen Feiern, die Seelsorge, den Bildungsbereich sowie die Mitarbeit in der Gemeindeleitung, beim Gemeindeaufbau und der Schulung und Begleitung von Mitarbeitenden. Die Zukunft einer Kirchengemeinde hängt auch von der Qualitätsarbeit in diesen Bereichen ab.

Pfarrbüro

Die traditionelle Rolle der Gemeindesekretärin, die Anrufe entgegennimmt und Schreibaufgaben erledigt, reicht heute für die Aufgaben im administrativen Bereich nicht mehr aus. Soll die Pfarrperson wirksam von administrativen Aufgaben entlastet werden, braucht es statt ihrer eine Person, die die Gemeinde managt. Ihre Kompetenzen und Aufgaben sind deutlich verantwortungsvoller als die der traditionellen Sekretärin. Das bedeutet für die Kirchengemeinde einen höheren finanziellen Einsatz, der sich aber in jedem Fall lohnt. Neben der fachlichen Qualifikation ist wichtig, dass dieser Person die Gemeinde am Herzen liegt und sie sich in der Gemeinde gut auskennt.

Allgemeines Ziel des Gemeindeaufbaus: Kirche als lebendige, aktive Überzeugungsgemeinschaft

Worum geht es beim Gemeindeaufbau? Meine Ansicht hierzu ist in den letzten Jahren immer klarer geworden. Eg geht darum, eine lebendige, aktive Überzeugungsgemeinschaft aufzubauen. Über dieses Ziel besteht in der kirchlichen Diskussion kein Konsens, das weiß ich. Herbert Lindner (*1941, Pfarrer, Studienleiter der FEA, apl. Professor für Praktische Theologie an der Augstana-Hochschule in Neuendettelsau) als einer der wenigen liberaleren Vertreter der Gemeindeaufbaudiskussion beschreibt das vielfältige Teilnahmeverhalten protestantischer Kirchenmitglieder. Seiner Meinung nach besteht die Herausforderung in dieser Konstellation »in der Stabilisierung entlang der pluralen Teilnahmeformen, nachdem die Überführung in die hohe und regelmäßige Partizipation kein realistisches Ziel ist«.[9] Die Ergebnisse der letzten kirchlichen Mitgliedschaftsuntersuchung der EKD[10]

(Evangelische Kirche in Deutschland) aus dem Jahr 2014 zeigen allerdings, dass genau das den protestantischen Landeskirchen immer weniger gelingt. Die Kasualien verlieren für die Mitglieder an Bedeutung. Ein beträchtlicher Teil der Mitglieder denkt darüber nach, aus der protestantischen Kirche auszutreten. Diese Tendenzen signalisieren: Die über viele Jahre stabile Gruppe der »treuen Kirchenfernen«, die die kirchengemeindlichen Angebote kaum nutzen, aber bewusst Kirchenmitglieder bleiben, löst sich allmählich auf.[11]

Michael Herbst ist völlig Recht zu geben, »dass es nicht ausreicht, wenn Menschen ausschließlich ›Kirche bei Gelegenheit‹ (Michael Nüchtern) erleben. Anders gesagt: Unser Christsein wird nicht überleben, wenn es nur von gelegentlichen Höhepunkten im Jahres- und Lebenslauf gestützt wird, wenn man also nur in großen Abständen am gemeindlichen Leben teilnimmt, hier einen Weihnachtsgottesdienst, dort eine Beerdigung und dazwischen ein Orgelkonzert besucht, sich aber ansonsten fernhält ... Ein Christsein ohne Gemeinschaft ›funktioniert‹ einfach nicht.«[12]

Offene Gemeinschaft

Kirche als lebendige Gemeinschaft hat durchaus familiäre Züge. Sie lebt vom Engagement und der Leidenschaftlichkeit für die gemeinsame Sache. Sie ist dabei aber immer eine offene Gemeinschaft, die die Kommunikation mit Menschen außerhalb ihrer sucht. Sie hat nicht nur ein hohes Interesse, Menschen zu gewinnen für das eigene Lebensmodell; sie lässt sich durch Außenstehende auch kritisch infrage stellen. Das ist für ihren fortdauernden Erneuerungsprozess von hoher Bedeutung.

Kirchliche Gemeinschaft ist, um ein berühmtes biblisches Bild aufzugreifen, ein lebendiger Organismus. Wir wissen aus der Biologie, dass »funktionierende Organismen immer feinfühlig mit ihrer Umwelt in Kontakt sind und sich veränderten Lebensbedingungen anpassen«[13]. So gesehen, ist der permanente Kontakt von christlichen Gemeinden mit ihrer Umwelt geradezu eine Überlebensfrage. Fabian Vogt leitet aus diesem Vergleich mit einem biologischen Organismus bestimmte Werte ab: Offenheit, Anpassungsfähigkeit, Lernbereitschaft, Dezentralisierung, Informationsaustausch und »Kirche von unten«.[14] Ich halte diese Werte für elementar. Identität und Anpassung: Für eine Kirche, die sich als lebendiger Organismus versteht, sind beide Pole gleichermaßen wichtig.

Dynamische Gemeinschaft

Viele Probleme in christlichen Gemeinden hängen damit zusammen, dass es in der Gemeinde als Ganzer keine Entwicklungsdynamik gibt. Sie haben aber auch damit zu tun, dass die Gemeindearbeit nicht darauf angelegt ist, dass sich die Einzelnen spirituell entwickeln und reifen können. Genau das wäre aber notwendig: dass Menschen, indem sie am Gemeindeleben aktiv teilnehmen, erkennen können, wie sie dadurch spirituell wachsen können.

Für unsere Veranstaltungen und Angebote suchen wir in den Kirchengemeinden immer auch Menschen, die sich engagieren. Aber es gelingt uns in der Regel nicht zu vermitteln, dass Menschen davon innerlich profitieren können. Dabei sind Menschen durchaus bereit, sich zu engagieren. Sie sind bereit, Zeit zu investieren, wenn sie das Gefühl haben, dass es ihnen etwas gibt.

Der Gründer der amerikanischen *Saddleback-Church*, Rick Warren, hat in seiner Gemeinde ein Programm ins Leben gerufen, das einen persönlichen Entwicklungsprozess zum Ziel hat.[15] Dieses Programm kann uns inspirieren, Ähnliches auch in unseren Kirchengemeinden zu installieren. Ein solches Entwicklungsmodell könnte folgendermaßen aussehen:

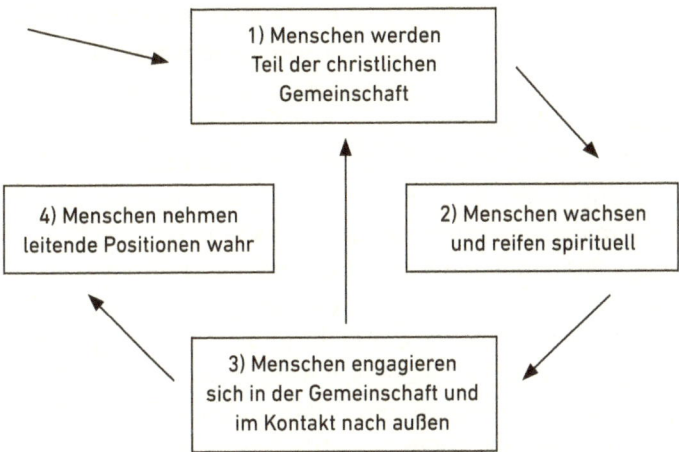

Vier Schritte kennzeichnen dieses Modell: *Der erste Schritt* hat zum Ziel, kirchendistanzierte Menschen dafür zu gewinnen, Teil der christlichen Gemeinschaft zu werden. Dabei steht die formelle Kirchenmitgliedschaft für mich nicht im Vordergrund. Viel wichtiger scheint mir, Menschen davon überzeugen zu können, wie schön und gewinnbringend es ist, Teil dieser Gemeinschaft zu sein. Natürlich dürfen Menschen auch einfach nur Gäste der christlichen Gemeinschaft sein, das steht völlig außer Frage. Das Ziel, sie dafür zu gewinnen, dauerhaft der Gemeinschaft anzugehören, bleibt davon allerdings unberührt.

Dass es sich um eine Gemeinschaft handelt, deren religiöse Überzeugung Halt, Kraft und Werte vermittelt, die dabei helfen, das Leben zu bewältigen, wird im *zweiten Schritt* wichtig: Spirituell wachsen und reifen ist die Devise dieses Schritts.

Zu einem gelingenden Leben gehört es, sich zu engagieren. Das hat der *dritte Schritt* zum Inhalt. Dieser Schritt stärkt nicht nur das Zusammengehörigkeitsgefühl nach innen, sondern führt die Menschen von innen wieder nach außen, um andere einzuladen zu dem von der christlichen Gemeinschaft praktizierten Lebensmodell.

Einige Menschen rücken in einem *vierten Schritt* in leitende Positionen.

Diese Vier-Schritt-Folge hilft meines Erachtens nicht nur allgemein, einen Prozess der persönlichen Entwicklung in der Gemeinde in Gang zu setzen; er verhilft auch dazu, gemeindliche Veranstaltungen von ihrem Ziel her zu sortieren. Warum bietet die Kirchengemeinde die jeweilige Veranstaltung an? Geht es ihr darum, Menschen für die christliche Gemeinschaft zu gewinnen? Sie in ihrem Glauben wachsen und reifen zu lassen? Oder ihnen Möglichkeiten zu bieten, sich zu engagieren in der Gemeinschaft bzw. im Kontakt mit Menschen außerhalb der Gemeinschaft? Nimmt man die Veranstaltungen so in den Blick, wird deutlich, wie planlos und unstrukturiert unsere Kirchengemeinden vielfach sind.

Zwei wichtige Kennzeichen einer christlichen Gemeinschaft

Christliche Gemeinschaften können unterschiedlich aussehen. In meiner Vorstellung von christlichen Gemeinschaften sind zwei Kennzeichen elementar:

Erstes Kennzeichen: Vier Säulen des Gemeindelebens

Schon die frühe Kirche hatte ihren Auftrag mit den griech. Begriffen *martyría* (den Glauben bezeugen), *diakonía* (einander dienen) und *leiturgía* (Gottesdienste feiern) beschrieben. Später hat man diese Trias noch um den Begriff *koinonía* (Gemeinschaft) ergänzt. Von diesem vierfachen Auftrag lassen sich vier zentrale Säulen des Gemeindelebens ableiten, auf die ich in den Kapiteln 7 bis 10 näher eingegangen bin:

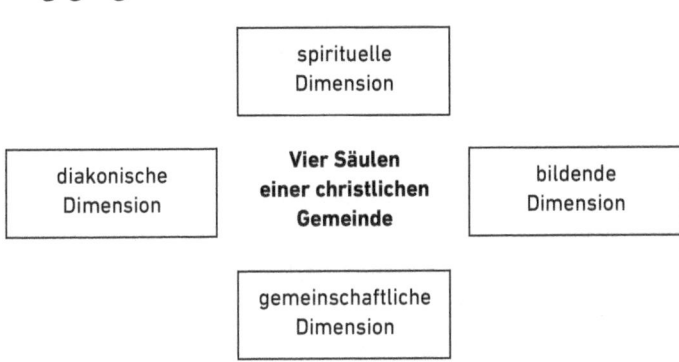

Diese vier Säulen bilden das Gerüst einer christlichen Gemeinde. Alle Veranstaltungen und Angebote, die sich nicht diesen vier Säulen zuordnen, sind für das Gemeindeleben sekundär.

Verschränkt man das oben skizzierte Vier-Schritte-Entwicklungsmodell mit den vier Säulen des Gemeindelebens, ergeben sich hilfreiche Strukturierungen sowie elementare Herausforderungen und Aufgaben für den Gemeindeaufbau.

1) Menschen dafür gewinnen, Teil der christlichen Gemeinschaft zu werden

Betrachtet man das Angebot protestantischer Kirchengemeinden, hat man den Eindruck, dass sie immer noch davon ausgehen, dass ihre Mitglieder sich als selbstverständlichen Teil der Kirche verstehen. Aber ein großer Teil der Kirchenmitglieder hat inzwischen nur noch selten oder nie Kontakt zur Kirche und erwägt, aus ihr auszutreten. Deshalb ist die erste große Herausforderung christlichen Gemeindeaufbaus, Menschen dafür zu gewinnen, Teil der christlichen Gemeinschaft zu werden.

Das bedeutet für eine christliche Gemeinde, sich ganz bewusst auf Kirchendistanzierte einzustellen. Konkret heißt das:

- zu versuchen, mit ihnen auf vielfältige Weise in Kontakt zu kommen
- auf ihre Ansichten und Anfragen einzugehen
- in Sprache und Formen ihr Lebensgefühl zu erreichen
- zu versuchen, ihnen inhaltlich etwas anzubieten, das ihnen lebensdienlich erscheint
- und ihnen dabei eine authentische und überzeugende Lebensform vorzuleben.

Dazu braucht es im spirituellen Bereich Gottesdienste für Menschen, die religiös auf der Suche sind. Form und Inhalt der allermeisten protestantischen Gottesdienste richten sich jedoch an Insider (die es immer weniger gibt) und erreichen viele Milieus nicht. In meiner Gemeindekonzeption bildet der Gottesdienst für Suchende den Hauptgottesdienst am Sonntag. Ganz bewusst an Suchende sollten sich auch die besonderen Gottesdienste anlässlich der Konfirmation[16] und an Heiligabend wenden.

Das Beispiel, das ich von der Stockholmer Gemeinde erzählt habe (Hilfe für Bettler und Drogenabhängige), zeigt bezüglich der diakonischen Dimension: Unsere Zeitgenossinnen und -genossen nehmen sehr wohl wahr, ob Kirche in diesem Bereich überzeugend aktiv ist oder nicht.

Im Bereich der Bildung hat sich die protestantische Kirche in der Konfirmandenarbeit auf kirchendistanzierte Jugendliche eingestellt.[17] In der Erwachsenenarbeit gab und gibt es in den allermeisten landeskirchlichen Gemeinden allerdings immer noch kein entsprechendes Angebot, das genauso selbstverständlicher Teil des Gemeindelebens ist wie die Konfirmandenarbeit. Ich bin sicher: Es wird zunehmend wichtig werden, Kurse für kirchlich Distanzierte anzubieten, die in den Reichtum und die Tiefe des christlichen Glaubens einführen. Wichtig ist, dass diese Einführung in respektvoller Auseinandersetzung mit anderen Weltsichten geschieht und mit Bezug auf die existenziellen Lebensthemen spätmoderner Menschen. Die allermeisten Glaubenskurse, die in Kirchengemeinden angeboten werden[18], erscheinen mir allerdings hierfür wenig geeignet. Indem sie von einem offenbarungstheologischen Ansatz ausgehen, beharren sie auf dem traditionellen Absolutheitsanspruch des Christentums und enthalten eine einseitig theistische Theologie. So lassen sich meines Erachtens Menschen in unserer Zeit nicht für den christlichen Glauben gewinnen.[19] Joachim Kunstmann empfiehlt stattdessen, die religiöse Suchbewegung heutiger Menschen aufzunehmen und »die Suchenden und Fragenden zu einem eigenen religiösen Verstehen«[20] anzuleiten. Karl-Heinz Bartel regt in diesem Zusammenhang ein »Philosophisch-spirituelles Café«[21] als offenes Angebot an. Das Gespräch über religiöse Fragen ist wichtig. Friedrich Schleiermacher spricht vom notwendigen »Austausch religiöser Erregungen«[22].

Im Bereich der gemeinschaftlichen Dimension funktionieren die meisten früheren Ideen und Strategien nicht mehr. Kinder und Jugendliche sind zwar oft noch bereit, sich über einen längeren Zeitraum auf Gemeinde und Kirche einzulassen. Für viele Erwachsene ist die Schwelle, ins Gemeindehaus oder in die Kirche zu gehen, jedoch hoch. Es braucht deshalb gerade in der Erwachsenenarbeit niederschwellige Angebote. Besondere Projekte, Feste und musikalische Angebote (z.B. ein Gospelchor, besondere musikalische Events) erscheinen mir hierfür geeignet, aber auch Ideen, wie man die Eltern über ihre Kinder und Jugendliche erreichen kann.

Die klassischen (Taufe, Konfirmation, Trauung und Beerdigung) und neuen Kasualien (z.B. Schulanfänger- und Schulanfangsgottesdienst) bilden für viele kirchendistanzierte Menschen Kontaktebenen zur Kirche. Hier kommt die seelsorgliche Dimension von Kirche zum Tragen. Die Kontakte durch Kasualien bleiben allerdings meist punktuell und sind vonseiten der Kirchengemeinde nicht auf Nachhaltigkeit hin angelegt.

Folgende Veranstaltungen und Projekte sind für die Menschen, die sich im ersten Schritt des Entwicklungsmodells befinden, relevant:

spirituelle Dimension	diakonische Dimension	bildende Dimension	gemeinschaftliche Dimension
Teilnahme an Gottesdiensten für Suchende und an Kasualgottesdiensten	Zielgruppen von Sozialprojekten	Teilnahme an der Konfirmandenarbeit sowie an Glaubenskursen	Teilnahme an gemeindlichen Veranstaltungen im Bereich der Kinder- und Jugendarbeit, an niederschwelligen Angeboten für Erwachsene.

2) Menschen helfen, spirituell zu wachsen und zu reifen

Wenn Menschen dafür gewonnen wurden, Teil der christlichen Gemeinschaft zu sein, geht es darum, dafür zu sorgen, dass sie in der Gemeinde einen Platz finden, an dem sie sich wohlfühlen und an dem sie sich entwickeln, spirituell wachsen und reifen können.

Im Bereich der spirituellen Dimension ist hier die wöchentliche Taizéandacht zu nennen, die sich an Menschen richtet, die im Christentum ihre religiöse Heimat gefunden haben.

Im Bereich der diakonischen Arbeit ist es für Menschen, die in der christlichen Gemeinschaft heimisch werden wollen, spannend, das soziale Engagement der Kirchengemeinde kennenzulernen und fallweise auch einmal mitzuhelfen.

Im Bereich der Bildung ist wichtig, dass es Anschlussmöglichkeiten gibt zu den Einsteigerkursen: Ein Glaubenskurs für Anfänger sollte fortgesetzt werden können mit einem Glaubenskurs für Fortgeschrittene, der die lebenspraktische Seite des christlichen Glaubens als religiöser Heimat von Christen im Fokus hat. Konfirmierte sollten die Möglichkeit haben, nach der Konfirmation eine Trainee-Ausbildung zu machen[23], die sie anleitet, in der Jugend- und Konfirmandenarbeit mitzuwirken.

Im Bereich der gemeinschaftlichen Dimension bieten sich die vorhandenen Gruppen und Kreise der Gemeinde an. Ganz wichtig erscheinen mir außerdem Hauskreise. Hier treffen sich Gemeindemitglieder im häuslichen Bereich, um Herausforderungen des persönlichen Alltags und existenzielle Themen im Licht des christlichen Glaubens zu besprechen. Im Bereich der Landeskirchen sind Hauskreise heute eher in evangelikalen Gemeinden anzutreffen. Das mag der Grund dafür sein, dass es sie in anderen Kirchengemeinden nicht gibt. Allerdings sind Hauskreise keine Erfindung evangelikaler Christen. Es gab sie schon in der frühen Kirche. Als regelmäßiges Treffen von Menschen, die aneinander Anteil nehmen, sind sie von hoher Bedeutung. **289**

Folgende Veranstaltungen und Projekte sind für die Menschen, die sich im zweiten Schritt des Entwicklungsmodells befinden, potenziell bedeutungsvoll:

spirituelle Dimension	diakonische Dimension	bildende Dimension	gemeinschaftliche Dimension
Teilnahme an Gottesdienst bzw. der Taizéandacht sowie an weiteren spirituellen Angeboten	projektweise Mithilfe im sozialen Bereich	Teilnahme an Glaubenskursen für Fortgeschrittene sowie an der Trainee-Ausbildung für Konfirmierte	Teilnahme an Gemeindegruppen und -kreisen sowie Hauskreisen

3) Menschen motivieren, sich zu engagieren

In Kirchengemeinden werden immer Menschen gesucht, die sich in ihr engagieren. Kirchengemeinden denken dabei in der Regel von der offenen Stelle her. Aber es ist viel erfolgversprechender, von den einzelnen Personen her zu denken, die etwas tun wollen. Menschen engagieren sich gerne, wenn sie das Gefühl haben, ihre Talente einbringen zu können. Deswegen sind einige Kirchengemeinden dazu übergegangen, Persönlichkeitsseminare anzubieten, in denen Menschen ihre schlummernden Talente entdecken können.[24] Wenn sie fündig geworden sind, ist mit ihnen zu überlegen, wie sie diese in der christlichen Gemeinschaft einsetzen können.

Ehrenamtliche Mitarbeitende sind das kostbarste Gut einer Kirchengemeinde. Sie zu begleiten ist eine wichtige Aufgabe. Bill Hybels erzählt, dass sich die Leitenden seiner Gemeinde einmal im Monat treffen, um zu überlegen, wie sie sich noch besser um ihre Mitarbeitenden kümmern können.[25]

Folgende Veranstaltungen und Projekte sind für die Menschen, die sich im dritten Schritt des Entwicklungsmodells befinden, potenziell von Bedeutung:

spirituelle Dimension	diakonische Dimension	bildende Dimension	gemeinschaftliche Dimension
Teilnahme bzw. Mithilfe an Gottesdienst bzw. der Taizéandacht sowie an weiteren spirituellen Angeboten	aktive Mithilfe im sozialen Bereich	Teilnahme am Persönlichkeitsseminar »Entdecke deine Talente und Gaben«	Teilnahme an Gemeindegruppen und -kreisen sowie Hauskreisen

4) Menschen ermächtigen, leitende Positionen wahrzunehmen

Um ein Leitungsamt wahrzunehmen, sind besondere Eigenschaften notwendig. Geeignete Personen, die bereit sind, eine Leitungsaufgabe zu übernehmen, müssen geschult werden. Das wird in vielen Kirchengemeinden nicht getan. Dort ist man schon froh, wenn sich überhaupt jemand bereit erklärt, Verantwortung zu übernehmen. Ohne Eignung, Schulung und regelmäßiger Leitungsrunde kommt es in der Gemeindeleitung jedoch schnell zu Konflikten. Deshalb ist im Zusammenhang des Gemeindeaufbaus das Thema »Leitung« intensiv in den Blick zu nehmen. Dabei kann es hilfreich sein, sich in der Planung und Durchführung von Fachpersonen unterstützen zu lassen.

Folgende Veranstaltungen und Projekte sind für die Menschen, die sich im vierten Schritt des Entwicklungsmodells befinden, potenziell bedeutungsvoll:

spirituelle Dimension	diakonische Dimension	bildende Dimension	gemeinschaftliche Dimension
Teilnahme, Mithilfe oder Führungsfunktion im Gottesdienst bzw. der Taizéandacht sowie an weiteren spirituellen Angeboten	Mithilfe bzw. Leitungsfunktion im sozialen Bereich	Teilnahme an einem Führungsseminar	Teilnahme, Mithilfe oder Führungsfunktion in Gemeindegruppen und -kreisen sowie Hauskreisen

Zweites Kennzeichen: Orientierung des Gemeindelebens am Kirchenjahr und an besonderen Anlässen

Das Kirchenjahr mit seinen Festen und Festzeiten ist eine »Abfolge voll innerer Dramatik von der Sehnsucht des Erwartens hin zur Feier der Geburt eines Kindes, vom Bedenken von Leid und Tod hin zur Auferstehung. Diese wiederum bildet den Grund für das kreativ-geisterfüllte Leben im Glauben, das den Dank für das Erreichte einschließt und die ›letzten Dinge‹ nicht vergisst.«[26] Im Kirchenjahr werden die Grundlagen des Glaubens anschaulich, zugleich sind die existenziellen Grundthemen des menschlichen Lebens hineinverwoben.[27] Das macht das Kirchenjahr zu einem großen Schatz des Christentums.

Noch immer prägen die großen Feste das kulturelle Leben und das persönliche Erleben der Jahreszeiten – allen voran Weihnachten. Zugleich werden die Feste inhaltlich immer mehr ausgehöhlt, weil es der Kirche immer weniger gelingt, die Relevanz religiöser Feste und Festzeiten für das Leben verständlich zu machen. Die Wiederentdeckung des Kirchenjahres als gestaltender Lebensrhythmus einer christlichen Gemeinschaft muss deshalb einhergehen mit einer neuen lebenszugewandten Ausgestaltung.

Die Advents- und Weihnachtszeit gilt für viele Menschen als erwartungsvolle Zeit. Dass es dabei nicht nur um die zu erwartenden Geschenke an Heiligabend geht, wird an den gut besuchten Heiligabendgottesdiensten unübersehbar deutlich. Dass die Advents- und Weihnachtszeit für viele Menschen religiös dimensioniert ist, hat auch damit zu tun, dass viele christliche Symbole, Bräuche und Lieder lebendig geblieben und die Kirchen in dieser Zeit auf vielerlei Weise geschmückt sind.

Leider beschränkt sich das »Religiöse« für viele Menschen vor allem auf diese Zeit. Das ist nicht zuletzt deshalb bedauerlich, weil ohne die Fortführung der Christuszeit im Kirchenjahr kaum zu verstehen ist, warum Weihnachten bedeutungsvoll sein sollte.

Mir erscheint es deshalb wichtig, dass die Symbolik und die vielfältigen Bräuche des *ganzen* Kirchenjahres wieder lebendig werden. Hier hat uns die katholische Kirche vieles voraus. Um ein Beispiel zu geben: Protestantische Gemeinden feiern am Karfreitagmorgen meist um 10 Uhr einen Gottesdienst. Dieser nimmt das letzte Abendmahl Jesu, das am Vortag, dem Gründonnerstag, stattfand, mit auf und zugleich den Tod Jesu vorweg. Die Katholiken machen es viel besser: Sie feiern die Dynamik dieser Geschehnisse in einem dreitätigen festlichen Drama, das am Gründonnerstag mit der Feier des letzten Abendmahls beginnt, an Karfreitag die Todesstunde Jesu feiert und seinen dramaturgischen Höhepunkt in der Osternacht hat. Das ist erlebnismäßig etwas ganz anderes als der meist abstrakt-dogmatisch gefeierte, düstere Karfreitagsgottesdienst bei uns Protestanten.

Ein durchkomponiertes buntes evangelisches Kirchenjahr mit vielen Höhepunkten: Das ist meine Vision. Ein Kirchenjahr, das man wahrnimmt, wenn man die Räume der Kirchengemeinde betritt und das sich einem aufschließt, je mehr man sich ihm aussetzt. Entlang des Kirchenjahres sind viele niederschwellige Gemeinschaftserlebnisse möglich: gemeinsames Bemalen von Ostereiern (die man zum Anlass für einen österlichen Familiengottesdienst nehmen könnte), gemeinsames Adventskranzbinden, die Feier einer »feurigen« Pfingstnacht, ein Gottesdienst mit moderner Musik anlässlich des Reformationstages. Die Möglichkeiten sind nahezu unbegrenzt.

Neben dem Kirchenjahr können auch andere Anlässe das Leben einer christlichen Gemeinschaft prägen, etwa kommunale Feste sowie politisch-gesellschaftliche Anlässe (z.B. Neujahr). Nachhaltig in Erinnerung geblieben ist mir der Trauergottesdienst anlässlich des Zusammenstoßes zweier Flugzeuge über dem Bodenseeraum, den wir als Kirchenbezirk begingen und bei dem viele Menschen hemmungslos weinten: Auch Leid und Tod gehören zum Leben der Kirche dazu und finden dort Platz.

Verschränkt man das Kirchenjahr mit dem Rhythmus des spätmodernen Jahreszyklus, der vom Einschnitt der Sommerferien geprägt ist, ergibt sich eine Dynamik, die das Leben einer Kirchengemeinde inhaltlich-gestalterisch in sinnvoller Weise prägen kann:

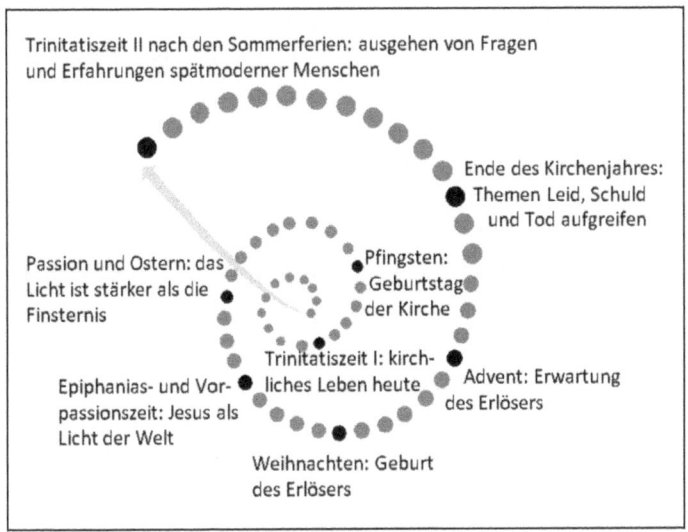

Trinitatiszeit II nach den Sommerferien: ausgehen von Fragen und Erfahrungen spätmoderner Menschen

Ende des Kirchenjahres: Themen Leid, Schuld und Tod aufgreifen

Passion und Ostern: das Licht ist stärker als die Finsternis

Pfingsten: Geburtstag der Kirche

Epiphanias- und Vorpassionszeit: Jesus als Licht der Welt

Trinitatiszeit I: kirchliches Leben heute

Advent: Erwartung des Erlösers

Weihnachten: Geburt des Erlösers

Die Sommerferien sind für die allermeisten Menschen heute ein markanter Einschnitt. Nach den Sommerferien beginnt die Schule – und das Leben einer Kirchengemeinde beginnt wieder neu. Bewusst und explizit in dieser Zeit auf die Fragen und Erfahrungen spätmoderner Menschen einzugehen eröffnet der Kirchengemeinde die Chance, sich ins Spiel zu bringen und sich zugleich der Spätmoderne auszusetzen. Die dunkle Jahreszeit, die im Herbst ins Blickfeld rückt, provoziert dunkle Fragen, die im Kirchenjahr in dieser Zeit sowieso auf der Tagesordnung stehen. Die Sehnsucht nach Licht in der Dunkelheit greift die Advents- und Weihnachtszeit in vielfältiger Weise auf.

Was das für ein Licht ist, das über der Krippe leuchtet, eröffnet die anschließende Kirchenjahreszeit, in der das Wirken Jesu im Mittelpunkt steht. Das Leiden Jesu kommt in der Passionszeit in den Blick. Das Osterfest bringt zur Geltung, dass das Licht stärker ist als die Finsternis: Die Zeit nach dem Pfingstfest bringt ein neues

Thema ins Spiel: das Leben der christlichen Gemeinschaft. Dieses Leben ist immer eingebettet in das gesellschaftliche Leben. Von daher ist es folgerichtig, dass nach den Sommerferien dieses ins Blickfeld rückt.

Ich habe das Bild einer nach innen verlaufenden Spirale gewählt, um die Dynamik von außen nach innen innerhalb eines Jahreslaufs zum Ausdruck zu bringen.

Entsprechend diesem Modell würde ich in der Kirchengemeinde einen Glaubenskurs für Anfänger in die Zeit nach den Sommerferien platzieren. Das ist auch eine gute Zeit für einen Meditationskurs. Der Glaubenskurs für Fortgeschrittene passt wiederum besser in die Zeit nach Pfingsten. Sie ist auch geeignet für eine Gemeindefreizeit und das Gemeindefest.

Exkurs: Kirchengemeindliche Jugendarbeit

In einer protestantischen Kirchengemeinde gibt es neben der Pfarrperson, der Sekretärin (besser: der Gemeindemanagerin) und dem Hausmeister oft weitere bezahlte Kräfte. Nicht alle halte ich für gleichermaßen wichtig. Was mir aber im Blick auf die Zukunft einer Kirchengemeinde unverzichtbar erscheint, ist eine bezahlte Kraft für die Arbeit mit Kindern und Jugendlichen. Die Erfahrung lehrt, dass dort, wo eine professionelle, engagierte Person diesen Bereich verantwortet, die Arbeit häufig floriert. Der Umkehrschluss gilt allerdings auch: Dort, wo es diese Person nicht gibt, läuft der Bereich »Arbeit mit Kindern und Jugendlichen« häufig nicht.

Wie die Kinder- und Jugendarbeit mit der übrigen Gemeindearbeit gut verzahnt werden kann, ist im Zuge des Gemeindeaufbaus zu erörtern. Eine Verzahnung beinhaltet die Herausforderung, sich auf die Fragen und Interessen der Kinder und Jugendlichen einzulassen und ihre Impulse für die christliche Gemeinschaft ernst zu nehmen. Auch das bringt Dynamik in die Gemeindearbeit.

Strategien für den Gemeindeaufbau

Nach diesen grundsätzlichen Erwägungen möchte ich im Folgenden Strategien benennen, die ich für den Gemeindeaufbau für wesentlich halte:

1) Ausrichtung auf das Wesentliche

Häufig gibt es in Kirchengemeinden Gruppen und Kreise, die es immer schon gab, die aber mit der übrigen Kirchengemeinde nichts zu tun haben und auch nichts zu tun haben wollen. Ich habe in meiner Tätigkeit als Pfarrer zum Beispiel mehrmals mit Chören zu tun gehabt, die ein reges Innenleben hatten, sich aber weder als Gemeinde verstanden, noch großes Interesse zeigten, im Gottesdienst zu singen. Man genügte sich selbst und bereitete jährlich ein Konzert vor, erwartete aber selbstverständlich, dass die Kirchengemeinde die Chorleitung bezahle, immerhin fänden die Proben ja im Gemeindehaus statt.

Im Prozess des Gemeindeaufbaus ist es hilfreich, sich auf das auszurichten, was alle in einer Kirchengemeinde miteinander verbindet oder verbinden sollte. Im Falle eines Kirchenchores geht es um das Singen von geistlicher Musik. Die vorrangige Aufgabe eines Kirchenchores ist es, regelmäßig im Gottesdienst oder zu anderen gemeindlichen Anlässen zu singen.

Ein anderes Beispiel ist gemeindliche Jugendarbeit. Ich habe immer wieder Jugendarbeit erlebt, die nichts mit der Kirchengemeinde zu tun hatte und sich auch nicht als Teil der Gemeinde verstand. Zudem hatte ihr inhaltliches Programm nichts mit einer Kirchengemeinde zu tun. Auch hier gilt es im Rahmen des Gemeindeaufbaus zu überlegen, was das Spezifikum christlicher Jugendarbeit sein könnte. Die abwehrende Aussage »So haben wir es schon immer gemacht« sollte die Gemeindeleitung nicht einfach hinnehmen. Denn dies sind die letzten sieben Worte einer Kirchengemeinde.

2) Vernetzen

Wenn man eine Kirchengemeinde als lebendigen Organismus charakterisiert, legt sich das Stichwort »Vernetzung« nahe. Vernetzung ist sowohl nach innen als auch im Kontakt nach außen von großer Bedeutung. Beides funktioniert in vielen Kirchengemeinden aber nicht wirklich gut.

Vom Eigenleben einzelner Gruppen und Kreise war schon die Rede. Das Zusammengehörigkeitsgefühl und der Kontakt untereinander zu intensivieren sind deshalb wichtige Bestandteile des Gemeindeaufbaus. Das kann auf verschiedene Weise geschehen. Beispielsweise, indem man zusammen ein Gemeindefest ausrichtet und jede Gemeindegruppe dabei aktiv mitwirkt. Das ist in Kirchengemeinden leider ganz und gar nicht selbstverständlich. Oder dadurch, dass einzelne Gruppen immer wieder am Gottesdienst als der zentralen Gemeindeveranstaltung mitwirken. Und schließlich dadurch, dass man sich gegenseitig besucht, etwas miteinander unternimmt oder ein gemeinsames Projekt durchführt. Verschiedene Gruppen und Kreise können sich so nicht nur gegenseitig besser kennen-, sondern Wert und Bedeutung der anderen Kreise schätzen lernen.

Genauso wichtig ist die Vernetzung nach außen. Viele Kirchengemeinden wirken, von außen betrachtet, wie ein geschlossenes System. Das ist genau das Gegenteil dessen, was eine lebendige christliche Gemeinschaft von ihrer Grundidee her ausmacht, nämlich Offenheit und ein einladender Charakter. Deshalb muss alles dafür getan werden, den Eindruck einer hermetischen Abgeschlossenheit aufzubrechen. Mit einer professionellen Öffentlichkeitsarbeit ist es jedoch nicht getan, so wichtig diese auch ist. Jedes Gemeindemitglied hat hoffentlich vielfältige Kontakte mit Menschen außerhalb der christlichen Gemeinschaft. Diese gilt es lebendig zu halten, aus doppeltem Grund: Zum einen ist es wichtig zu wissen, wie Menschen außerhalb der christlichen Gemeinschaft »ticken«. Andererseits sind Beziehungen zu gläubigen Menschen »häufig der Auslöser dafür, sich ernsthaft mit dem christlichen Glauben zu beschäftigen«[28]. Auch die Aktion, Bekannte zum Gottesdienst einzuladen[29], nutzt die persönlichen Kontakte von Gemeindemitgliedern.

Der Gründer der *Saddleback-Church*, Rick Warren, ist im Rahmen seiner Gemeindegründung von Tür zu Tür gegangen und hat viele Menschen in seinem potenziellen Gemeindegebiet besucht, um zu erfahren, was ihre Bedürfnisse sind. Er schreibt: »Der schnellste Weg, um eine Brücke zu kirchendistanzierten Menschen zu bauen, besteht darin, Interesse für sie auszudrücken und ihnen zu zeigen, dass Sie selbst die Probleme verstehen, mit denen sich Ihre Gesprächspartner herumschlagen müssen.«[30]

3) An Bestehendes anknüpfen

Immer noch ist es so, dass Menschen den Kontakt zur Kirche suchen, weil sie für sich bzw. ihre Verwandten eine Taufe, eine Trauung oder eine Beerdigung wünschen. Diese Kasualien sind eine hervorragende Gelegenheit, um mit Menschen in Kontakt zu kommen. Oft bleibt es allerdings bei punktuellen Begegnungen, statt den Kontakt nachhaltig zu gestalten.

Als Alternative zu Taufgesprächen mit einzelnen Familien bieten sich Taufseminare für mehrere Tauffamilien an, bei denen Taufeltern und -paten einander kennenlernen. Bei mir findet das Taufseminar immer über zwei Spätnachmittage zu jeweils 90 Minuten statt. Beim ersten Taufnachmittag geht es um den Sinn der Taufe und die Vorbereitung des Taufgottesdienstes, bei dem die Tauffamilien auch kreativ werden und einen hölzernen Tauffisch bemalen. Der zweite Taufnachmittag behandelt das Thema »Religiöse Erziehung«. Er zeigt den Tauffamilien Möglichkeiten auf, wie die Zugehörigkeit des getauften Kindes zur christlichen Gemeinschaft in der Familie und in der christlichen Gemeinde Gestalt annehmen kann. Aus Taufseminaren können sich organisch Eltern-Kind-Gruppen bilden, wenn es sie nicht schon gibt. Auch der gemeinsame Besuch von Krabbel- und Kindergottesdiensten fällt deutlich leichter, als wenn sich eine Familie allein auf den Weg macht.

Der Tod von nahestehenden Menschen ist für die Angehörigen schwer. Ein Besuch nach der Beerdigung und die Einladung in gemeindliche Veranstaltungen können hier den Kontakt zur christlichen Gemeinschaft bahnen.

An Bestehendes anknüpfen: Das gilt auch in dem Sinne, dass sich um einen bestehenden Kreis oder eine bestehende Veranstaltung weitere Aktivitäten anlagern können[31]:

Ein Predigtvorbereitungskreis, ein Gottesdienstvorbereitungskreis sowie ein Kirchenkaffeeteam können sich an den Gottesdienst anlagern. Gottesdienste in moderner Form brauchen gleich mehrere Teams, die mitwirken.

Parallel zur Konfirmandenarbeit kann Konfirmandenelternarbeit stattfinden. Ich biete immer drei Elternabende an, die rege besucht werden: Bei dem ersten Elternabend stelle ich ein inhaltliches Modul vor, das ich mit den Jugendliche mache, zum zweiten Elternabend lade ich eine Fachperson ein, die mit den Eltern über das Thema »Pubertät« ins Gespräch kommt, und bei dem dritten Elternabend geht es um das Thema Konfirmation.[32] In den letzten Jahren hat sich immer wieder ein Elternchor gebildet, der bei der Konfirmation singt. Aus der Konfirmandenarbeit heraus kann sich eine Trainee-Ausbildung entwickeln. Wenn die Konfirmandenzeit als positive Zeit erlebt wird, machen hier erfahrungsgemäß viele Jugendliche mit.

Eltern lassen sich auch gerne zu besonderen Abenden einladen, etwa wenn der Kinderchor eine Aufführung macht oder die Kinder- bzw. Jugendgruppe anhand einer Fotoshow gemeinsam auf das vergangene Jahr zurückblickt.

4) Etwas Neues ausprobieren

Neben dem, was bisher zur Sprache kam, ist es auch angezeigt, immer mal wieder etwas Neues auszuprobieren. Das ist nicht nur wichtig, weil eine Gemeinde leicht einrostet, sondern erzeugt auch Aufbruchsstimmung und Aufgeregtheit, die durchaus positiv zu sehen ist. Sinnvoll sind hier besondere Aktionen und Projekte, die mit überschaubarem Aufwand vorbereitet werden können und für die Mitarbeitende Verantwortung tragen, die gerne ihre Talente einbringen möchten. Ein Projekt in unserer Gemeinde war eine Gemeindewanderung, die uns nach dem Gottesdienst zu einem Grillplatz führte. Ein riesiger Zug bildete sich. Am Grillplatz angekommen, bereiteten die einen das Essen vor, während die anderen miteinander Fußball spielten. Für alle war es eine eindrückliche Gemeinschaftserfahrung.

Warum nicht einmal als besonderes Event eine Pfingstnacht mit viel Musik und Licht anbieten? Oder eine Reformationsnacht, in der die Kirche zeigt, dass sie auf der Höhe der Zeit ist?

5) Nachhaltigkeit anstreben

Nachhaltigkeit ist zu Recht ein häufig gebrauchtes Wort. Nachhaltigkeit wird in Kirchenkreisen gerne in der Weise praktiziert, dass jede halbwegs gelungene Veranstaltung automatisch ihre Fortsetzung findet. Aber das muss nicht sein. Auch »Eintagsfliegen« wie die eben geschilderte Gemeindewanderung haben durchaus ihre Berechtigung. Natürlich können gelungene Veranstaltungen in den jährlichen Veranstaltungsplan aufgenommen werden, aber es darf keinen Wiederholungszwang geben. Für Menschen, die an der Veranstaltung teilgenommen haben, sollte es jedoch immer Anschlussmöglichkeiten geben, damit die Erfahrung mit kirchlicher Gemeinschaft keine Eintagsfliege bleiben muss.

Mangelnde Nachhaltigkeit zeigt sich in Kirchengemeinden besonders, wenn Gemeindeveranstaltungen und -kreise an einer einzigen Person hängen und eingehen, wenn die Person nicht mehr tätig ist. Christian Schwarz empfiehlt in diesem Zusammenhang das Co-Leiter-Prinzip: Jeder und jede Verantwortliche in der Gemeinde hat immer eine Stellvertretung.[33] Das Co-Leiter-Prinzip sollte meines Erachtens eine selbstverständliche Einrichtung in einer Kirchengemeinde werden.

Zwei konkrete Ideen für den Gemeindeaufbau

Die beiden Ideen für den Gemeindeaufbau, die ich im Folgenden – am Ende des Kapitels – aufführe, sind ganz praktisch orientiert:

Sich atmosphärisch modernisieren

Wenn ich mit meinen Konfirmandinnen und Konfirmanden über die Kirche der Zukunft spreche, dann fallen ihnen häufig atmosphärische Elemente ein, an denen sie in der derzeitigen Kirche Anstoß nehmen: altmodische Räumlichkeiten, unbequeme Sitzgelegenheiten, zu kalte Kirchen, veraltete Technik, verblichene Bilder usw. Sie bemängeln häufig ganz allgemein fehlende Buntheit und Frische, was dazu führt, dass sie sich in vielen Gemeindehäusern und Kirchen erst einmal unwohl fühlen. Vermutlich ist der Eindruck bei vielen Erwachsenen nicht viel anders.

Eine einladende Kirchengemeinde: Das muss sich auch in einer entsprechenden Atmosphäre widerspiegeln. Im Zusammenhang mit dem Gottesdienst habe ich darauf schon hingewiesen. Eine einladende Atmosphäre ist aber auch für das Gemeindehaus und die dazugehörenden Außenanlagen wichtig. Warum nicht mit den Konfirmandinnen und Konfirmanden ein Projekt starten, wie die Kirchengemeinde atmosphärisch attraktiver und gewinnender gestaltet werden kann, nicht nur, aber auch für Jugendliche?

Regionale Zusammenarbeit

Die Zusammenarbeit von Kirchengemeinden in der Region bzw. im Bezirk wird in meiner badischen Landeskirche intensiv gefördert. Nicht immer ist sie von Erfolg gekrönt. Das hat mehrere Gründe. Nach meiner Wahrnehmung passen Kirchengemeinden von der theologischen Ausrichtung, von den Persönlichkeiten, die in ihr tätig sind, und vom Lokalkolorit her nicht immer zusammen. Aber wenn es keine größeren atmosphärischen Spannungen gibt, kann eine Zusammenarbeit außerordentlich fruchtbar sein, sowohl in der Stadt als auch auf dem Land.

Kirchengemeinden können unter anderem:
- gemeinsame Gottesdienste anbieten
- unterschiedliche Schwerpunkte setzen und gezielt aufeinander verweisen
- das Gottesdienstprogramm zeitlich so organisieren, dass Pfarrpersonen ab und zu freie Wochenenden haben
- unterschiedliche Gottesdienstliturgien installieren und aufeinander verweisen
- Arbeitsbereiche miteinander vernetzen
- administrativ enger zusammenarbeiten und auf Synergieeffekte setzen (z.B. in der gemeinsamen Nutzung von Ressourcen).

Ich bin sicher: Wenn die Zusammenarbeit fruchtbar ist, trägt dies nicht nur zur Arbeitsentlastung bei. Die Gemeindemitglieder werden die Kooperation auch als Bereicherung für sich erleben. Es ist nämlich ein schönes Gefühl, Teil einer größeren Gemeinschaft zu sein.[34]

Abschluss

Ich habe eine Fülle von Ideen und Strategien für einen gelingenden Gemeindeaufbau präsentiert. Weil jeder Gemeindeaufbau, der systematisch angegangen wird, seine eigene Dynamik entwickelt, wäre es jedoch ein großes Missverständnis zu meinen, dass diese allesamt in einem Gemeindeaufbaukonzept Aufnahme finden müssten. Mir geht es mehr darum, Anregungen zu bieten, die Lust machen, einen planmäßigen Gemeindeaufbau anzugehen.

Resümee

Will die protestantische Kirche zukunftsfähig sein, brauchen die einzelnen Kirchengemeinden einen planmäßigen Gemeindeaufbau. Die Schritte, die die Initiative »Spirituelles Gemeindemanagement« dafür entwickelt hat, erscheinen mir hilfreich und wegweisend. Zu Beginn steht die Ausgestaltung einer Gemeindevision. Daran schließt sich eine detaillierte Analyse des Ist-Standes an. Daraus ergibt sich die Bestimmung von Zielen, Strategien und konkreten Handlungsschritten.

Wichtige Aspekte, die es im Prozess des Gemeindeaufbaus zu berücksichtigen gilt, sind eine effiziente Gemeindeleitung, der strukturierte Aufbau einer authentischen und partizipativen Gemeinschaft sowie die Ausrichtung des Gemeindelebens am Kirchenjahr. Als wichtige Prinzipien und Strategien des Gemeindeaufbaus erscheinen mir: die Ausrichtung auf das Wesentliche, eine wirkungsvolle Vernetzung, die Anknüpfung an schon Bestehendes, das Ausprobieren von Neuem und das Anstreben von Nachhaltigkeit. Regionale Zusammenarbeit hat eine entlastende und bereichernde Funktion.

12. KAPITEL:
ÖFFENTLICHE KIRCHE

Die Kirche bezieht sich auf Jesus von Nazareth. Insofern versteht sie sich beauftragt, seine Reich-Gottes-Utopie wachzuhalten und darauf hinzuarbeiten, dass sie immer mehr Gestalt gewinnt. Soll diese Utopie über den binnenkirchlichen Tellerrand hinaus wirksam werden, ist es notwendig, im Sinne einer »die Gesellschaft kritisch interpretierenden und mitgestaltenden Kirche«[1] in die Öffentlichkeit hineinzuwirken. Welche Schwierigkeiten sich dabei ergeben und wie die Kirche trotz allem ihren gesellschaftlichen Auftrag erfüllen kann: Darum soll es in diesem letzten Kapitel des II. Teils gehen.

DIE NOTWENDIGKEIT EINER ÖFFENTLICHEN KIRCHE

»Jesus kündigte das Reich Gottes an und gekommen ist die Kirche.« Dieser häufig zitierte Satz des französischen Kirchenhistorikers Alfred Loisy (1857–1940) weist auf die Gefahr einer selbstbezogenen Kirche hin, der es nicht mehr primär um ihren Auftrag geht, Jesu Utopie einer heilen Welt Gestalt werden zu lassen. Ich bin der Meinung, dass Kirche heute genau in dieser Gefahr steht.

Das 7. und 8. Kapitel behandelten die Frage, wie die Reich-Gottes-Utopie in den christlichen Gemeinschaften vor Ort umgesetzt werden kann. Geht es darum, die Welt im Sinne Jesu zu verändern, genügt es jedoch nicht, seine Utopie im binnenkirchlichen Raum umzusetzen. Kirche muss darüber hinaus auch in der gesellschaftlichen Öffentlichkeit für die von ihr vertretene Sache eintreten. Öffentlichkeit bezeichnet dabei »nicht primär den Aspekt medialer Erregung von Aufmerksamkeit oder einfach den Marktplatz unterschiedlicher politischer Interessen. Vielmehr ist damit im Habermas'schen Sinne die gesellschaftliche Gestaltungssphäre bezeichnet, in der sich unterschiedliche Akteure und Institutionen mit ihren je eigenen Profilen und Handlungsabsichten mit der Zielsetzung engagieren, diese Sphäre durch die je eigene Wirklichkeitsdeutung diskursiv entscheidend mitzuprägen.«[2] In diesem Sinne heißt öffentlich werden für die Kirche, zu politischen Fragen und gesellschaftlichen Herausforderungen Stellung zu beziehen und entsprechend tätig zu werden.

Diese gesellschaftsbezogene Dimension wird der Schweizer Studie »Religion und Spiritualität in der Ich-Gesellschaft« zufolge der Kirche auch durchaus zugestanden. Die Befragten bewerteten ganz allgemein eine Religion dann als »gut«, »sofern sie positive gesellschaftliche Konsequenzen zeitigt: wenn sie soziale Probleme lindert, indem sie Bedürftigen und Randständigen hilft, wenn sie sich für Frieden und Völkerverständigung einsetzt und als moralisches Gewissen der Gesellschaft wirkt.«[3] Kirche tut gut daran, diesem Auftrag, der ihr von der überwiegenden Mehrheit der Befragten zugemessen wird, gerecht zu werden.

HERAUSFORDERUNGEN UND PERSPEKTIVEN EINER ÖFFENTLICHEN KIRCHE

Einer öffentlichen Kirche hat verschiedene Fragen in den Blick zu nehmen: Wer soll für die Kirche gesellschaftlich Stellung beziehen? Was will die Kirche gesellschaftlich einbringen? Und in welcher Weise sollte Kirche Stellung beziehen?

Wer soll in der protestantischen Kirche Stellung beziehen?

Für protestantische Kirchen ist der Grundsatz des »Priestertums aller Gläubigen« leitend. In diesem Sinne ist jeder Christ und jede Christin befähigt und aufgefordert, sich am gesellschaftlichen Diskurs zu beteiligen. Als solcher kann er bzw. sie allerdings nur für sich selbst sprechen.

Kirche hat darüber hinaus jedoch auch institutionellen Charakter. Im Unterschied zur katholischen Kirche ist die protestantische Kirche nicht hierarchisch verfasst, allerdings gibt es auch in ihr leitende Gremien und Personen, die repräsentative Funktion haben. Ihnen kommt aus gesellschaftlicher Sicht in besonderer Weise die Aufgabe zu, sich öffentlich zu artikulieren.[4] Sie können jedoch nur dann stellvertretend für ihre Kirche Positionen artikulieren, wenn diese innerhalb der verschiedenen Gremien der Kirche miteinander abgestimmt sind. Aufgrund der basisdemokratischen Verfasstheit der protestantischen Kirche sind dabei alle kirchlichen Ebenen in den Diskussionsprozess einzubeziehen. Das ist ein anstrengender und zeitaufwändiger Prozess. Oft werden inhaltliche Diskussionen gar nicht mehr geführt, weil es unterschiedliche theologische Richtungen gibt, die gemeinsame Positionen schwierig machen. Was an die Öffentlichkeit getragen wird, sind in der Regel wachsweiche Kompromissformeln, die niemanden kirchenintern wirklich befriedigen und außerhalb der Kirche immer weniger beachtet werden.

Ich bin der Meinung, dass wir dennoch oder gerade deshalb mehr denn je inhaltlich miteinander streiten und dabei auch ganz grundsätzlich werden müssen, um als protestantische Kirche Profil zu gewinnen – nach innen und außen. Es ist wichtig, dass es zumindest zu einigen markanten, synodal legitimierten Positionierungen kommt. Ich halte es für falsch, um des lieben Friedens willen inhaltlich immer unerkennbarer zu werden. Wir brauchen in der Kirche profilierte Positionen mehr denn je.

Was will die Kirche gesellschaftlich einbringen?

Die zentrale Kategorie einer Kirche, die sich gesellschaftlich einbringen will, ist meiner Meinung nach die Reich-Gottes-Botschaft Jesu. Mit ihr wollte Jesus den Weg weisen zu einer heilen Welt, in der die Menschen im Einklang leben mit sich, mit ihrer Umwelt und mit dem großen, göttlichen Ganzen. Von dieser Utopie[5] ausgehend, sind die derzeitigen gesellschaftlichen Probleme anzugehen.

Der für meine theologische Anschauung zentrale Begriff »Einklang« enthält grundlegende Dimensionen, in deren Licht die derzeitigen gesellschaftlichen Entwicklungen in den Blick zu nehmen sind.[6] Im Folgenden benenne ich einige, die mir persönlich wichtig erscheinen:

Im Einklang sein: Da geht es zum einen um den Einklang mit mir selbst und um die Frage, was mich daran hindert, im Einklang mit mir zu sein, und was mich von mir selbst entfremdet. Von dieser Perspektive her sollte die Kirche, um ein Beispiel zu nennen, kritische Worte finden zur allgemeinen Digitalisierungseuphorie. Sie sollte den Standpunkt vertreten, dass analoge Kommunikation durch virtuelle und digitale Kommunikation nicht ersetzt werden kann, ohne dass etwas Wesentliches verloren geht. Auch die Rastlosigkeit und permanente Unruhe vieler Menschen sollte sie zur Sprache bringen, die mit dem inneren Zwang zusammenhängt, ständig auf das Smartphone zu schauen. Die Digitalisierung eröffnet sicher viele Möglichkeiten, aber sie hat eben auch ihre großen Schattenseiten, die zu Süchten und Abhängigkeiten führen.

Im Einklang sein: Das meint darüber hinaus auch den Einklang mit der mich umgebenden Umwelt. Hier geht es um die Utopie einer Welt, in der die Menschen in Frieden und Gerechtigkeit miteinander leben. Auch in diesem Sinne ist die Digitalisierung, um das eben genannte Beispiel noch einmal aufzugreifen, kritisch in den Blick zu nehmen: Sie enthält das Potenzial zu immer größerer Überwachung und Herrschaftsausübung. In China wird dies entsprechend genutzt, aber Ansätze hierzu sind auch in unseren westlichen Demokratien zu erkennen. Nachdem wir in der Spätmoderne Gott bzw. die Götter entthront haben, wollen wir uns nun selbst auf diesen Thron setzen. »Homo deus« (das heißt übersetzt der göttliche Mensch oder: Mensch als Gott) hat der israelische Historiker Yoval Noah Harari einen seiner Bestseller genannt.

Im Einklang sein mit der uns umgebenden Umwelt: Hier ist von der Kirche auch zur Sprache zu bringen, dass unser westlicher Lebensstil die Welt immer mehr an den Rand des Abgrunds führt. Unsere kapitalistische Wirtschaftsform, die den Ländern des globalen Südens gerechte Löhne vorenthält und sie in strukturellen Abhängigkeiten gefangen hält, sowie unsere Lebensweise, die das ökologische Gleichgewicht zerstört und die Erde ausbeutet, haben dramatische Folgen. Menschen fliehen unter anderem auch deshalb aus ihren angestammten Heimaten. Wir sollten dies zum Anlass nehmen, das neoliberale Prinzip des »Immer mehr« sowie unseren zerstörerischen Lebensstil radikal infrage zu stellen und rasch die entsprechenden Konsequenzen daraus zu ziehen, auch wenn sie unbequem sind.[7] Ein Beispiel ist der exzessive Fleischkonsum in unseren Industrieländern, der katastrophale Folgen hat nicht nur, aber vor allem für die betroffenen Tiere.

In diesem Zusammenhang weist Jan Ross, Redakteur der ZEIT, auf eine gesellschaftliche Inkonsequenz hin: »Das ökologische Bewusstsein hat die Sensibilität für das nichtmenschliche Leben ungeheuer geschärft, mit Argusaugen wird in der Bioethik über das Schicksal von Embryonen und befruchteten Eizellen im Labor gewacht, aber die Elimination sehr viel weiter entwickelten Menschenlebens im Mutterleib ist allgemein akzeptiert – als individuelles moralisches Problem nicht geleugnet, als soziales Phänomen beklagt, aber letztlich hingenommen. Wer dagegen protestiert, vertritt eine unpopuläre, aber starke Sache. Es ist die ureigene Sache des Christentums: einzutreten für das, was keine Lobby hat.«[8]

Weitere Themen, die vom Christentum meiner Meinung nach in den Blick genommen werden sollten, sind der latente Rassismus, die Schere zwischen arm und reich, die immer brutaler auseinandergeht, sowie Waffenexporte, die dazu geführt haben, dass beispielsweise im syrischen Krieg Menschen mit deutschen Waffen gegeneinander kämpfen.

Und schließlich: Im Einklang sein mit dem großen, göttlichen Ganzen. Das ist eine spezifisch religiöse Dimension. Von ihr leitet sich die Sichtweise ab, dass Leben »nicht ausschließlich aktiv aus Machen besteht, sondern in einer Haltung der Empfänglichkeit (Passibilität) geführt wird« (Karl-Heinz Bartel). Diese Haltung – die spirituell eingeübt werden kann – hat gerade in einer immer stärker auf Leistung getrimmten Gesellschaft eine wichtige entlastende Funktion.

Die Beispiele, die ich aufgeführt habe, sind eine persönliche Auswahl von Problemfeldern, die von einer die Gesellschaft kritisch begleitenden Kirche in den Blick genommen werden könnten. Andere Christen werden andere Schwerpunkte setzen. Wichtig ist, dass Kirche sich generell ihrem gesellschaftlichen Auftrag stellt und der Gefahr widersteht, sich »in den vermeintlich sicheren inneren Raum der eigenen Sprach- und Handlungssphäre zurück(zu)ziehen«[9].

Eine Kirche, die am gesellschaftlichen Diskurs teilnimmt, wird immer auch in der Kritik stehen. Sie wird nicht Everybody's Darling sein, sondern auf Widerstand stoßen. Das muss sie aushalten. Es gehört zum Wesen der Reich-Gottes-Botschaft Jesu, eingefahrene Sichtweisen und liebgewonnene Lebensprinzipien und Lebensstile radikal infrage zu stellen.

Gerade weil Kirche kritisch wahrgenommen wird, wenn sie sich zu gesellschaftlichen Themen äußert, kommt es besonders darauf an, in welcher Art und Weise sie Stellung bezieht.

Wie sollte Kirche Stellung beziehen?

Ausführlich darüber nachzudenken, wie Kirche gesellschaftlich Stellung beziehen könnte, würde den Rahmen des Buches sprengen. Ich möchte aber in aller Kürze ein paar Punkte nennen, die mir in diesem Zusammenhang wichtig erscheinen:

- Die Kirche sollte vor allem Fragen stellen und Denkanstöße geben, statt vorschnell Lösungen zu präsentieren.
- Sie sollte weniger das tagespolitische Geschehen kommentieren, sondern mehr die grundsätzlichen gesellschaftlichen Problemfelder in den Blick nehmen.

- Kirche sollte dies aus einer lebens- und modernitäts-bejahenden Haltung heraus tun.
- Sie sollte sich nicht mit einem zu hohen Anspruch äußern, wie sie das in der Vergangenheit allzu oft getan hat. Ihre Äußerungen entspringen menschlicher Denkbemühung und sind deshalb fehlbar. Ganz allgemein steht der Kirche eine selbstkritische Haltung durchaus an. Wahrheit ist kein Besitz, sondern ein Zielhorizont.
- Kirche sollte, wenn sie gesellschaftlich Stellung bezieht, Phrasen und dogmatische Formeln vermeiden. Was sie zu sagen hat, sollte prägnant und auch für nichtkirchliche Menschen verständlich sein.
- Sie sollte sich klug und kenntnisreich zu Wort melden und bei allem Verständnis für komplexe Probleme zu markanten und klaren Positionen kommen. Diese sollten konstruktiv und zukunftsweisend sein.
- Sie sollte um diese Positionierungen aktiv werben und dabei einen freundlichen, nicht-besserwisserischen Ton anschlagen.
- Und schließlich: Kirche sollte sich davor hüten, zu allem und jedem etwas sagen zu wollen.

Zur richtigen Zeit das Richtige zu sagen ist eine hohe Kunst. Die Kirche wird in der Öffentlichkeit daran gemessen werden, ob und wie sie diese Kunst beherrscht. Ich bin sicher: Sie wird umso mehr gehört werden, je überzeugender sie im binnenkirchlichen Bereich agiert.

Stellung beziehen ist das eine – gesellschaftlich handeln das andere. Ich bin der Meinung, dass die Kirche sich überfordert, wenn sie versucht, eigene gesellschaftliche Strukturen aufzubauen. Ihre Aufgabe liegt vielmehr darin, im gesellschaftlichen Bereich inspirierende Pilotprojekte durchzuführen. Das können zum Beispiel innovative Wohnmodelle sein oder Modellschulen. Ich verstehe die

Aktion der protestantischen Kirche, ein Schiff zu chartern, um im Mittelmeer Menschen in Seenot zu retten, als ein solches Pilotprojekt. Die Aktion löst nicht das komplexe Flüchtlingsproblem, aber weist auf eine akute Notlage hin, die uns nicht kalt lassen darf.

Kirchliche Pilotprojekte sollen der Gesellschaft Anstöße geben und dazu beitragen, dass sie einen Handlungsbedarf erkennt und tätig wird. Dann kann Kirche sich auch wieder zurückziehen und an einer anderen Stelle ein Pilotprojekt durchführen.

In Zeiten geringer werdender Finanzen stellt sich in diesem Zusammenhang die grundsätzliche Frage, ob wir als Kirche die großen Werke und Einrichtungen, die wir aufgebaut haben, weiterhin in kirchlicher Trägerschaft belassen wollen. Wenn wir das wollen, dann muss ein spezifisch evangelisches Profil deutlich erkennbar sein, ansonsten sehe ich den Sinn kirchlicher Trägerschaft immer weniger ein.

Resümee

Die Kirche ist eingebunden in die spätmoderne Gesellschaft. So wie diese Tatsache auf die Kirche zurückwirkt, soll auch Kirche ihrerseits Einfluss nehmen, indem sie sich am gesellschaftlichen Dialog beteiligt.

Hierbei gilt es, klug und kenntnisreich abwägend zum richtigen Zeitpunkt hilfreiche Perspektiven für politisch-gesellschaftliche Veränderungen ins Spiel zu bringen. Diese orientieren sich an der Reich-Gottes-Utopie Jesu. Zugleich sollte die Kirche immer wieder Pilotprojekte durchführen, um auf Defizite hinzuweisen und Denkanstöße zu vermitteln zugunsten einer lebenswerten Welt für alle.

III.

UNTERGANG ODER AUFERSTEHUNG DES PROTESTANTISMUS

Wie geht es weiter mit dem Protestantismus? Die Verfasser der Studie »Religion und Spiritualität in der Ich-Gesellschaft« wagen einen Blick in die nähere Zukunft der Schweizer Gesellschaft. Für das Jahr 2030 prognostizieren sie folgende Situation:

Grafik 9.11: Fortsetzung

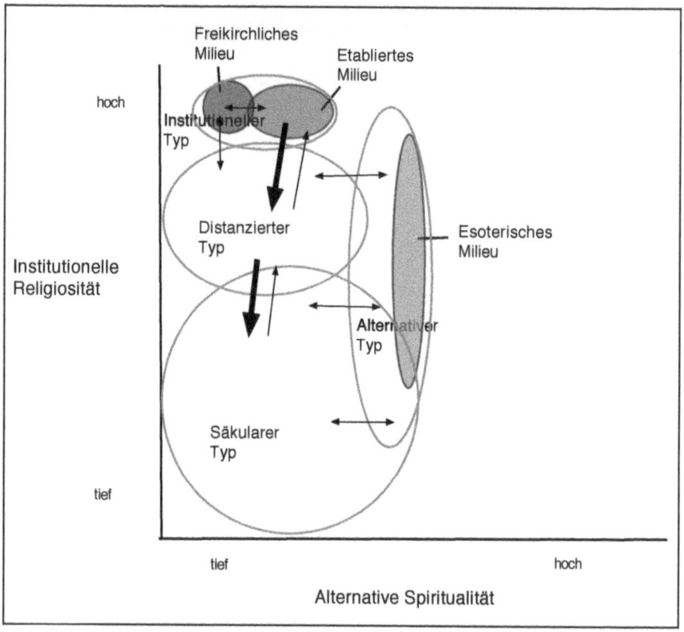

Aus: Jörg Stolz u.a.: Religion und Spiritualität in der Ich-Gesellschaft. Vier Gestalten des (Un-)glaubens, Edition NZN, © Theologischer Verlag Zürich TVZ AG, Zürich 2014.

Die Größe der Kreise repräsentiert die ungefähre Größe des Milieus (Prozentanteil), nicht deren Ausdehung im Koordinatensystem. Eine genaue Darstellung müsste drei Dimensionen verwenden, um sowohl die Häufigkeiten als auch die Ausdehnung im Koordinatensystem abzubilden.

»Wenn sich die Modernisierungsprozesse in gleicher
Weise fortsetzen, ist für die Zukunft zu erwarten, dass die

Etablierten [die Mitglieder der landeskirchlich verfassten Kirchen; M.B.] weiter schrumpfen, da die sie tragenden Generationen wegsterben. Die Alternativen sollten sich in etwa halten können, obwohl ihre Kerngruppe ständig älter wird. Die Distanzierten werden tendenziell wieder schrumpfen, und stattdessen werden die Säkularen zur größten Gruppe werden. Dies lässt eine gewisse Polarisierung zwischen sehr religiösen Freikirchlichen und Esoterischen und einer sehr großen Gruppe von völlig indifferenten oder religionskritischen Personen erwarten.«[1]

Was bedeutet die spätmoderne Ich-Gesellschaft, in der die Menschen selbst entscheiden können und müssen, was sie glauben und praktizieren, für die religiös-spirituellen Anbieter? »Sie werden sich immer mehr als in einer Konkurrenz stehend erfahren, in der sie für ihre Mitglieder, Teilnehmer und Förderer attraktiv zu sein haben. Für Kirchen bedeutet es, dass der Typus der Volkskirche immer mehr demjenigen der Mitgliederkirche Platz macht.«[2]

UNTERGANG DES PROTESTANTISMUS ...

Derzeit sieht es nicht danach aus, als ob der Protestantismus die Zeichen der Zeit erkannt hätte und sich grundlegend erneuert. Wenn er so bleibt, wie er sich derzeit darstellt, wird er in der weiteren Zukunft immer weiter an Boden verlieren. Ausgehend von der gegenwärtigen Nicht-Entwicklung könnte das Szenario des Protestantismus in Deutschland und der Schweiz folgendermaßen aussehen:

- Die Anzahl der Mitglieder wird weiter ungebremst sinken, die Teilnahme an den Gottesdiensten und am Gemeindeleben ebenfalls bzw. sie wird auf niedrigem Niveau stagnieren.

- Die privilegierte Rolle der Großkirchen – die immer weniger groß sind – bei der Erteilung des Religionsunterrichts in staatlichen Schulen ist in Deutschland derzeit noch grundgesetzlich garantiert. Wenn allerdings irgendwann weniger als 50 Prozent der Bundesbürger Mitglieder in einer Großkirche sind, ist es sehr wahrscheinlich, dass es irgendwann zu einer entsprechenden Grundgesetzänderung kommen wird. In der Schweiz steht die Kirche steuerlich gut da, da Firmen Kirchensteuern zahlen müssen. Das wird auf Dauer sicherlich nicht so bleiben.
- Weitere Privilegien der Kirchen werden fallen: der staatliche Einzug der Kirchensteuer, finanzielle Unterstützungen, das Recht, die Militärseelsorge durchzuführen: All diese Privilegien, die die Kirchen in Deutschland haben, werden sukzessiv zurückgenommen werden.
- Was die seelsorgliche und rituelle Begleitung von Menschen an Wendepunkten ihres Lebens betrifft, werden die Kirchen in Zukunft einem immer höheren Konkurrenzdruck ausgesetzt sein. Da es in diesem Bereich Geld zu verdienen gibt, werden immer mehr Anbieter auf den Markt drängen. Wenn die Kirchen weiter wegbrechen, wird der Markt dies schnell auffangen.
- So wie die christlichen Feste werden auch elementare christliche Symbole immer mehr ihres christlichen Inhalts entleert. Schon heute tragen viele Leute Kettchen mit einem Kreuz, machen sich aber nicht mehr bewusst, was dies eigentlich bedeutet.
- Kirchengebäude werden musealen Charakter annehmen oder andere Nutzung finden.
- Christliche Werte und manche biblischen Erzählungen werden sicher noch lange Zeit im kulturellen Gedächtnis verankert bleiben und Einfluss haben, aber nicht

mehr im Zusammenhang einer die Gesellschaft prägenden Religion.

- Insgesamt wird das Christentum in weiterer Zukunft immer mehr ein Nischendasein führen, bei dem sich manche, wenn sie einmal mit ihm in Berührung kommen, wundern, dass es überhaupt noch existiert.

... ODER AUFERSTEHUNG?

Vielleicht kommt es aber doch anders! Vielleicht erneuert sich der Protestantismus doch grundlegend und kann spätmoderne Menschen neu für sich gewinnen. Dazu müsste aber vieles anders werden, inhaltlich und formal.

Damit Sie sich ein lebendiges Bild machen können, wie eine grundlegend erneuerte Kirche im Alltag der Spätmoderne aussehen könnte, lade ich Sie zu einer kleinen Gedankenreise ein. Es soll darin etwas von dem aufscheinen und konkret werden, worum es mir in diesem Buch gegangen ist:

Christine ist an diesem Wochenende unterwegs. Vor zwei Monaten hat sie ihre erste Stelle als Projektmanagerin angetreten, jetzt will sie sich die große Metropole in der Nähe ihres neuen Wohnortes näher anschauen. Dazu ist sie am Freitag und Samstag schon viel in der Stadt unterwegs gewesen. Heute, am Sonntag, will sie sich das alte Münster anschauen. Erwartungsvoll steigt Christine die breiten Stufen zur Kirche hinauf. Von drinnen hört sie interessante Musik. Ob da gerade ein Konzert stattfindet? Vorsichtig öffnet sie das große Portal und blickt in den Kirchenraum. Die Kirche ist gut gefüllt, viele jüngere Leute sitzen in den Stuhlreihen. Staunend schaut sie sich um: Das ganze Münster ist in buntes Licht getaucht. Vorne an der Seite spielt die Band, die sie schon von draußen gehört hat. Die Musik gefällt ihr, es ist eine interessante Mischung verschiedener Stile. ›Ein schönes Konzert!‹, denkt sich Christine und steckt ihren Reiseführer ein. Der nette ältere Herr neben dem Portal lädt sie mit einer freundlichen Handbewegung ein, doch Platz zu nehmen. Sie setzt sich neben eine Frau gleichen Alters, die ihr fröhlich zulächelt.

Aber es scheint doch kein Konzert zu sein. Jetzt erhebt sich nämlich eine Person und fängt am Pult an zu sprechen. Es geht um Verlusterfahrungen. Wie sehr ein Verlust schmerzt. Und was einem hilft, daran nicht kaputtzugehen. Der Redner nimmt Bezug auf einen alten Bibeltext. Oh je, denkt Christine, da bin ich wohl in einem Gottesdienst gelandet! Mit Religion hat Christine in ihrem Leben bisher wenig zu tun gehabt. Nur an Weihnachten war sie in ihrer Kindheit regelmäßig im Heiligabendgottesdienst.

Ob sie wieder gehen soll? Andererseits: Was die Person über den Umgang mit Verlusten sagt, klingt gar nicht so dumm! Und so hört Christine erst einmal weiter zu.

Als die Person geendet hat, spielt wieder die Band. Aber diesmal singen die Leute alle mit. Der Text des Liedes wird über die Leinwand hinter dem Altar eingeblendet. Christine kennt das Lied nicht. Aber es gefällt ihr!

Dann stehen alle auf, Christine erhebt sich ebenfalls. Es ist still in der Kirche. Eine andere Person steht vorne und spricht. Zwischen den einzelnen Worten macht sie immer wieder eine Pause. Leise Musik untermalt die gesprochenen Worte. Christine blickt verstohlen zu ihrer Nachbarin und sieht, dass sie die Augen geschlossen hat. Ist das ein Gebet? Die Wünsche und Sehnsüchte, die in den Worten zum Ausdruck kommen und das Thema noch einmal aufnehmen, kennt Christine: Das sind auch ihre Wünsche, die da genannt werden.

Noch einmal wird gesungen. Anschließend kündigt eine *Person an, dass im benachbarten Haus Kaffee und Kuchen* schon bereitstehen und es schade wäre, wenn etwas übrig bliebe. Es gebe auch Suppe für die, die wollen.

Dann reichen sich alle in der Kirche die Hände. »Darf ich?«, fragt ihre Nachbarin freundlich und streckt ihre Hand aus. Christine nickt. Die Worte, die gesprochen werden, tun ihr gut. Anschließend erklingt noch einmal Musik. Die Band, die zuvor eher leise gespielt hat, legt nun richtig los. Die Menschen in der Kirche beginnen, sich zu grüßen, und unterhalten sich leise. Manche gehen nach vorne, um der Musik besser lauschen zu können. »Bist du zum ersten Mal hier?«, fragt Christines Sitznachbarin. »Ich bin nur zu Besuch!«, murmelt Christine. »Schön!«, sagt ihre Nachbarin. »Hast du Lust, mit mir und meinem Freund noch einen Kaffee zu trinken?« ›Warum nicht?‹, denkt Christine und nickt lächelnd.

Das Foyer des modernen Gemeindehauses direkt neben dem Münster ist gut gefüllt. Fröhliches Lachen ertönt von allen Seiten. Einige Kleingruppen unterhalten sich angeregt über das Thema, um das es im Gottesdienst gegangen war.

Die Sitznachbarin, ihr Freund und Christine haben sich mit Getränken und Suppe an einen Bistrotisch gestellt. Lustigerweise ist Paul, der Freund der Sitznachbarin, aus der gleichen Stadt, in der Christine ihre Kindheit verbracht hat. Sie waren sogar im gleichen Gymnasium! So entspinnt sich rasch ein Gespräch über Lehrerinnen und Lehrer, die sie beide hatten.

Paul wohnt seit ein paar Jahren mit seiner Freundin Ina hier in L. und ist Professor für Theoretische Physik an der Universität. Ina arbeitet als Softwareentwicklerin in einer ortsansässigen Firma.

»Und, wie schmeckt dir die Suppe?«, fragt sie Christine. »Die habe nämlich ich gekocht.« Und auf Christines überraschten Blick hin erklärt sie: »Jeder bringt am Sonntag mal etwas zu essen mit. Diesmal habe ich mich in die Liste eingetragen.« Mehrere Leute kommen an ihrem Bistrotisch vorbei, werden von Ina und Paul freundlich begrüßt und Christine vorgestellt. »Die Kirchengemeinde ist so ein bisschen unsere Großfamilie«, sagt Paul. »Hier treffen wir immer nette Leute.« »Entschuldigung«, meint Christine, »ich kenne mich mit Kirche nicht gut aus. Seid ihr jeden Sonntag hier?« »Nicht jeden«, sagt Paul. »Manchmal haben wir auch was anderes vor, besuchen unsere Eltern oder unternehmen sonst etwas. Aber wenn wir in der Stadt sind, sind wir in der Regel hier. Nicht nur am Sonntag, sondern immer wieder auch unter der Woche.« »Paul hält in der nächsten Woche zum Beispiel einen kleinen Vortrag über neueste Erkenntnisse in der Physik«, fügt Ina hinzu. Christine ist erstaunt: »Ja, passt das denn zusammen, Physik und Christentum?«, fragt sie. Paul lacht: »Ich finde schon! Ich kann beides gut miteinander vereinbaren: ein Naturwissenschaftler und ein religiöser Mensch zu sein. Allerdings habe ich, ehrlich gesagt, ein bisschen gebraucht, um den Sinn einer religiösen Weltsicht neu zu entdecken.«

»Vorsicht!«, ruft Ina und zieht Christine ein wenig zur Seite. Ein Teddybär fliegt an beiden vorbei auf den Boden. Christine schaut hinauf: Da stehen viele Kinder an einem Geländer und winken. Ina lacht: »Der Kindergottesdienst ist wohl gerade zu Ende gegangen!« Christine wundert sich: »Kindergottesdienst gibt es auch?«, fragt sie. Ina nickt: »Jede Woche«, meint sie. »Wir haben mehrere Gruppen, die nach Alter aufgeteilt sind. Pass auf: Jetzt werden sie gleich alle über das Essen herfallen.« Und so ist es: Die Kinder kommen die Treppe hinuntergerannt, laufen zu ihren Eltern und stürzen dann an die Kuchentheke.

Christine schaut noch einmal zum Geländer hinauf: »Gibt es da oben noch mehr Räume?«, fragt sie. »Einige!«, meint Paul. »Wir haben oben noch einen Meditationsraum.« »Meditieren tut ihr auch?«, Christine staunt. Sie hat vor einigen Monaten selbst einen Meditationskurs besucht. »Außerdem eine kleine Bücherei, wo man sich alle möglichen Bücher aus-

leihen kann«, ergänzt Ina. »Ja, es ist einiges bei uns los«,
sagt Paul stolz. »Es gibt regelmäßige Einführungen in den
christlichen Glauben. Auch Begegnungen mit anderen Reli-
gionen finden statt. Und zudem haben wir ein paar soziale
und ökologische Projekte.« »Unter der Woche«, ergänzt Ina,
»treffen sich Gemeindemitglieder zu allem Möglichen, es gibt
Eltern-Kind-Gruppen, Gespräche über den christlichen Glau-
ben, wir haben zwei Chöre und zwei Bands. Die eine hast du
ja heute gehört!«

Christine nickt. »Ich bin wirklich beeindruckt!«, sagt sie.
»Um ehrlich zu sein: Ich bin heute eher zufällig hineingeschneit
in die Kirche. Ich wollte sie mir einfach nur ansehen. Und jetzt
stehe ich hier und plaudere mit euch. Eigentlich hatte ich in
meinem Leben kaum Berührung mit dem Christentum. Es
kam mir immer furchtbar altmodisch vor. Und ich konnte es
auch nicht zusammenbringen mit einem aufgeklärten, mo-
dernen Denken!« »So ging es uns auch!«, meint Ina. »Aber
hier in der Gemeinde haben wir eine <u>Form von Christentum</u>
<u>kennengelernt, die uns sehr gefällt. Es ist eine fröhliche und</u>
<u>herzliche Gemeinschaft von jüngeren und älteren Menschen,</u>
<u>Erwachsenen und Kindern, in der wir uns sehr wohlfühlen.«</u>
<u>»Und man muss hier auch nicht sein kritisches Denken aus-</u>
<u>schalten«, fügt Paul hinzu. »Das ist uns allen hier wichtig. Wir</u>
<u>philosophieren und denken über viele Fragen des Lebens nach.</u>
<u>Und lassen uns zugleich inspirieren von dem großen Schatz</u>
<u>des christlichen Glaubens.«</u>

Aus der Küche hört man geschäftiges Geklapper. Das
Geschirr wird abgeräumt. »Zeit zum Aufbruch«, meint Ina.
Christine folgt den beiden. Auf dem Weg, der vom Gemein-
dehaus auf die Straße führt, hört sie lautes Rufen: Ältere und
Jüngere spielen auf einem Sportfeld miteinander Basketball.
»Das ist unser Jugendprojekt«, erklärt Paul. »Einige Jugend-
liche halten sich sonntags in der Stadt auf und wissen nicht
recht, was sie tun sollen. Wir haben sie eingeladen, hier mit

einigen von unserer Gemeinde Basketball zu spielen. Das tun sie. Und nachher gibt es für alle Kuchen und Muffins, die vom Brunch übriggeblieben sind.«

Als sie draußen auf der Straße stehen, verabschieden sich Ina und Paul herzlich von Christine. »Wenn du mal wieder hier in der Stadt bist«, sagen sie, »dann komm doch vorbei. Wir freuen uns!«

Mit dem Zug fährt Christine am späten Nachmittag in ihren Wohnort zurück. Ich stelle mir vor, dass unterwegs ein Mann einsteigt und sich ihr gegenübersetzt. Zwanglos kommen sie miteinander ins Gespräch, beginnen mit freundlichen Eingangsfloskeln, halten sich dann eine Weile bei politischen Themen auf und landen schließlich bei grundsätzlichen Lebensfragen. Irgendwann fragt sie ihn, was er denn beruflich mache. Auf seine Antwort, dass er Pfarrer sei, reagiert sie nicht mit Abwehr, sondern erzählt, was sie am Morgen in der Stadt erlebt hatte. »Wissen Sie«, sagt sie, »ich habe eigentlich mit Religion nichts am Hut. Aber das, was ich heute erlebt habe, hat mich doch ein wenig durcheinandergebracht. Vielleicht wäre das doch etwas für mich?«

DANKSAGUNG

Ich möchte mich ganz herzlich bei all denen bedanken, die mein Manuskript kritisch gegengelesen haben.
Namentlich erwähnen möchte ich:

- Meine Tochter Franziska, die, von einem ganz anderen beruflichen Kontext herkommend, meine Überlegungen auf inhaltliche Stringenz hin gelesen hat
- Dekan i.R. Klaus Homann von unserem theologischen Arbeitskreis, dem ich viele kluge Hinweise verdanke
- meinen alten Schulkameraden, Freund und Kollegen Matthias Hasenbrink, der – bei ähnlicher theologischer Überzeugung – wichtige und hilfreiche Korrekturen angeregt hat
- meinen liberaltheologischen Gesinnungsgenossen Joachim Kunstmann, dessen Ansicht – bei gleicher Grundüberzeugung – in manchen Punkten sich von meiner unterscheidet und mit dem ich gerade deswegen besonders intensiv diskutiert habe.
- die Lektorin Andrea Langenbacher, die den Text in eine lesbarere Form gebracht hat, ohne ihm inhaltlich Gewalt anzutun, was durchaus eine beachtliche Leistung ist
- Herrn Diedrich Steen vom Gütersloher Verlagshaus, der das Buchprojekt wie immer kompetent und einfühlsam begleitet hat.

ANMERKUNGEN

VORWORT

1   Die theologische Richtung, der ich mich zuordne, nennt man »Liberale Theologie«.

2   Ludwig Wittgenstein, Tractatus logico-philosophicus. Werkausgabe Band 1, Frankfurt/M. 1984, S. 231.

GESELLSCHAFTLICHE VERÄNDERUNGEN

1   Ich verwende den Begriff »Weltsicht« als Konstruktion einer Perspektive, die eine Gruppe von Menschen miteinander verbindet. Ihm gegenüber steht die persönliche »Weltanschauung«, die jeder für sich selbst entwickelt.

2   So behauptet es Yuval Noah Harari in seinem Buch »Homo deus – Eine Geschichte von Morgen« (München [16]2020). Vgl. darin Kapitel 11: Die Datenreligion.

DAS CHRISTENTUM IN DER HEUTIGEN GESELLSCHAFT

1   https://www.ekd.de/vortraege/040222_huber_gott_und_weltlichkeit.html (gesehen: 28.11.2020).

DER BEDEUTUNGSVERLUST DES CHRISTENTUMS IM LAUFE DER LETZTEN JAHRZEHNTE

1   Jörg Stolz/Judith Könemann/Mallory Schneuwly Purdie/ Thomas Engelberger/Michael Krüggeler, Religion und Spiritualität in der Ich-Gesellschaft. Vier Gestalten des (Un-) Glaubens, Zürich 2014.

2   Ebd., S. 215.

3   Ich gebe im Folgenden die Seiten 212–215 des Buches zum Teil wörtlich wieder.

4   Näheres siehe ebd., S. 47–50.

5   Zu erwähnen ist in diesem Zusammenhang das zwischen-
     zeitliche Hoch der Kirchen nach dem Zweiten Weltkrieg,
     für das unterschiedliche Gründe angeführt werden können
     (Bewältigung des Kriegstraumas, Sehnsucht nach innerer
     Stabilität, Versagen der Politik).

DAS CHRISTENTUM IN DER SPÄTMODERNEN GESELLSCHAFT: VIER GLAUBENSTYPEN

1   Gläubige anderer Weltreligionen wie z.B. des Islam blieben
     in der Umfrage unberücksichtigt.

2   Stolz u.a., Religion und Spiritualität in der Ich-Gesell-
     schaft, S. 67.

3   Ebd., S. 68.

4   Der Begriff »Sheilaisten« in der nachfolgenden Grafik be-
     zeichnet Menschen, die sich aus dem Angebot der alterna-
     tiven Spiritualität ein eigenes Glaubensgebäude zimmern.

5   Stolz u.a., a.a.O., S. 69.

6   »Holismus« (von griech. ὅλος, hólos: »ganz«), auch Ganz-
     heitslehre, ist die Vorstellung, dass natürliche (gesell-
     schaftliche, wirtschaftliche, physikalische, chemische,
     biologische, geistige, linguistische usw.) Systeme und ihre
     Eigenschaften als Ganzes und nicht nur als Zusammenset-
     zung ihrer Teile zu betrachten sind. Der Holismus vertritt
     die Auffassung, dass ein System nicht vollständig aus dem
     Zusammenwirken aller seiner Einzelteile verstanden wer-
     den kann.« (Wikipedia, Art. Holismus)

7   Stolz u.a., Religion und Spiritualität in der Ich-Gesell-
     schaft, S.71f.

8   Ebd., S. 72.

9   Ebd., S. 75.

10   Ebd., S. 77.

REAKTIONEN DER PROTESTANTISCHEN KIRCHE AUF IHREN BEDEUTUNGSVERLUST

1   Stolz, a.a.O., S. 197.
2   Siehe zum Bereich der Konfirmation: Friedrich Schweizer/Wolfgang Ilg/Henrik Simojoki (Hg.), Confirmation Work in Europe. Empirical Results, Experiences and Challenges. A Comparative Study in Seven Countries, Gütersloh 2010.
3   Stolz u.a., Religion und Spiritualität in der Ich-Gesellschaft, S. 100.
4   Ebd., S. 98.
5   Ebd., S. 99.
6   Ebd., S. 100.
7   Ebd., S. 99.
8   Manfred Spitzer, Digitale Demenz. Wie wir uns und unsere Kinder um den Verstand bringen, München [3]2012, S. 13.

AUF DER SUCHE NACH LÖSUNGEN

1   Stolz u.a., Religion und Spiritualität in der Ich-Gesellschaft, S. 119.
2   Ebd., S. 115.
3   Ebd.
4   Ebd., S. 159.
5   Ebd., S. 160.
6   Ulrich Luz, Theologische Hermeneutik des Neuen Testaments, Göttingen 2014, S. 10.
7   Stolz u.a., Religion und Spiritualität in der Ich-Gesellschaft, S. 155.
8   Ebd., S. 154.
9   Ebd., S. 155.
10   Ebd., S. 154.
11   Joachim Kunstmann, Subjektorientierte Religionspädagogik. Plädoyer für eine zeitgemäße religiöse Bildung, Stuttgart 2018, S. 25.

12 Ebd.

13 Stolz u.a., Religion und Spiritualität in der Ich-Gesell-
    schaft, S. 153.

14 Eberhard Hauschildt/Uta Pohl-Patalong, Kirche. Lehrbuch
    Praktische Theologie, hg. v. A. Grözinger, C. Morgenthaler,
    F. Schweitzer, Bd. 4: Kirche, Gütersloh 2013, S. 81. Vgl.
    Gotthold Hasenhüttl, Glaube ohne Denkverbote. Für eine
    humane Religion, Darmstadt 2012, S. 7: »In der Hinwen-
    dung zur Religion und in der Ausübung der religiösen Pra-
    xis versprechen sich viele Menschen, ein Lebenskonzept zu
    finden, das ihnen Halt, Trost, Zuversicht und Sinn gibt.«

15 Stolz u.a., Religion und Spiritualität in der Ich-Gesell-
    schaft, S. 185.

16 Ebd.

17 Ebd., S. 95.

18 Ebd., S. 96.

19 Ebd.

20 Ebd., S. 181.

21 Hauschildt/Pohl-Patalong, Kirche, S. 93.

22 Stolz u.a., Religion und Spiritualität in der Ich-Gesell-
    schaft, S. 160.

ANSATZ UND GRUNDLEGENDE THESE

1   Der religionskritische Historiker Yuval Noah Harari
    schreibt über den Menschen in der Spätmoderne: »Sein
    Geist kann sich ehrfürchtig weiten, wenn er zu den Ster-
    nen aufblickt und über die Geheimnisse des Universums
    nachdenkt« (in: Harari, Homo deus. Eine Geschichte von
    Morgen, München 2017, S. 478).

2   Wilhelm Gräb, der vehement von der protestantischen
    Kirche Religionsfähigkeit einfordert, setzt an bei den fun-
    damentalen Existenz- und Sinnfragen, die die Menschen
    umtreiben. Kirche hat seiner Meinung nach die Aufgabe,
    als kultur- und religionssensible Institution Menschen bei

ihrer Sinnsuche zu begleiten und Perspektiven zu vermitteln. Vorbild ist für ihn dabei die kirchliche Kasualienpraxis, die Menschen beziehungsweise ihre Angehörigen an wichtigen Wendepunkten ihres Lebens (Taufe, Konfirmation, Trauung, Beerdigung) Trost und Orientierung vermittelt. Gräb bezieht sich in seinem Buch »Vom Menschsein und der Religion: Eine praktische Kulturtheologie« (Tübingen 2018) explizit auf die religionssoziologischen Arbeiten von Volker Drehsen, die dieser unter dem Titel »Wie religionsfähig ist die Volkskirche? Sozialisationstheoretische Erkundungen neuzeitlicher Christentumspraxis« (Gütersloh 1994) publiziert hat.

Trotz vielerlei theologischer Übereinstimmungen mit Gräb: Was die Rolle der Kirche angeht, habe ich eine völlig andere Ansicht. Ich glaube, dass die Kirche als Dienstleistungsunternehmen keine Zukunft hat. Außerdem ist mir die Fokussierung auf Vergewisserung und Trost, die Gräb unternimmt, zu einseitig.

Ähnlich wie Gräb argumentiert auch Friedrich Wilhelm Graf in seinem Buch »Kirchendämmerung. Wie die Kirchen unser Vertrauen verspielen«, München 2011.

1. KAPITEL: LEBENSWELTORIENTIERTE KIRCHE

1   Der Begriff der Lebenswelt bezeichnet die menschliche Welt in ihrer vorwissenschaftlichen Selbstverständlichkeit und Erfahrbarkeit in Abgrenzung zur theoretisch bestimmten wissenschaftlichen Weltsicht.

2   Joachim Kunstmann, Rückkehr der Religion. Glaube, Gott und Kirche neu verstehen, Gütersloh 2010, S. 60.

3   Vgl. allgemein Kunstmann, Rückkehr, S. 60–82, der die gesellschaftlichen Schattenseiten der spätmodernen Gesellschaft ausführlich beschreibt.

4   Ebd., S. 65.

5   Ebd.

6   Ebd., S. 66.

7   Ebd., S. 67.

8   In: Matthias Kroeger, Die Notwendigkeit der unakzeptablen Kirche. Eine Ermutigung zu distanzierter Christlichkeit, München 1997, S. 44f.

9   Kunstmann, Rückkehr, S. 72.

10   Ebd.

11   Ebd., S. 74.

2. KAPITEL: TRADITIONSBEZOGENE KIRCHE

1   Bonhoeffer verortet in den Briefen, die er aus der Haft schreibt, Gott in der gesellschaftlichen Meinung als Lückenbüßer der unvollkommenen Erkenntnis und schreibt hierzu: »Wenn – was sachlich zwangsläufig ist – sich die Grenzen der Erkenntnis immer weiter herausschieben, wird mit ihnen auch Gott immer wieder weggeschoben und befindet sich demgemäß auf einem fortgesetzten Rückzug« (Dietrich Bonhoeffer, Widerstand und Ergebung, München [13]1985, S. 155).

2   Vgl. hierzu unter anderem die Erhebung der EKD zur Konfirmandenarbeit: W. Ilg u.a., Konfirmandenarbeit in Deutschland, Band 3, Gütersloh 2009, S. 139–145.

3   Vgl. die regelmäßigen Umfragen, die in den Artikeln des Magazins »Der Spiegel« aufgeführt sind, zuletzt in Nr. 17, 20.4.2019, S. 40–48.

4   Dazu z.B. der Artikel »Der Himmel ist leer«, in: Der Spiegel Nr. 17, 20.4.2019, S. 40–48. Beispielhaft ist in diesem Zusammenhang, was die Journalistin Ilka Piepgras über ihre eigene Einstellung zum Thema Religion und Glaube in ihrem Buch »Meine Freundin, die Nonne« erzählt (München 2011, S. 105–115). Vgl. auch Matthias Kroeger, Im religiösen Umbruch der Welt: Der fällige Ruck in den Köpfen der Kirche, Stuttgart [3]2011, S. 75: »Zunehmend viele ... können dem Glauben, an einen persönlichen, theisti-

schen Gott nicht mehr folgen.« – Karlheinz Bartel nennt als problematische kirchliche Lehren unter anderem die Zweinaturenlehre, das Sühnopferkonzept, die Prädestinations- und Präexistenzlehre und die Erbsündenlehre (in: Karlheinz Bartel, Zen leben – Christ sein. Was die Kirche vom Buddhismus lernen kann, Freiburg i.Br. 2019, S. 19).

5 Vgl. Kroeger, Der fällige Ruck, S. 75: »Obwohl theologische Gründe oder Diskrepanzen gegenüber der kirchlichen Lehre bei den Motiven zum Kirchenaustritt kaum eine Rolle spielen, meine ich doch, dass letztlich hier, in diesen Fragen, die Hauptursache der Entfremdung von der Kirche liegt.«

6 Rudolf Englert, Religionspädagogische Grundfragen. Anstöße zur Urteilsbildung, Stuttgart 2008, S. 87.

7 Ebd., S. 87.

8 Ebd.

9 Ebd., S. 100.

10 Ebd., S. 85.

11 Ebd., S. 86f.

12 Ebd., S. 97.

13 Ebd., S. 100.

14 Ebd., S. 97.

3. KAPITEL: PLURALITÄTSFÄHIGE KIRCHE

1 Wie zum Beispiel an die Psychologie, die Ethnologie und die Anthropologie.

2 Man denke nur an die revolutionären Erkenntnisse der Quantentheorie.

3 Ludwig Wittgenstein, Tractatus logico-philosophicus, Werkausgabe Bd. 1, Frankfurt/M. 1984, S. 85.

4 Es scheint, dass sich heute immer mehr ein wissenschaftlicher Konsens einer »interrelationalen, dynamischen, prozessualen und evolutionären Weltsicht« herausbildet im Sinne einer Metatheorie der Wirklichkeit. »Die Welt,

wie wir sie heute begreifen, ist nicht statisch und determiniert, sondern in ständiger Bewegung und Fluktuation. Die Dinge entwickeln sich zu immer größerer Komplexität, und wir sind Teil einer atemberaubenden kosmischen Geschichte, die immer noch unvollendet ist. Alle Dinge sind tatsächlich mit allen Dingen verbunden, quer über alle Orte und quer über alle Zeiten« (Stefan Schütze, »Gott«, Welt« und »Mensch« im 21. Jahrhundert II, Norderstedt 2015, S. 258). Dies hat entsprechende Auswirkungen auf die theologische Theoriebildung und den von ihr verwendeten Wahrheitsbegriff, wie im Folgenden noch deutlich werden wird. Dies hat entsprechende Auswirkungen auf die theologische Theoriebildung und den von ihr verwendeten Wahrheitsbegriff, wie im Folgenden noch deutlich werden wird.

5   Allerdings ist der Prozess historisch etwas anders gelaufen, als er sich im kulturellen Gedächtnis eingenistet hat: Vgl. Manfred Lütz, Der Skandal der Skandale. Die geheime Geschichte des Christentums, Freiburg i.Br. 2018, S. 136–139.

6   Umfragen zufolge glauben in den USA etwa 40 % daran, dass Gott den Menschen in seiner heutigen Gestalt vor 10.000 Jahren erschaffen habe.

7   Zu diesen Schlussfolgerungen ist unter anderen Dietrich Bonhoeffer gekommen (in: ders., Widerstand und Ergebung, München [13]1985, S. 177).

8   »Jede Formulierung religiöser Glaubensüberzeugungen muss im Rahmen unseres heutigen, evolutionären, physikalischen und biologischen Weltbilds plausibilisierbar sein, auch wenn es dieses komplementär ergänzt« (Stefan Schütze, Gefeiertes Geheimnis. Spiritualität, Ritual und Gottesdienst in einer nachtheistischen Religiosität, Norderstedt 2013, S. 164).

9   Dass das tief in das traditionelle theologische Denken eingreift, deutet das folgende Zitat des jüdischen Historikers Harari (in: ders., Homo deus, S. 270) an: Die Juden glaub-

ten »in der Antike, wenn sie unter einer Dürre zu leiden hatten oder wenn König Nebukadnezar von Babylonien in Judäa einmarschierte und die Menschen vertrieb, dann seien das mit Sicherheit göttliche Strafen für ihre eigenen Sünden. Und wenn der persische König Kyros die Babylonier besiegte und es den vertriebenen Juden erlaubte, nach Hause zurückzukehren und Jerusalem wieder aufzubauen, so muss Gott in seiner Barmherzigkeit ihre Klagegebete erhört haben. Für die Bibel ist es undenkbar, dass die Dürre womöglich durch einen Vulkanausbruch auf den Philippinen verursacht wurde, dass Nebukadnezar einmarschierte, weil er babylonische Wirtschaftsinteressen verfolgte, und dass König Kyros seine eigenen politischen Gründe hatte, den Juden gewogen zu sein. Entsprechend zeigt die Bibel keinerlei Interesse daran, die globale Ökologie, die babylonische Ökonomie oder das politische System Persiens zu verstehen.«

10   Auf ein weiteres Beispiel der Konfliktlinie sei hingewiesen: In seinem Buch »Homo deus«, S. 164–169 diskutiert Harari die Problematik der Vorstellung einer unsterblichen Seele aus der Sicht naturwissenschaftlichen Denkens.

11   Die poetische Sprache stellt »eine Struktur von großer Kompliziertheit dar. Sie ist erheblich komplizierter als die natürliche Sprache. Und wenn der Umfang der Information, der in der poetischen Sprache enthalten ist (ob Verse oder Prosa spielt in diesem Fall keine Rolle), genau dem in gewöhnlicher Rede enthaltenen gleich wäre, so würde die künstlerische Rede ihre Existenzberechtigung verlieren und zweifellos absterben. Aber es verhält sich anders: Die aus dem Material der (natürlichen) Sprache geschaffene, komplizierte künstlerische Struktur gestattet es, einen Informationsumfang zu übermitteln, der mit Hilfe der elementaren ... sprachlichen Struktur gar nicht übermittelt werden könnte« (Jurij M. Lotman, Die Struktur literarischer Texte, München ²1986, S. 24).

12 Vgl. hierzu den Physiker Hans-Peter Dürr, Naturwissenschaft und Poesie – Begreifen und Spiegeln der Wirklichkeit, in: ders., Die Zukunft ist ein unbetretener Pfad: Bedeutung und Gestaltung eines ökologischen Lebensstils, Freiburg i.Br. 1995, S. 96–119.

13 Der jüdische Schriftsteller Bruno Schulz schreibt über das Wesen der Poesie: »Das Leben des Wortes besteht darin, dass es sich nach tausend Verbindungen dehnt und streckt, wie der zerstückelte Leib der Schlange in der Legende, deren Einzelteile einander in der Dunkelheit suchen. Dieser tausendfältige, doch integrale Wort-Organismus ist in einzelne Wörter zerrissen worden, in Laute, in Umgangssprache, und er ist in dieser neuen Form, dem praktischen Bedarf angepasst, bereits als Organ der Verständigung zu uns gekommen. Das Leben des Wortes, seine Entwicklung, wurde auf neue Gleise, auf die Gleise der Lebenspraxis gelenkt und neuen Vorschriften unterworfen. Doch wenn die Gebote der Praxis auf die eine oder andere Weise ihre Zügel lockern, wenn das Wort, von diesem Zwang befreit, sich selbst überlassen ist und wieder den eigenen Gesetzen zurückgegeben wird, dann regrediert es, strömt zurück, strebt nach früheren Verbindungen, möchte wieder vollständig zu Sinn werden – und diesen Drang des Wortes zurück zum Ursprungsort, seine zurückgewandte Sehnsucht, die Sehnsucht nach der Urheimat des Wortes nennen wir Poesie.« (Bruno Schulz, Die Zimtläden, München ⁶2018, S. 149f.)

14 Eberhard Jüngel, Thesen zur theologischen Metaphorologie, in: Jean Pierre von Noppen (Hg.), Erinnern, um Neues zu sagen. Die Bedeutung der Metapher für die religiöse Sprache, Frankfurt/M. 1988, S. 53.

15 Vgl. Johann Wolfgang Goethe: »Das Wahre, mit dem Göttlichen identisch, lässt sich niemals von uns direkt erkennen, wir schauen es nur im Abglanz, im Beispiel, Symbol, in einzelnen und verwandten Erscheinungen« (Versuch

einer Witterungslehre, in: Ders., Hamburger Ausgabe, Bd. 13, Hamburg 1955, S. 305).

16 Vgl. Frans de Waal, dem die sogenannten Neuen Atheisten, die darauf beharren, dass nur die Fakten der empirischen Realität zählen, mitunter vorkommen wie »Leute, die vor einem Kino stehen und den Zuschauern, die gerade *Titanic* gesehen haben, erzählen, dass Leonardo DiCaprio gar nicht mit dem Schiff untergegangen ist« (de Waal, Der Mensch, der Bonobo und die Zehn Gebote. Moral ist älter als Religion, Stuttgart 2015, S. 274f).

17 In einem Adventslied heißt es: »Noch manche Nacht wird fallen auf Menschenleid und -schuld. Doch wandert nun mit allen der Stern der Gotteshuld. Beglänzt von seinem Lichte, hält euch kein Dunkel mehr.«

18 Vgl. den Mathematiker und Philosophen Charles Sanders Peirce (1839–1914), der der Meinung war, »dass jede Korrektur, welche die Wissenschaft vom Glauben fordert, nur dessen Ausdruck, aber nicht das tiefe Geheimnis, das er ausdrückt, betreffen kann ... Wissenschaftsfeindlichkeit ist deshalb für Peirce Ausdruck der Feigheit und eines religiösen, kirchlichen Kleinglaubens; eine Religion, die wissenschaftsfeindlich ist, wird ihrem eigenen Wesen untreu« (in: Friedo Ricken, Religionsphilosophie. Grundkurs Philosophie, Bd. 17, Stuttgart 2003, S. 78).

19 Henning Wrogemann, Mission und Religion in der Systematischen Theologie der Gegenwart, Göttingen 1997, S. 84. Später hat Karl Barth seine Haltung in der sogenannten »Lichterlehre« abgemildert, in der er anderen Religionen zugestand, Wahrheitsmomente erfasst zu haben.

20 Es gibt »Hunderte von Definitionen von Religion« (in: Theo Sundermeier, Was ist Religion? Religionswissenschaft im theologischen Kontext, München/Gütersloh 1999, S. 125).

21 Die Annäherungen, um die es mir im Folgenden geht, verstehe ich als Zugänge zum Phänomen »Religion«, die im

europäischen Kulturkreis gesprächsfähig sind. Zur Problematik des Religionsbegriffs vgl. allgemein: Michael Bergunder, Was ist Religion?, in: ZfR 19 (2011), S. 3–55.

22 Helmut Fischer, Religion ohne Gott? Heute vom Glauben reden, Zürich 2017, S. 17.

23 Kunstmann, Subjektorientierte Religionspädagogik, S. 33.

24 Der Philosoph Thomas Rentsch nennt diesen Aspekt die »ontologisch-kosmische Transzendenz«: »Es ist überhaupt etwas und nicht vielmehr nichts. Das ist Anlass zum Staunen.« Dieser Sinngrund »kann weder räumlich noch zeitlich festgelegt und festgestellt werden, er kann weder subjektiv noch objektiv vergegenständlicht werden. – Gleichwohl ist der ständig ›da‹, ständig leben wir aus diesem unerklärlichen Grund« (in: Martin Hailer, Religionsphilosophie, Göttingen 2014, S. 49f).

25 Vgl. Gordon Kaufman (in: Stefan Schütze, »Gott«, »Welt« und »Mensch« im 21. Jahrhundert. Paradigmen theologischen Denkens: Auf der Suche nach einem für mich heute trag- und sagfähigen Glauben, Norderstedt 2012, S. 32).

26 Kaufman in: Schütze, »Gott«, S. 32. Vgl. Kroeger, Der fällige Ruck, S. 33: Religion erwacht, »wenn ein Mensch ... sich allmählich der Schönheiten, Rätsel und Probleme seines Lebens, seiner Liebe, seiner Sterblichkeit oder seiner Einsamkeit ... bewusst wird und das scheinbar Selbstverständliche fragend zum Unselbstverständlichen, Erstaunlichen, Merkwürdigen wird. Und wenn er eines Tages mit Staunen und Entdeckerfreude auf das Erfreuliche, das Wunder und das Schöne, oder ... das Anstrengende, Bedrohliche, Zwiespältige ... aufmerksam wird.« Erinnert sei an dieser Stelle auch an Tillichs Worte von der »Tiefe des Seins«.

27 Kunstmann, Subjektorientierte Religionspädagogik, S. 31. Vgl. Gerd Theißen, Argumente für einen kritischen Glauben, oder: Was hält der Religionskritik stand? München 1978, S. 70. Das Ausbleiben dieser Resonanzerfahrung kennzeichnet Gerd Theißen als Absurditätserfahrung.

28 In: Wolfgang Weidlich, Fragen der Naturwissenschaft an den christlichen Glauben, in: ZThK 64 (1967), S. 244f. Vgl. Albert Einstein: »Das schönste Gefühl, das wir erleben können, ist das Mysterium. Es ist das grundlegende Gefühl, das an der Wiege jeder wahren Kunst und Wissenschaft steht. Wem dieses Gefühl fremd, wer sich nicht mehr wundern und andächtig innehalten kann, ist so gut wie tot, eine erloschene Kerze. Religiosität besteht darin, dass man hinter allem, was man erfahren kann, etwas erahnt, das unser Verstand nicht greifen kann; etwas, dessen Schönheit und Erhabenheit uns nur indirekt erreicht. In diesem Sinn – und nur in diesem Sinn – bin ich ein zutiefst religiöser Mensch« (in: Harvey Cox, Die Zukunft des Glaubens. Wie Religion wieder zu den Menschen kommt, Freiburg i.Br. 2010, S. 30).

29 Peter L. Berger, Der Zwang zur Häresie. Religion in der pluralistischen Gesellschaft, Freiburg i.Br. 1992, S. 51.

30 Zu religiösen Erlebnissen in den Variationen veränderter Bewusstseinszustände siehe: Bernhard Grom, Religionspsychologie, München/Göttingen 1992, S. 292–320.

31 Der Neurophysiologe Detlef B. Linke spricht in diesem Zusammenhang in Bezugnahme auf einen Brief Sigmund Freuds an Romain Rolland von einem »ozeanischen Gefühl« und beschreibt dies folgendermaßen: »Gemeint ist offensichtlich ein Gefühl, bei dem das Ich sich in einem größeren Zusammenhang aufgehoben, sich mehr oder weniger als aufgelöst und trotzdem geborgen fühlt« (in: ders.: Religion als Risiko. Geist, Glaube und Gehirn, Reinbek 2003, S. 48). Zu mystischen Erlebnissen allgemein: Grom, Religionspsychologie, S. 338–366. Zu den neurophysiologischen Erklärungsansätzen für Erfahrungen dieser Art vgl. allgemein Ulrich Ott, Meditation für Skeptiker. Ein Neurowissenschaftler erklärt den Weg zum Selbst, München 2019, S. 117–125.

32 Friedrich Schleiermacher, Über die Religion. Reden an

die Gebildeten unter ihren Verächtern, Göttingen [6]1967, S. 53.

Vgl. hierzu Ludwig Wittgenstein, Tractatus logico-philosophicus 6.44f: »Nicht *wie* die Welt ist, ist das Mystische, sondern *dass* sie ist. Die Anschauung der Welt sub specie aeterni ist ihre Anschauung als – begrenztes – Ganzes. Das Gefühl der Welt als begrenztes Ganzes ist das mystische« (in: Ders., Werkausgabe Band 1, Frankfurt/M. 1984).

Vgl. auch den Philosophen Hans Julius Schneider, der konstatiert, »›das Ganze‹, um das es in der Religion gehe, sei die ›Sicht‹ auf alles einzelne, die ›Färbung‹ oder ›Beleuchtung‹, in der alles Besondere aufscheine. Wenn wir diese Sprechweise benutzen, dann haben wir in dieser ›Sicht‹ oder ›Färbung‹ nicht einen weiteren Gegenstand vor uns, einen ›jenseitigen‹ (z.B. eine ›himmlischen‹) Gegenstand, der dadurch neben oder über den Alltagsdingen sichtbar werden würde, dass wir unser begrenztes Blickfeld raumzeitlich bis in eine ferne, geheimnisvolle Welt ausdehnen würden. Wir bleiben vielmehr, was die Gegenstände angeht, in der uns vertrauten Welt« (in: Martin Hailer, Religionsphilosophie, S. 207f).

33 »Inhaltlich lässt religiöse Erfahrung sich als Berührung durch die Einsicht in die Unendlichkeit der Welt beschreiben: das eigene Ich wird als bezogen auf die große, mir vorgegebene, alles umgebende Wirklichkeit des Lebens so intensiv erfahren, dass es zu einer Veränderung der gesamten Lebenshaltung kommen kann. Daher lässt sich von einer Mischung aus Erwachen und Einssein sprechen, oder von Erwachen *durch* Einsseinserfahrung. Schilderungen dieser Erfahrung sprechen immer wieder von dem Gefühl der intensiv empfundenen Verbundenheit mit dem großen Leben. Sprachliche Bilder, die diese Empfindung darzustellen versuchen, sind z.B. die ›Fülle‹, die Wirklichkeit als Klang einer großen ›Symphonie‹, ein ebenso faszinierendes wie erschütterndes Leuchten aller Dinge, usw. Grundkennzei-

chen der religiösen Erfahrung ist also eine gesteigerte Ge-
fühlserregung, die mit einem hellwachen, über sich selbst
hinausgehobenen Bewusstsein einhergeht.« (Kunstmann,
Subjektorientierte Religionspädagogik, S. 96)

34 Ulrich Barth, Religion in der Moderne, Tübingen 2003,
S. 10.

35 Die Unterscheidung von unmittelbarem Erleben und Deutung, die von einem spezifischen Deutungshorizont aus
vorgenommen wird, ist für das Verständnis von Erfahrung
konstitutiv. John F. Haught spricht von jener »Art von Erkennen, in der wir einen Schritt hinter die Unmittelbarkeit einer Erfahrung zurücktreten, und diese Erfahrung
in einen konzeptionellen Rahmen betten. Sobald wir unsere unmittelbare Erfahrung in ein Netzwerk von Ideen
eingebettet haben, kann die ursprüngliche Erfahrung uns
in einer Weise vermittelt werden, die uns erlaubt, sie zu
anderen Erfahrung und Ideen in Beziehung zu setzen« (in:
Schütze, »Gott«, S. 90).

36 Cantwell-Smith in: Schütze, »Gott«, S. 17.

37 Vgl. Bernhard Grom: »Religiöse Gefühle unterscheiden
sich einzig in ihrer kognitiven Komponente, durch ihre
Bewertungen, Überzeugungen und Inhalte, durch ihre In-
tentionalität von anderen Gefühlen und sind dadurch als
religiös gekennzeichnet ..., dass er [der Gläubige, Anm.
von M. Beile] eine Situation religiös deutet und von dieser Deutung ... angetrieben und angemutet wird. Insofern
ist Religiosität nicht als etwas Eigenes zu betrachten, das
sich von allem übrigen Erleben radikal unterscheidet« (in:
Ders., Religionspsychologie, München 1992, S. 249).

38 Vgl. Ludwig Wittgenstein: »An einen Gott glauben, heißt
sehen, dass es mit den Tatsachen der Welt noch nicht ab-
getan ist« (in: Tagebuch 8.7.1916).

39 Wittgenstein, in: Norbert Bolz, Das Wissen der Religion.
Betrachtungen eines religiös Unmusikalischen, München
2008, S. 86.

40 Friedrich Schleiermacher, Über die Religion, S. 52: »Alles Anschauen [damit meint er die Wahrnehmung der uns umgebenden Wirklichkeit] geht aus von einem Einfluss des Angeschauten auf den Anschauenden, von einem ursprünglichen und unabhängigen Handeln des ersteren, welches dann von dem letzteren seiner Natur gemäß aufgenommen, zusammengefasst und begriffen wird.«
Vgl. hierzu auch den Soziologen Hans Jonas: Es gibt »eine Art von Erfahrungen ..., ohne die wir ... nicht verstehen können, was Glaube, was Religion eigentlich ist. Ich nenne diese Erfahrungen Erfahrungen der Selbsttranszendenz. Dies bedeutet: Erfahrungen, in denen eine Person sich selbst übersteigt, nicht aber, zumindest zunächst nicht, im Sinne einer moralischen Überhöhung ihrer selbst, sondern im Sinne eines Hinausgerissenseins über die Grenzen des eigenen Selbst, eines Ergriffenseins von etwas, das jenseits meiner selbst liegt, einer Lockerung oder Befreiung von der Fixierung auf mich selbst. Diese Selbsttranszendenz ist zunächst also nur bestimmt als eine Richtung weg von sich selbst, wie es ja in dem etwas altväterlichen deutschen Wort ›Ergriffensein‹ schön zum Ausdruck kommt ... Alle Menschen kennen solche Erfahrungen.« (in: Ders., Braucht der Mensch Religion? Über Erfahrungen der Selbsttranszendenz, Freiburg i.Br. 2004, S. 17).

41 Insofern lässt sich Offenbarung auch kennzeichnen als Erschließungsvorgang im Sinne eines Neusehens der Wirklichkeit aufgrund menschlicher Deutungsleistung.

42 Schütze, »Gott«, S. 196. Dieses Wahrheitsverständnis steht im Zusammenhang mit der erwähnten interrelationalen, dynamischen, prozessualen und evolutionären Weltsicht als Metatheorie der Wirklichkeit.

43 Hubertus Halbfas ist sogar der Meinung, dass Religionen deshalb Weltgeltung erlangten, »weil sie synkretistisch waren, das heißt fähig, Elemente aus früheren und be-

nachbarten Religionen in sich aufzunehmen« (Halbfas, Religionsunterricht nach dem Glaubensverlust. Eine Fundamentalkritik, Ostfildern 2012, S. 84).

44 Hier kann die Unterscheidung Wilfred Cantwell-Smiths, kanad. Religions- und Islamwissenschaftler (1916–2000), von »faith« (Offenheit für eine transzendentale Dimension als conditio humana) und »beliefs« (unterschiedliche Glaubensvorstellungen) hilfreich sein (in: Schütze, »Gott«, S. 15–18).

45 Bonhoeffer, Widerstand und Ergebung, S. 134.

46 Anregend: Paul F. Knitter, Ohne Buddha wäre ich kein Christ, Freiburg i.Br. 2012, sowie Michael von Brück/ Whalen Lai/Hans Küng, Buddhismus und Christentum. Geschichte, Konfrontation, Dialog, München ²2000; Karlheinz Bartel, Zen leben – Christ sein, Freiburg i.Br. 2019.

47 Englert, Grundfragen, S. 283.

48 Ebd., S. 78.

49 »Die ›Wahrheit‹ des Glaubens ist immer eine Verheißung, nach der wir uns ausstrecken (Phil 3,12–14), nichts, was wir in diesem Leben jemals eindeutig erfassen und konfessorisch sichern können. Bereitschaft zur ›Erneuerung des Denkens‹ (Röm 12, 2) und zur Revision und Rekonstruktion ist darum der Grundmodus glaubender Wirklichkeitsorientierung von Anfang an.« (Schütze, »Gott«, S. 196)

4. KAPITEL: ÜBERSETZENDE KIRCHE

1 John F. Haught, amerik. Theologe, in: Schütze, »Gott«, S. 90. Vgl. Schütze, »Gott« II: »Weil sich unsere Lebenszuversicht gegen die Abgründe des Sinnlosen, des Nichtenden und des ›radikal Bösen‹ (Kant) bewähren muss, braucht sie die Sprache von Mythos und Symbol, braucht sie die ›Schwarzbrottexte‹ der Bibel ... in all ihrer Problematik und Ambivalenz« (S. 257). Vgl. auch Mark Taylor: Christlicher Glaube bleibt auch in moderner Zeit »auf den konkreten Reichtum der biblischen Bilder und Erzählun-

gen bezogen, weil der ›Überschuss‹ einer religiösen Tie-
fendeutung der Wirklichkeit gegenüber einem bloß an der
Oberfläche der Dinge bleibenden Humanismus tatsächlich
auf die poetische Kraft der Bilder und Geschichten solcher
›religiösen Dichtungen‹ (Theißen) angewiesen ist, weil sich
in ihnen ursprüngliche Erschließungs- und Transzenden-
zerfahrungen (Theißen: Erfahrungen von Resonanz mit
der Welt und bewältigter Absurdität) poetisch verdichtet
haben« (in: Schütze, »Gott«, S. 321).

2 Hartwig Thyen, »In ihm ist alles geschaffen, was im Himmel und auf Erden ist.« Kosmologische Christushymnen
im Neuen Testament, maschinenschriftlich, o.J., S. 1.

3 Ders., Neues Testament und Mythologie. Das Programm
der Entmythologisierung der neutestamentlichen Verkündigung (1941), München 1988, S. 12.

4 Ebd., S. 14f.

5 Z.B. Fritz Buri in: Buri »Dogmatik als Selbstverständnis des
christlichen Glaubens, in: ThLZ 107 (1982), S. 466–468.

6 Bultmann, Neues Testament und Mythologie, S. 63.

7 In: Lotman, Die Struktur, S. 25.

8 Hartwig Thyen, »In ihm ist alles geschaffen ...«, S. 1.

9 Thyen, ebd.

10 In: Englert, Religionspädagogische Grundfragen, S. 97.

11 Schütze, »Gott« II, S. 164.

12 Cox, in: Ders., Die Zukunft des Glaubens, S. 36f.

13 Ebd.

14 Schütze, »Gott« II, S. 164. Mit nicht-fundationalistisch
meint Schütze, dass Texte nicht als Wahrheit selbst anzusehen sind. Deshalb dürfen sie seiner Meinung nach auch
nicht literalistisch, das heißt, nicht wörtlich verstanden
werden.

15 Thyen, »In ihm ist alles geschaffen«, S. 2. In diese Richtung
denkt auch der Philosoph Paul Ricoeur. Er ist davon überzeugt, dass die Unmittelbarkeit des Glaubens an die biblischen Berichte, die »erste Naivität«, unrettbar verloren ist

und die naiv-historische Deutung der Mythen angesichts der modernen Wissenschaft jede Bedeutung verloren hat. Niemand kann mehr glauben, dass Gott den Menschen am sechsten Tag aus Lehm geschaffen hat. Aber die auch für Ricoeur notwendige historische Kritik am Mythos darf nicht zu dessen Zerstörung führen. Ricoeur will daher die historische Kritik durch eine neue Kritik ersetzen. Eine Kritik, die nicht reduziert, sondern wiederherstellt. Die Kritik selbst soll eine neue Dimension des Glaubens, eine »zweite Naivität« begründen: Die Entmythologisierung einer Erzählung kann in ein Verständnis des Mythos als Mythos umschlagen und erstmals in der Geschichte der Kultur die mythische Dimension zu fassen geben (Vgl. Paul Ricoeur: Die Fehlbarkeit des Menschen. Phänomenologie der Schuld I, Freiburg i.Br. (1960) 2018 und ders., Symbolik des Bösen. Phänomenologie der Schuld II, Freiburg i.Br. (1960) 2018).

16 Das Problem der Übersetzung vom Hebräischen bzw. Griechischen ins Deutsche lasse ich in unserem Zusammenhang außen vor.

17 Vgl. Paul Ricoeur, Philosophische und theologische Hermeneutik, in: Evangelische Theologie, Band 34/1974, Heft Supplement, S. 32: »Ein Text ist zu interpretieren als ein Entwurf von Welt, die ich bewohnen kann, um eine meiner wesenhaften Möglichkeiten darin zu entwerfen. Genau dies nenne ich Textwelt, die diesem einzigen Text eigene Welt.«

18 Ebd.: »Die Fiktion verfremdet unsere Wahrnehmung der Wirklichkeit ... Durch die Fiktion und durch die Dichtung werden in der alltäglichen Wirklichkeit neue Möglichkeiten des In-der-Welt-Seins eröffnet. Fiktion und Poesie zielen auf das Sein, jedoch nicht im Modus des gegebenen Seins, sondern im Modus des Seinkönnens. Eben dadurch wird die alltägliche Wirklichkeit mithilfe dessen, was man die durch die Literatur bewirkten imaginativen Veränderungen des Wirklichen nennen könnte, verwandelt.«

19 Vgl. S. 70.

20 J.A.T. Robinson, Gott ist anders. Honest to God, München
[10]1963, S. 56. Robinson versteht sein Programm dabei als
Fortführung des Vorhabens Bonhoeffers, religiöse Begriffe
nicht-religiös bzw. weltlich zu interpretieren (vgl. Dietrich
Bonhoeffer, Widerstand und Ergebung. Briefe und Auf-
zeichnungen aus der Haft, hg. von Eberhard Bethge, München [11]1985 [1951], S. 137).

21 Paul M. van Buren, Reden von Gott in der Sprache der
Welt, Zürich 1965, S. 185.

22 Vgl. dazu, was Karl-Heinrich Bieritz über die im Gottesdienst Handelnden allgemein aussagt: »Die liturgisch Handelnden ... müssen ›zur selben Zeit in zwei Welten sein‹.
Sie sind nur *glaubwürdig*, wenn sie in Kontakt sind mit der
biblischen Botschaft, wenn sie einen Zugang haben zu diesen Texten und Traditionen, die eine zunächst fremde Welt
markieren. Sie sind nur *verständlich*, wenn sie sich mit der
gleichen Aufmerksamkeit der Gegenwart zuwenden und
damit offen sind für die Lebenswirklichkeit der Menschen,
mit denen sie Gottesdienst feiern. Die Beziehung zum eigenen Ich und zu den Tiefen des Mythos ... wäre, liturgisch übersetzt, die spirituelle Dimension des liturgischen
Handelns« (Ders., Spielraum Gottesdienst. Von der »Inszenierung des Evangeliums« auf der liturgischen Bühne, in:
Arno Schilson/Joachim Hake [Hg.], Drama »Gottesdienst«.
Zwischen Inszenierung und Kult, Stuttgart 1998, S. 79).

23 Vgl. auf den Gottesdienst bezogen in: Folkard Fendler/
Christian Binder (Hg.), Gewissheit, Gemeinschaft, Geheimnis. Qualitäten des Gottesdienstes, Leipzig 2016:
»Das Ganze des christlichen Glaubens, die Heilsbotschaft
in Jesus Christus und die zentralen Wahrheiten und Werte
des Christentums bestimmen hier die zentrale Perspektive, in die die Situation des Einzelnen wie der Gesellschaft, aber auch konkrete biblische Texte und Aussagen
eingeordnet werden.«

24 Auch Hauschildt/Pohl-Patalong sprechen davon, »dass die Predigt sich am Subjekt und seinen Fragen und Themen orientieren soll« (in: Dies., Kirche, S. 92).

25 Joachim Kunstmann führt in seinem Buch Subjektorientierte Religionspädagogik (S. 79) eine ganze Reihe solcher existenziell bedeutsamer Erfahrungskomplexe auf:
– »Zunächst die Frage ›Wer bin ich?‹ Woher komme ich, wer will ich sein, wie werde ich gesehen? Hierher gehört die Fragen nach Ohnmacht und Scham, nach dem eigenen Selbstwert, nach Würde und Anerkennung. Ferner die nach dem Wert von und dem Umgang mit Körper und Gesundheit, nach dem eigenen Aussehen, nach Lebensenergie, Kraftquellen und Erschöpfung.
– Dann die Frage nach Zugehörigkeit, Vertrauen, Bindung und Liebe. Wie gehe ich mit Isolation und Einsamkeit um? Wo und wie finde ich Geborgenheit und Solidarität, Verständnis und Gleichgesinnte? Wo gehöre ich hin, wo ist mein Platz? Wie gehen wir miteinander um? Was sind unsere Rollen? Hierher gehört auch die wachsende Sehnsucht nach Präsenz, also nach dem Einssein mit der Welt, nach sozialem Zusammenhang und nach ästhetischen Resonanzen (z.B. in der Musik, in der Natur oder in der Liebe).
– Die Fragen: Wie kann und soll ich leben? Welche Entscheidungen sind sinnvoll? Was bringt meine Zukunft? Wo und wie finde ich Glück, Erfüllung, Erfolg?
– Die Frage nach Gerechtigkeit, Zufall und Schicksal und die Fragen, die an den Grenzen des Lebens auftreten, vor allem bei Krankheit und Tod: nach Angst, Leid, Schmerz, Schuld, dem Bösen, einer möglichen Erlösung.
– Die Frage nach der Realität. Gibt es mehr als Moleküle und chemische Verbindungen? Gibt es eine Tiefendimension, das Göttliche, einen Gott?
– Die Frage nach der eigenen Zukunft und der Zukunft der Welt, meiner Verantwortung für die (Um)Welt. **349**

Die hinter diesen Fragen liegende Frage nach dem Sinn wird meist nicht explizit gestellt, sondern tritt eher im Zusammenhang mit einer negativen Erfahrung auf. Dann nämlich, wenn der Sinn fehlt: Was hat das alles für einen Sinn?«

5. KAPITEL: INHALTLICH PROFILIERTE KIRCHE

1   Sehr instruktiv ist in diesem Zusammenhang: Jan Feddersen/Philipp Gessler, Phrase unser: Die blutleere Sprache der Kirche, München 2020.

2   Vgl. Kroeger, Notwendigkeit, S. 77: Die Kirchen bieten »kaum öffentlich erkennbare Markierungen ... Sie überlassen mithin die individuelle Entscheidung sich selber und überfordern sie ohne Kompasshilfen.«

3   Stolz u.a., Religion und Spiritualität in der Ich-Gesellschaft, S. 159.

4   Ebd., S. 160.

5   Erinnern möchte ich an den Fall Olaf Latzel. Der Bremer Pfarrer hatte 2015, was den Umgang mit nichtchristlichen Religionssymbolen geht, gesagt: »Gott sagt: Umhauen, verbrennen, hacken, Schnitte ziehen ... Aber das fordere nicht ich, das fordert unser Herr und Gott.« Latzel durfte nach diesen Äußerungen weiter als Pfarrer arbeiten, es gab keine disziplinarischen Maßnahmen. Auch derzeit (2020) macht Latzel wieder von sich reden.

6   Als eine der Schwächen der Volkskirche »ist ihre Profillosigkeit und damit ihre kaum fassbare Identität zu nennen. In einer Untersuchung zur reformierten Kirche in der Schweiz von 2010 zählt Jörg Stolz als Gründe für deren schwache Identität die folgenden auf: keine klare Abgrenzung über Mitgliedschaftsregeln, fehlende Abgrenzung inhaltlicher Art, keine deutliche Abgrenzung gegenüber anderen Religionen und Konfessionen, aber auch von der modernen säkularen Gesellschaft. Außerdem wollten Reformierte traditionellerweise ›Kirche von unten‹ sein.

Ökonomisch und organisationssoziologisch gesehen ist ein derartiges Konglomerat nicht vollzogener Abgrenzungen, so Stolz, ›die bare Katastrophe‹« (in: Plüss, Wüthrich, Zeindler [Hg.], Ekklesiologie der Volkskirche, Zürich 2016, S. 406). »Mit ihrem Prinzip der Offenheit und Vielfalt trägt die Volkskirche immer auch eine starke Tendenz zur eigenen Auflösung in sich« (ebd., S. 411).

7   Vgl. Martin Koestler, Stirbt Jesus am Christentum? Ein Plädoyer für die ursprüngliche Verkündigung Jesu, Gütersloh 1986, S. 8: »Nichts haben wir heute so nötig wie die theologische Überprüfung der Grundfragen unseres christlichen Glaubens.« Außerdem Christian Albrecht: »Das entscheidende Kennzeichen der Volkskirche besteht darin, dass sie nicht durch die Zustimmung ihrer Mitglieder zu einem festgelegten Programm entsteht, dass sie keine Gesinnungsgemeinschaft ist – ja, dass die Frage vermieden wird, ob der Zusammenhang ihrer Mitglieder eigentlich in einer gemeinsamen Überzeugung besteht ... [Es] zeigt sich inzwischen aber, dass die integrativen und die repräsentativen Kräfte der Volkskirche an ihre Grenzen kommen ... Ist es für die Kirche noch zeitgemäß und vor allem zukunftsgemäß, programmatisch auf Eindeutigkeit verzichten zu wollen?« (in: puk.bayern-evangelisch.de/downloads/18-11-23-dokumentation-akademische-konsultation.pdf, S. 14.15.18).

8   Vgl. S. 70f.

9   Ich beziehe mich in meinen nachfolgenden Überlegungen vor allem auf: Kroeger, Der fällige Ruck, S. 75–124; Schütze, »Gott«; sowie Fischer, Religion ohne Gott?

10 Vgl. Friedrich Wilhelm Graf: »Die biblischen Überlieferungen ... sind in sich äußerst spannungsreich. Gerade in dieser inneren Komplexität und Deutungsoffenheit liegt ihre Faszinationskraft begründet. Denn nur so ermöglichen sie es, den elementaren Ambivalenzen endlichen Lebens gerecht zu werden« (in: ders., Kirchendämmerung, S. 21).   **351**

11 Vgl. Klaus Berger, Wie kann Gott Leid und Katastrophen zulassen?, Stuttgart 1996, S. 38-42.

12 Dass die Paradieserzählung zugleich Entwicklungen der Menschheitsgeschichte abbildet, wie Carel van Schaik und Kai Michel, Das Tagebuch der Menschheit, Reinbek 2017, herausarbeiten, widerspricht ihrer Interpretation als imaginärem Ideal nicht. Literarische Texte sind immer vielschichtig und auslegungsoffen.

13 Wenigstens erwähnt werden soll in diesem Zusammenhang, dass JHWH, der Gott Israels, in der Frühzeit einen polytheistischen Hintergrund hat (vgl. Konrad Schmid, Jens Schröter, Die Entstehung der Bibel, München 2019, S. 156f).

14 Vermutlich wird, historisch gesehen, frühestens in der Exilszeit Israels (nach 587 v.Chr.) der Himmel zum Wohnort Gottes (vgl. Schmid, Schröter, S. 154).

15 Im Englischen wird der Himmel Gottes (heaven) vom sinnlich wahrnehmbaren Himmel (sky) sprachlich unterschieden, sodass eine Verwechslung wie im Deutschen nicht möglich ist.

16 Das Religionsbuch »Kursbuch Religion Sekundarstufe II« (Stuttgart/Braunschweig 2014) definiert Theismus als »Glaube an einen überweltlichen (transzendenten) persönlichen Gott« (S. 83).

17 Vgl. Lütz, Der Skandal der Skandale, S. 176: »Die neuen naturwissenschaftlichen Erkenntnisse beflügelten das Denken der Menschen und führten zu bemerkenswerten technischen Errungenschaften. Die Auswirkungen reichten bis in den Alltag. Man vergegenwärtige sich die Wirkung des 1750 erfundenen Blitzableiters. Bis dahin waren Blitz und Donner der sichtbare Beweis für Gottes Zorn, für seine Donnerstimme und sein Strafhandeln; zu schützen suchte man sich mit Gebet und guter Lebensführung. Nun aber vermochte sich auch ein ausgemachter Bösewicht einen Blitzableiter aufs Dach zu setzen und war dadurch salviert.«

18 Fischer, Religion ohne Gott?, S. 15.

19 Der berühmte Philosoph und Theologe des 19. Jahrhunderts, David Friedrich Strauß, sprach davon, dass der persönliche Gott in »Wohnungsnot« geraten sei (in: Drehsen, Wie religionsfähig ist die Volkskirche?, S. 122).

20 Günter Dux, in: Fischer, Religion ohne Gott?, S. 38.

21 Ebd., S. 39

22 Paulus formuliert hier für Menschen, die von der griechischen Philosophie geprägt sind.

23 Kroeger, Der fällige Ruck, S. 78.

24 Vgl. hierzu folgenden Ausschnitt aus einer Andacht, die in der Coronakrise verfasst wurde: »Gott kennt unser Herz. Er weiß, wie es uns geht. Er sieht auch jetzt, was uns ängstigt, was uns bewegt. Er kann uns deshalb auch das geben, was wir gerade brauchen.« Unabhängig davon, ob solche Aussagen seelsorglich sensibel und angemessen sind, manövriert man sich damit in ausweglose Schwierigkeiten: Wenn Gott unsere Notlage sieht, warum tut er dann nichts gegen das Coronavirus? Kann er nicht? Oder will er nicht? Ich finde es erstaunlich, aber auch wiederum bezeichnend, dass Verfassern von Formulierungen dieser Art die theologische Problematik solcher Aussagen überhaupt nicht bewusst ist.

25 Dieses Gottesverständnis, das den Theismus transzendiert, wird in der theologischen Wissenschaft zumeist Anatheismus genannt (vgl. Richard Kearney, Anatheism: Returning to God after God, New York 2010). Ich selbst bevorzuge die Bezeichnung »Transtheismus«.
    Weiterführend in diesem Zusammenhang ist m.E. auch der bewusstseinsphilosophische Ansatz Jean Gebsers (1905–1973). Gebser unterscheidet in seinem Hauptwerk »Ursprung und Gegenwart« vier Bewusstseinsstrukturen, die den heutigen europäischen Menschen konstituieren und die in seiner Kulturgeschichte aufeinanderfolgend in Erscheinung traten: die archaische, die magische, die

mythische und die mentale. In unserer Zeit ereignet sich seiner Meinung nach der Durchbruch einer neuen, integralen Bewusstseinsstufe. Diese stellt eine Intensivierung des Bewusstseins im Sinne einer geistigen Wachheit und Klarheit dar, die sich als Wahrnehmen und Wahrgeben des Ganzen zu erkennen gibt.

26 Wie wichtig in diesem Zusammenhang der Dialog mit den fernöstlichen Religionen ist, zeigt das folgende Zitat: »Nimmt der Westen die Herausforderung des Ostens ernst, wird dies seine Grundhaltung dem Absoluten gegenüber entscheidend bestimmen: mehr Respekt vor dem Unsagbaren, mehr fromme Scheu vor dem Geheimnis, kurz, mehr Ehrfurcht vor jenem Absoluten, das Christen, Juden und Muslime den einen wahren Gott nennen. Der Begriff ›Leere‹ wird dann auch christlich aufgenommen werden können als Ausdruck für die ›Unaussprechlichkeit‹ Gottes. Auch der Westen wird so immer zum Ausgangspunkt seines Denkens machen: Gott als das Absolute ist und bleibt der Unbegreifliche, der per definitionem Undefinierbare, das Geheimnis der Welt schlechthin. Nein, auch vom Sein her lässt sich sein Wesen nicht voll erschließen: Gott ist nichts von dem, was ist. Er ist kein Seiendes, er ist allem transzendent« (in: Kursbuch Religion Oberstufe, Stuttgart/Braunschweig 2004, S. 129).

27 Kroeger, Der fällige Ruck, S. 87.

28 Vgl. Immanuel Kant: »Eine Religion, die der Vernunft unbedenklich den Krieg ankündigt, wird es auf die Dauer gegen sie nicht aushalten« (in: Jörg Lauster, Die Verzauberung der Welt. Eine Kulturgeschichte des Christentums, München [2]2015, S. 419).

29 Vgl. hierzu Martin Hailer, der in seinem Buch »Religionsphilosophie« (2014) eine Negative Theologie vertritt. Mit »Negativer Theologie« ist gemeint, dass es unmöglich ist, über Gott als dem kategorial ganz Anderen positive (im Sinne von gehaltvolle) Aussagen zu machen.

30 Wenigstens andeuten will ich, dass eine Gottesvorstellung, die den Theismus transzendieren will, für die Theologie weitreichende Konsequenzen hat. So hängt beispielsweise die traditionelle Rechtfertigungslehre, die für protestantische Theologie zentral ist, an theistischen Modellen.

31 Der Philosoph Jacques Derrida spricht in diesem Zusammenhang vom »Riss« an den Grenzen des Sagbaren (in: Schütze, »Gott«, S. 321). Vgl. auch Marcel Podronski, Von Gott schweigen, Coquilles-sur-Mer [4]1964.

32 Hierzu Schütze, »Gott«, S. 67ff.

33 Bartel, Zen leben – Christ sein, S. 109. In ähnlicher Weise spricht Martin Kumlehn vom »von außerhalb-meiner selbst-konstituiert-Sein« und versteht diese Kategorie rechtfertigungstheologisch: »Davon befreit, die Kontinuität der eigenen Lebensgeschichte oder gar ihren Wert herstellen respektive garantieren zu müssen, vermag das Individuum, im Glauben seines Gegründet-Seins in Gott gewiss sein, Subjekt seines Lebens in einer Weise zu sein bzw. zu werden, die es davor bewahrt, sein Subjekt-Sein als etwas durch das eigene Tun selbst Hervorzubringendes auffassen zu müssen« (in: ders., Kirche im Zeitalter der Pluralisierung von Religion, Gütersloh 2000, S. 231).

34 Stefan Schütze, Was von uns bleibt. Christliche Hoffnung angesichts des Todes, Norderstedt 2012, S. 14.

35 »Der Mensch wurde nicht aus dem Paradies vertrieben, er ist erwachsen geworden und trat aus dem ›symbiotischen, tierischen Mutterleib‹ heraus. Ein schmerzhafter, aber notwendiger Prozess, wie jede Geburt« (Willigis Jäger, Kontemplation – Ein spiritueller Weg, Freiburg i.Br. 2015, S. 17) .

36 Sehr lesenswert ist in diesem Zusammenhang das eigenwillige, aufschlussreiche Buch von Norbert Bolz, Das Wissen der Religion, München 2008.

37 Bartel, Zen leben – Christ sein, S. 20. Vgl. Gavin Flood: »»Die Bedeutung von Religion ist existentiell; Religionen

geben dem Leben Sinn und leiten Menschen in ihren Entscheidungen und Handlungen‹; sie sind ›Wege, zu leben
und zu sterben, Wege, ein gutes Leben zu wählen, und
unsere Urteile über (das) ethische Entscheidungen zu leiten‹‹« (in: Schütze, »Gott«, S. 328).

38 Möglicherweise nahm Jesus die Titel »Messias« und »Men-
schensohn« zumindest implizit für sich in Anspruch: Siehe
Gerd Theißen/Annette Merz, Der historische Jesus. Ein
Lehrbuch, Göttingen ²1997, S. 455.

39 Vgl. hierzu die Kirchentags-Bibelarbeit 2019 von Frank Crüsemann und Klaus Wengst, Jesus ist nicht ›der Christus‹
(www.imdialog.org/dokumente/jesusnichtchristus.pdf).
Nach einer langen Zeit antijüdischer Bibelauslegung lernen
wir in jüngster Zeit wieder neu und auf spannende Weise,
Jesus aus seiner Religion, dem Judentum, heraus zu verstehen. Vgl. hierzu als Beispiel unter anderen: Frank Crüsemann,
Das Alte Testament als Wahrheitsraum des Neuen Testaments. Die neue Sicht der christlichen Bibel, Gütersloh 2011.

40 Vgl. Cox, Die Zukunft des Glaubens, S. 93: »In den ersten
Jahren nannten die Menschen die Bewegung, die mit Jesus und seinen Jüngern begonnen hatte, ›den Weg‹. Jesus
selbst wurde als der bezeichnet, der ›den Weg Gottes in
Wahrheit‹ lehrte.«

41 Die Evangelien sind in ihrer Darstellung keine historischen
Berichte, sondern wie die anderen Schriften des Neuen
Testaments spätere Deutungen des Wirkens Jesu.

42 Vgl. hierzu das Buch von Claus Petersen, Was Jesus wirklich wollte, Gütersloh 2020, mit dem ich in vielerlei Hinsicht übereinstimme, auch wenn ich seiner Ansicht, die
authentischen Jesusworte aufgefunden zu haben, skeptisch gegenüberstehe.

43 »Durch beide, Leben und Botschaft, drückte der Wander-
lehrer aus dem bäuerlichen Galiläa aus, wie das geht, zum
guten, glücklichen, bewussten und erfüllten Leben zu gelangen« (Bartel, Zen leben – Christ sein, S. 75).

44 Jesus »ist nicht nur Verkünder der kommenden Ordnung Gottes, sondern er lebt und verwirklicht sie als Bruder der Ausgeschlossenen, Unterdrückten und Verarmten. Unter ihnen strahlt er heilende, befreiende und Gemeinschaft stiftende Kräfte aus. So wird er selbst zum Zeichen der Liebe Gottes, zur Hoffnung der Armen« (in: Ulrich Duchrow, Gieriges Geld. Auswege aus der Kapitalismusfalle. Befreiungstheologische Perspektiven, München 2013, S. 95).

45 Dass Jesus in apokalyptischen Kategorien dachte, gehört spätestens seit Albert Schweitzer zum theologischen Grundwissen. Ob man daraus eine doppelte Moral Jesu (liebevoll nach innen und rigoros gegenüber Außenstehenden) rekonstruieren kann, wie das Buch »Das Tagebuch der Menschheit« (S. 412f) vorschlägt (es spricht in diesem Zusammenhang sogar von zwei unterschiedlichen Jesusfiguren), erscheint hingegen mehr als zweifelhaft.

46 Vgl. Karlheinz Bartel, der von einer Erfahrung intensiver Stille erzählt, die ihn spüren ließ: »Du musst nicht länger leisten. Musst nicht selber etwas machen. Du musst nicht einmal etwas bedeuten. Du kannst sein. Du bist schon jemand« (in: Bartel, Zen leben – Christ sein, S. 36).

47 Vgl. Fischer, Religion ohne Gott?, S. 115: »Seine (Jesu, Anm. M.B.) Einladung, das eigene Leben aus der Kraft der Liebe zu wagen, bringt den, der es wagt, wohl in das heile Verhältnis zu Gott wie auch zu sich selbst und zu seinen Mitmenschen.«

48 »Sein statt Haben« könnte man in Anlehnung an einen berühmten Buchtitel des Psychoanalytikers Erich Fromm als Motto für Jesu Botschaft formulieren. Im Neuen Testament wird an verschiedenen Stellen die (Hab)Gier als zentrales menschliches Problem benannt (vgl. dazu Duchrow, Gieriges Geld, S. 92–112).

49 Jan Ross sieht die Gefahr, dass in der modernen Gesellschaft die Kategorien »gut« und »böse« immer undeutlicher werden: »Der typische Europäer zu Beginn des 21. Jahr-

hunderts läuft nicht Gefahr, dass er die Welt simpel und manichäisch sieht, als Kampf zwischen Licht und Finsternis. Das Gegenteil ist viel verbreiteter: dass man sich nicht einmal mehr zu einem Minimum an Entschiedenheit aufraffen kann. Unsere Tendenz geht zur kompletten Desillusionierung, zur resignierten Einsicht, dass an allem Edlen etwas faul ist und dass die Grenzen zwischen Gut und Böse verschwimmen« (in: ders., Die Verteidigung des Menschen. Warum Gott gebraucht wird, Berlin [3]2013, S. 131f).

50 Vgl. Peter C. Hodgson, in: Schütze, »Gott«, S. 111. Eindrücklich ist in diesem Zusammenhang die Emmausgeschichte (Lk 24,13–35), die davon erzählt, dass zwei Jünger nach dem Tod Jesu von Jerusalem nach Emmaus wandern. Irgendwann gesellt sich ein Fremder zu ihnen. Als sie mit ihm zu Abend essen und er das Brot bricht, so wie es Jesu immer getan hat, gehen ihnen die Augen auf und sie erleben Jesus unversehens für einen Moment in ihrer Mitte.

51 Die Evangelisten nehmen damit eine wichtige Begrifflichkeit der jüdischen Bibel auf und beziehen sie auf Jesus.

52 Auf diese Gefahr weist u.a. Norbert Bolz hin (in: ders., Das Wissen der Religion, S. 18).

53 Vgl. Koestler, Stirbt Jesus am Christentum?, S. 44: »Wir lassen den heutigen Menschen – wenn es um den christlichen Glauben geht – altkirchliche Formeln zitieren, die wohl zu ihrer Zeit ihre Berechtigung hatten, bei uns aber zu ›Leerformeln‹ werden, weil ihr Glaubensgehalt nicht mehr unmittelbar ersichtlich ist. Kann eine Religion unserer Zeit ihre religiösen Vorstellungen immer noch derart verfremdet und versteinert in den Formulierungen des vierten Jahrhunderts verkünden?«

54 Vgl. Horst Georg Pöhlmann, Abriss der Dogmatik. Ein Kompendium, Gütersloh [4]1985, S. 19.

55 Vgl. Gianni Vattimo, der dem »starken Denken« vormoderner und moderner Wahrheitsgewissheiten als Signum

der »Postmoderne« das sogenannte »schwache Denken« ohne sichere epistemologische und ontologische Grundlegungen entgegensetzt (in: Schütze, »Gott«, S. 208).

56 Es wird erzählt, dass der Schweizer Bildhauer und Maler Alberto Giacometti einmal gefragt wurde: »Welches Bild würden Sie retten, wenn Ihr Haus brennt?« Seine Antwort lautete: »Das Feuer.«

57 »Religiöse Deutungen aus der Vergangenheit, wie sie sich in Doma und Bekenntnis, aber auch in theologischen Systemen niederschlagen, erscheinen bisweilen nicht weniger fremd als ptolemäische Weltbilder.« (Jörg Lauster, Religion als Lebensdeutung. Theologische Hermeneutik heute, Darmstadt 2005, S. 121)

58 Vgl. hierzu: Markus Beile, Zwischen Diskussionsstillstand und Stillhalteabkommen. Warum wir in der Kirche nicht miteinander reden (können), Dt. Pfarrerblatt 1/2018.
Wer sich von der Unvereinbarkeit der unterschiedlichen Denkparadigmen überzeugen möchte, dem empfehle ich einen Blick in die Rubrik »Echo und Aussprache« des Deutschen Pfarrerblattes. Um ein Beispiel zu nennen: Die Leserbriefe zum Artikel »Ostern – Jesus im neuen Licht« von Ernst Vielhaber (ebd., 4/2019, S. 190ff) sind von Unverständnis und Ablehnung geprägt. Dem Autor werden geistliche Insolvenz, Küchenpsychologie und Unglauben vorgeworfen.

59 Vgl. Friedrich Wilhelm Graf: »Anstelle von kritischer Rationalität herrschen im kirchlichen Diskurs weithin dogmatischer Jargon und theologische Sprachlosigkeit vor« (in: ders., Kirchendämmerung, S. 28).

6. KAPITEL: REUMÜTIGE KIRCHE

1 Stolz u.a., Religion und Spiritualität in der Ich-Gesellschaft, S. 154.

2 Ebd., S. 155.

3   Udo Schnelle erkennt in der Erzählung Apg 6, die dies
    schildert, historische Spuren (in: ders., Die ersten 100
    Jahre des Christentums. 30–130 n.Chr., Göttingen 2015,
    S. 141–144).

4   In: Karlheinz Deschner (Hg.), Was halten Sie vom Chris-
    tentum? 18 Antworten auf eine Umfrage, München 1958,
    S. 21–24, hier: S. 23.

5   Christoph Morgenthaler, Seelsorge. Lehrbuch Praktische
    Theologie Bd. 3, Gütersloh ³2017, S. 35.

6   Ob das Zitat wirklich auf den damaligen Volkskammerprä-
    sidenten der DDR Horst Sindermann zurückgeht, ist nicht
    gesichert.

7   In: Dietrich Bonhoeffer, Werkausgabe Band 12, Gütersloh
    1997, S. 353.

8   Arnold Angenendt, Toleranz und Gewalt. Das Christentum
    zwischen Bibel und Schwert, Münster/W. ⁵2009, S. 466f.

9   Immerhin bekannte die nach dem Zweiten Weltkrieg ge-
    bildete »Evangelische Kirche in Deutschland« noch im Jahr
    1945 in der Stuttgarter Schulderklärung eine Mitschuld
    evangelischer Christen an den Verbrechen des National-
    sozialismus, auch wenn der Holocaust und der Antijudais-
    mus dieser Zeit (auch in der evangelischen Kirche) darin
    noch nicht genannt wurden.

10 Nicht unerwähnt soll bleiben, dass Deschners Arbeitsweise
    in der Wissenschaft durchaus kritisch gesehen wird: In
    einer Stellungnahme anlässlich von Deschners 80. Ge-
    burtstag fasste Georg Denzler, emeritierter Professor für
    Kirchengeschichte an der Universität Bamberg, der selbst
    mit kirchenkritischen Texten hervorgetreten ist, Ein-
    wände namhafter Historiker so zusammen: »Er (Deschner)
    kennt kein Quellenstudium, er trifft eine höchst einseitige
    Literaturauswahl, interpretiert gedruckte Quellen ohne
    Berücksichtigung des Zusammenhangs, nimmt Einzel-
    ereignisse für das Ganze und täuscht einen gelehrten An-
    merkungsapparat vor, bei dem oft nicht zu kontrollieren

ist, was behauptet wird.« (Zitat in: wikipedia, Artikel Karlheinz Deschner)

11 Sehr lesenswert hierzu ist das Buch »In Gottes Namen? Von Kreuzzügen, Inquisition und gerechten Kriegen« des Historikers Lutz E. von Padberg, Gießen/Basel 2010. Wichtige Grundlage für dieses Buch, das einen freikirchlichen Hintergrund hat, ist das schon erwähnte Monumentalwerk »Toleranz und Gewalt« des katholischen Mediävisten Arnold Angenendt. In jüngster Zeit hat Manfred Lütz in Zusammenarbeit mit Angenendt eine Populärversion dieses Buches unter dem Titel »Der Skandal der Skandale. Die geheime Geschichte des Christentums« erstellt (Freiburg i.Br. 2018), das sich ganz der Verteidigung der Katholischen Kirche verschreibt. Es preist unter anderem das Papsttum als Garant der Stabilität Europas (S. 65), stellt die Frauenemanzipation als eine im Wesentlichen katholische Errungenschaft dar (S. 254) und versteht das Unfehlbarkeitsdogma als Ausdruck von Liberalität (S. 201). Darauf muss man erst einmal kommen! Auffallend ist in diesem Buch auch die meist schon reflexartige Abwertung des Protestantismus, der es nach Lütz selten schafft, auf der moralischen und fortschrittlichen Höhe der Katholischen Kirche zu agieren. Trotz dieses sehr speziellen Blicks leitet auch dieses Buch dazu an, die klassischen Vorwürfe gegen das Christentum differenzierter zu betrachten, als dies gemeinhin geschieht.

12 Vgl. Padberg, In Gottes Namen?, S. 238: »Das Ergebnis ist ernüchternd. Viele der Vorwürfe sind ... durchaus berechtigt.«

13 Allerdings finden sich in der Bibel durchaus auch Aussagen, die als Rechtfertigung für Gewalt, Rassismus und Antisemitismus verstanden werden können.

14 Vgl. insgesamt hierzu: Padberg, In Gottes Namen?

15 Vgl. hierzu Cox, Die Zukunft des Glaubens, S. 75–87 sowie Padberg, In Gottes Namen?, S. 62–91. An dieser Stelle ist auch die Tatsache zu erwähnen, dass bei den zentralen dogmatischen Entscheidungen der Kirche im 4. und 5.

Jahrhundert die Interessen des oströmischen Kaisers eine zentrale Rolle gespielt haben.

16 Padberg, In Gottes Namen?, S. 238.

17 Nicht verschweigen möchte ich, dass ein gemeindlicher Einzug von Steuern auch große Nachteile hat: »Der eigene Einzug der Steuer durch die Kirchen wäre unvergleichlich teurer und unökonomisch; der erhebliche Verwaltungsaufwand ginge der sachlichen Arbeit verloren ... Die Kirchensteuer bewahrt vor allem die Kirchen vor der Abhängigkeit ihrer Arbeit von Spendern« (in: Kroeger, Notwendigkeit, S. 250). Die Vorteile sind jedoch ebenfalls im Blick zu halten: Die Spendenfreudigkeit der eng mit der Gemeinde Verbundenen würde sich vermutlich deutlich erhöhen. Überhaupt würde sich die Verbundenheit mit der eigenen Kirchengemeinde durch ein gemeindliches Einzugssystem erhöhen.

18 Genauere Informationen zu den Staatszahlungen an die Kirchen finden sich in: Graf, Kirchendämmerung, S. 13f.

19 Der Journalist Matthias Drobinski hat sich in seinem Buch »Kirche, Macht und Geld« (Gütersloh 2013) ausführlich mit dem Thema befasst. Er ist der Meinung, dass, »bei allen Problemen, die es gibt, Religionen und Religionsgemeinschaften insgesamt einer Gesellschaft guttun und dass der Staat, der die Religionsfreiheit schützen will, diesen Religionen auch einen Platz in der Öffentlichkeit garantieren muss« (S. 10). Auch wenn er das Verhältnis von Staat und Kirche weniger kritisch sieht als ich, ist auch er der Ansicht, dass »dieses Staat-Kirche-Verhältnis sich ändern muss, wenn es eine Zukunft haben will« (ebd.).

7. KAPITEL: GEMEINSCHAFTLICHE KIRCHE

1 Im Bereich der katholischen Kirche sollen laut einer Zeitungsmeldung bis zum Jahr 2030 aus 244 Seelsorgeeinheiten 44 Großpfarreien entstehen.

2   Bill Hybels, Mutig führen. Navigationshilfen für Leiter, Asslar 2002, S. 19 (Ich habe den Text leicht verändert).

3   Udo Schnelle listet die gedanklichen Aporien von Apg 2,42–46 auf, die deutlich machen, dass es sich um keine Wirklichkeitsbeschreibung handelt, sondern um eine Utopie: »Lukas nahm einzelne Fälle von freiwilligem Besitzverzicht bzw. einer gemeinsamen Besitznutzung in der Jerusalemer Gemeinde zum Ausgangspunkt seiner Darstellung und verband sie mit dem gemeinantiken Ideal des ἅπαντα κοινά. So erschuf er Ur-Szenen und gab den Ereignissen eine paradigmatische Aura. Zudem dürfte ihm der radikale Lebensstil des irdischen Jesus und seines Jüngerkreises, aber auch des Paulus und seiner engsten Mitarbeiter dazu inspiriert haben« (ders., Die ersten hundert Jahre, S. 138–141, hier S. 141). Es muss an dieser Stelle auch erwähnt werden, dass die Utopie Apg 2 nicht in jedem Aspekt der Darstellung von Hybels' Dozent entspricht.

4   Van Schaik und Michel betonen die hohe Bedeutung der Gemeinschaftsdimension. Sie bezeichnen sie als (arab.) Asabiya und sind der Meinung, dass diese anthropologisch der ursprünglichen Natur des Menschen als Jäger und Sammler entspreche (s. van Schaik/Michel, Das Tagebuch der Menschheit, S. 272–275).

5   Vgl. Hauschildt/Pohl-Patalong, Kirche verstehen, Gütersloh 2016, S. 70: Es kann ein Zirkel entstehen, »dass Kontakte außerhalb der Gruppe als negativ bewertet werden und die Gruppenmitglieder zu den einzigen bedeutsamen Kontakten mit anderen Menschen werden«.

6   Die Konsumhaltung in christlichen Gemeinden in Deutschland ist übrigens häufig ein Problem bei Partnerschaften mit afrikanischen Gemeinden. Wenn deutsche Gemeindedelegierte in Afrika sind, wird das als Fest der ganzen Gemeinde gefeiert. Kommen Delegierte nach Deutschland, erleben sie häufig ein kümmerliches Häuflein von meist hauptamtlichen Menschen, das sie erwartet.

7   Dass das frühe Christentum auch andere Facetten als die Vision in Apg 2 hat, zeigen beispielsweise die Pastoralbriefe auf. Moisés Mayordomo ist der Meinung, »dass gegenwärtige volkskirchliche Modelle wohl an keine Schriftgruppe des Neuen Testaments so deutlich anknüpfen können wie an die Pastoralbriefe« (ders., in: David Plüss, Matthias D. Wüthrich, Matthias Zeintler [Hg.], Ekklesiologie der Volkskirche. Theologische Zugänge in reformierter Perspektive, Zürich 2016, S. 294).

8   Hans Peter Henecka, Grundkurs Soziologie, Stuttgart ³1990, S. 121.

9   Ebd., S. 122.

10 Stolz u.a., Religion und Spiritualität in der Ich-Gesellschaft, S. 160.

11 Hauschildt/Pohl-Patalong sprechen in diesem Zusammenhang zurecht vom »Hybrid Kirche« (in: diess., Kirche, S. 216-219).

12 Henecka, Grundkurs Soziologie, S. 116.

13 Unter anderen war es der Theologe und Philosoph Sören Kierkegaard, der betont hat, »dass Christsein nicht eine theoretische Haltung, sondern eine Lebensweise ist« (in: Martin Hailer, Religionsphilosophie, S. 205). Vgl. auch George A. Lindbeck: Gleich einer Kultur oder Sprache ist Religion »ein gemeinschaftliches Phänomen, das viel eher die jeweilige Subjektivität Einzelner prägt, als dass sie in erster Linie eine Manifestation dieser jeweiligen Subjektivität wäre« (in: ebd., S. 187). Zur Bedeutung von Kirche als Gruppe, Gemeinschaft und Bewegung siehe allgemein Hauschildt/Pohl-Patalong, Kirche, S. 138–157.

14 In dieser Hinsicht fühle ich mich dem Anliegen des Netzwerkes »fresh expressions« verbunden, in dem Gruppen, Gemeinden und kirchliche Einrichtungen neue Formen des Christlichen ausprobieren.

15 Kristian Fechtner, Späte Zeit der Volkskirche. Praktisch-theologische Erkundungen, Stuttgart 2010, S. 19.

Fechtner hält es deshalb zurecht für ein Problem, »wenn Kirche oder gar kirchliches Leben tendenziell zu einem Ganzen der Lebenswirklichkeit erklärt oder verklärt wird. Die Vermittlung christlicher Tradition gelingt eben nicht als Weitergabe eines festen Bestandes religiöser Vorstellungen, sondern nur dort, wo diese Traditionen freigegeben und zur eigensinnigen Aneignung durch Individuen aufgeschlossen werden« (ebd.).

16 Vgl. ebd., S. 30: »Gemeinschaftsbedürfnisse und Gemeinschaftserlebnisse sind ein vitales Element des heutigen religiösen Lebens ... Die Gemeinschaftlichkeit des Religiösen scheint ein Widerlager zu sein und sie stiftet Vertrautheiten in einer unübersichtlichen Welt.«
Die Frage ist, welcher Grad der Intensität und Kontinuierlichkeit von Gemeinschaft wichtig ist, um als Individuum eine religiöse Identität ausbilden zu können. Hier setze ich den notwendigen Grad an Intensität und Kontinuierlichkeit höher an als Fechtner, der, um Kirche zu beschreiben, die Metaphern »Bahnhof« und »Herberge« ins Spiel bringt. Beide, Bahnhof und Herberge, bieten keine Heimat, sondern sind nur Durchgangsstationen. Von den Austrittszahlen her geurteilt ist meine Behauptung, dass spätmoderne Menschen Kirche als »Bahnhof« und »Herberge« immer weniger brauchen.

17 Zwar ist nach Schleiermacher die religiöse Selbstständigkeit und kritische Mündigkeit des Einzelnen ernst zu nehmen: »Indes schöpft jener seinen ›Sinn und Geschmack fürs Unendliche‹ aus der Gemeinschaft mit Gleichgesinnten, mit ebenfalls religiös Erregten, und drängt wiederum auf die gemeinschaftliche Mitteilung seines Glaubens. Ohne diese Gemeinschaft wird das religiöse Gefühl schal« (in: Plüss/Wüthrich/Zeindler, Ekklesiologie der Volkskirche, Zürich 2016, S. 415).

18 Vgl. Hauschildt/Pohl-Patalong, Kirche: Empirisch zeigt sich, »dass neben den individualistischen Werten auch wie-

der der Wunsch nach andauernder stabiler Gemeinschaft zunimmt« (S. 143). In diesem Sinne heißt es bei Fechtner: »In der Religion steht niemand ›lediglich auf sich selber‹. Religion drängt auf dauerhafte Gemeinschaftsbildung« (in: ders., Späte Zeit der Volkskirche, S. 31).

19 Hauschildt/Pohl-Patalong sprechen in Berufung auf den Philosophen Udo Tietz von »partikularen Wir-Gruppen«, die unter anderem dadurch charakterisiert sind, dass sie nicht aus der allgemeinen Rationalität aussteigen und den offenen Diskurs in der Gruppe selbst kultivieren (dies., Kirche, S. 154).

8. KAPITEL: GLAUBWÜRDIGE KIRCHE

1 Ulrich Luz benennt in seinem großen Matthäuskommentar die zentralen Elemente der jesuanischen Ethik in der Bergpredigt folgendermaßen:

»1. Jesu Ethik ist Kontrastethik, vom Anbruch des Gottesreiches her formuliert, das anders ist als die Welt. Von dieser Ethik her leben bedeutet, in der Welt ein Zeichen des – total anderen – Gottesreiches zu setzen.

2. Jesu Ethik des Gottesreiches bedeutet nicht, dass die Welt sich selbst überlassen werden darf, sondern eine fundamentale Infragestellung der Welt.

3. Weil Mt um diesen Horizont wusste, hat er seine Bergpredigt nicht einfach als ›interne‹ Jüngerethik der Gemeinde entfaltet, welche Außenstehende nichts anzugehen braucht, sondern sie ist primärer Inhalt der Missionsverkündigung, welche die Gemeinde ›allen Völkern‹ schuldet (28,19).

4. Die einzelnen Gebote der Bergpredigt betreffen nicht nur ›Binnenfragen‹ der christlichen Gemeinde, sondern sie zielen – besonders deutlich in der vierten bis sechsten Antithese und in Mt 6,19–34 – auf ein aktiv gelebtes Verhältnis der Gemeinde zur Welt.

5. Missionsverkündigung geschieht so, dass die Gemeinde die Ethik der Bergpredigt praktiziert, so dass die Menschen durch ihre Werke überzeugt werden und dafür den himmlischen Vater preisen (vgl. 5, 16).« (Ulrich Luz, Das Evangelium nach Matthäus. EKK I/1 [Mt 1–7], Düsseldorf/Zürich ⁵2002).

2   Vgl. Mt 5, 48: »Darum sollt ihr vollkommen sein ...!«

3   Von Albert Schweitzer stammt der schöne Satz: »Wachset in eure Ideale hinein, damit das Leben sie euch nicht nehmen kann!«

4   Jan Ross schreibt über die moderne Gesellschaft: »Wir haben lange schon ›Abschied von der Utopie‹ genommen – so lange, so oft und schließlich mit mechanischer Selbstverständlichkeit, dass es Zeit wird, sich im Gegenteil wieder an den Wahrheitskern des utopischen Denkens zu erinnern. Irgendwo muss für unser Tun und Trachten schon ein Ziel herauskommen« (in: ders., Die Verteidigung des Menschen, S. 202).

5   In: www.jesus.de/dr-klaus-douglass-mission-ist-beziehungspflege/

6   Vgl. Lk 24,32: »Brannte nicht unser Herz in uns?«

7   Vgl. Ludwig Wittgenstein: »Es kommt mir vor, als könne ein religiöser Glaube nur etwas wie das leidenschaftliche Sich-entscheiden für ein Bezugssystem sein« (in: Ludwig Wittgenstein. Ein Reader, hg. v. Antony Kenny, Stuttgart 1996, S. 369).

8   Vgl. hierzu Wolfgang Vorländer, Gottes Gastfreundschaft im Leben der Gemeinde, Stuttgart 1999, S. 42–45.

9   Hierzu allgemein: U. Duchrow, Gieriges Geld. Auswege aus der Kapitalismusfalle – Befreiungstheologische Perspektiven, München 2013.

10   Das genaue Zitat von Nietzsche (aus: ders.: Also sprach Zarathustra 2. Teil, Von den Priestern) lautet: »Bessere Lieder müssten sie mir singen, dass ich an ihren Erlöser glauben lerne: erlöster müssten mir seine Jünger aussehen!«

(in: Friedrich Nietzsche: Werke in drei Bänden. München 1954, Band 2, S. 350).

11 Bartel, Zen leben – Christ sein, S. 20.

12 Vgl. Gerd Theißen, Transparente Erfahrung. Predigten und Meditationen, Gütersloh 2014, S. 78: »Lassen wir uns ... nicht einreden, Jesus habe gemeint, der Mensch müsse bei der großen Verwandlung der Welt passiv bleiben. Nein, die Botschaft sagt eindeutig: Der Mensch soll Früchte bringen. Sein Handeln ist gefordert.«

9. KAPITEL: SPIRITUELLE KIRCHE

1 So definiert Wikipedia den Begriff Spiritualität im religiösen Horizont.

2 Vgl. Richard Kearney, Revisionen, Freiburg i.Br. 2020, S. 37f: »›Spirituell‹ ist eine sehr umfassende Kategorie, die zuweilen alles und nichts bedeuten kann. Doch zumeist bedeutet sie etwas, sogar etwas sehr Wichtiges. Wir begegnen vielen Menschen in unserem säkularen Zeitalter, die sich noch immer nach ›etwas‹ sehnen – wonach, wissen sie nicht so recht –, wie man dieses Etwas auch immer definieren mag. Oft spricht man in diesem Zusammenhang von einer ›spirituellen Suche‹, die sich auf recht unterschiedliche Weise ausdrücken kann – durch eine Wertschätzung der Kunst Botticellis, Bachs oder Bob Dylans, über theosophische New-Age-Bewegungen, bis hin zum Interesse an Astrologie oder neuerdings an Formen transzendentaler Meditation und Yoga – ein Mix aus Rumi und Ramakrishna. All diese Formen des spirituellen Reisens und der Selbstfindung können ohne jegliche Verpflichtung einer bestimmten Konfession gegenüber vonstatten gehen, mit ihren ererbten Riten, Überzeugungen, Praktiken und Doktrinen.«

3 Vgl. hierzu Peter Cornehl, in: ders., Der Evangelische Gottesdienst – Biblische Kontur und menschliche Wirklich-

keit, Band 1: Theologischer Rahmen und biblische Grundlagen, Stuttgart 2006, S. 66–73.

4   Vgl. hierzu Herbert Lindner, Kirche am Ort. Ein Entwicklungsprogramm für Ortsgemeinden, Stuttgart/Berlin/Köln 2000, S. 64f.

5   Als Beispiel für viele: Christian Grethlein, Grundfragen der Liturgik. Ein Studienbuch zur zeitgemäßen Gottesdienstgestaltung, Gütersloh 2001.

6   Manfred Josuttis in: Bieritz, Spielraum Gottesdienst, S. 97.

7   Kunstmann, Rückkehr, S. 287.

8   Martin Nicol, Weg im Geheimnis. Plädoyer für den Evangelischen Gottesdienst, Göttingen [3]2011, S. 19.

9   Ebd.: Gottesdienst ist »eine eigentümliche, von anderen Vollzügen charakteristisch unterschiedene Weise, das Gottesgeheimnis zu begehen.«

10 Ebd., S. 101.

11 Evangelisches Gottesdienstbuch, Berlin [2]2001, S. 24.

12 Ebd.

13 Stolz u.a., Religion und Spiritualität in der Ich-Gesellschaft, S. 141.

14 David Plüss, in: ders., Gottesdienst als Textinszenierung. Perspektiven einer performativen Ästhetik des Gottesdienstes, Zürich 2007, S. 272.

15 »Auch dort, wo die Feier der Eucharistie im Zentrum des liturgischen Handelns steht, wird mit solchem Spiel doch wieder nur auf ein anderes Spiel verwiesen. In Szene gesetzt wird das letzte Mahl Jesu; das aber stellt die Lebenshingabe Jesu nicht unmittelbar, sondern auf eine sublime, verschlüsselte Weise dar. Was im christlichen Gottesdienst gespielt wird, lässt sich so als *Zeichen* eines *Zeichens* – des Abendmahls Jesu – eines *Zeichens*, nämlich des Kreuzesopfers als *Zeichen* der Versöhnung begreifen.« (Bieritz, Spielraum Gottesdienst, S. 97f.)

16 Agende meint ganz allgemein den Gottesdienstablauf. Sie

kann auch den geschriebenen Ablauf bezeichnen in Form des Buches, das der Gottesdienstleitende während des Gottesdienstes in Händen hält.

17 Zwar sieht die Agende auch Gottesdienste in offener Form vor und hält entsprechende Ideen bereit. Allerdings knüpfen diese Ideen eng an die traditionellen liturgischen Stücke an. Außerdem heißt es einschränkend: »Um die Gemeinde und die für die Gottesdienstgestaltung Verantwortlichen nicht zu überfordern, empfiehlt es sich, dass in der Regel nur einer der vier Teile der Liturgie in offener Form geführt wird« (Evangelisches Gottesdienstbuch, Berlin [2]2001, S. 204).

18 Liturgischer Wegweiser durch den Gottesdienst in der EKHN, Herborn 2018, S. 85.

19 Das geschieht allerdings in der theologischen Wissenschaft vielfach. Martin Nicol schreibt zum Beispiel: »Zugegeben, ich habe Vorbehalte gegenüber einer Eventkultur auf dem sensiblen Weg des Gottesdienstes« (in: ders., Weg im Geheimnis, S. 12).

20 Vgl. Christian Bittlinger/Fabian Vogt: Die Sehnsucht leben. Gottesdienst -- neu entdeckt, München 1999, S. 12: »Es ist sinnlos, Texte herunterzubeten, die ich als interessierter Besucher oft schon von der Sprache her kaum noch nachvollziehen kann.«

21 Der Anspruch der neuen Agende ist eigentlich ein anderer. Im dritten Gottesdienstkriterium heißt es: »Bewährte Texte aus der Tradition und neue Texte aus dem Gemeindeleben der Gegenwart erhalten den gleichen Stellenwert« (in: Evangelisches Gottesdienstbuch, S. 15).

22 Um ein Beispiel zu nennen: Im Evangelischen Gottesdienstbuch heißt es in einem Vorbereitungsgebet: »Nimm von uns, Herr, unsere Sünde, dass wir mit lauterem Herzen und reinen Lippen diesen Gottesdienst feiern ...« (Evangelisches Gottesdienstbuch, S. 495)

23 Mein Lieblingsbeispiel in diesem Zusammenhang ist das Wort »zuschanden«.

24 Klassikprogramme im Radio werden nur von einer kleinen Minderheit der Bundesbürger gehört.

25 Vgl. Drehsen, Wie religionsfähig ist die Volkskirche?, S. 21: »Die theologisch-dogmatisch hermetische Struktur der Gottesdienstkommunikation fördert weitgehend eine Diskrepanz zwischen kirchlicher und lebensweltlicher Lebensdeutung zutage, eine kognitive Atmosphäre der Unwirklichkeit und Unwirksamkeit, die nur dann nicht auffällt, wenn bereits ein hoher mentaler Gewöhnungsgrad erreicht ist; gleichsam eine sprachliturgische Perfektion ohne Vermittlung ... Die religiöse Kommunikation als kirchlich organisierter Diskurs über die Probleme der Alltagswelt im Lichte der christlichen Verheißung erscheint zumindest nach Auskunft vieler Befragten regelmäßig unter dem ungünstigen Vorzeichen des Wirklichkeitsdefizits zu stehen, in dem die Sprache des Gottesdienstes zum Esperanto der Theologen zu verkommen scheint: ›Wenn die Situation nicht mit aufleuchtet, dann predigt man auch im fortissimo gehäufter christologischer Aussagesätze von blauen Enten.«

26 Joachim Kunstmann, zit. In: Hauschildt/Pohl-Patalong, Kirche, S. 91.

27 In: Plüss, Gottesdienst, S. 272.

28 Der Ausdruck *sola scriptura* (lateinisch für »allein durch die Schrift«) bezeichnet einen theologischen Grundsatz der Reformation und der reformatorischen Theologie, nachdem die Heilsbotschaft hinreichend durch die Bibel vermittelt wird und keiner Ergänzung durch kirchliche Überlieferungen bedarf.

29 Luz, Hermeneutik, S. 12.

30 Volker Drehsen spricht von der traditionell-lutherischen »Konzentration auf den Wortcharakter des Gottesdienstes, die diesen im Gemeindeempfinden weitgehend zu einer kopflastig-doktrinären, formelhaft-sprachinflationären, oftmals als Präsentationsform entgeisterter Geist-

reichigkeiten erlebten Forum der Theologie werden ließ«
(in: ders.: Wie religionsfähig ist die Volkskirche?, S. 22).

31 Nicol, Weg im Geheimnis, S. 279.

32 Hauschildt/Pohl-Patalong, Kirche, S. 93 (vgl. Anm. 48).

33 Das erste Kriterium der ›Erneuerten Agende‹ für das Verstehen und Gestalten des Gottesdienstes lautet immerhin: »Der Gottesdienst wird unter der Verantwortung und Beteiligung der ganzen Gemeinde gefeiert« (in: Evangelisches Gottesdienstbuch, Berlin ²2001, S. 15). Dieser Anspruch wird in protestantischen Gottesdiensten selten eingelöst.

34 Vgl. Plüss, Gottesdienst, S. 15: »Inszenierungen haben, wenn es sich nicht um künstlerische Inszenierungen handelt, die als solche deklariert sind, keine gute Presse. Wenn eine Gedenkfeier oder ein Gottesdienst als inszeniert erscheint und bezeichnet wird, dann ist damit eine gewisse Künstlichkeit angesprochen, die dem Ablauf als solchem nicht eigen, sondern der mediengerechten Aufbereitung geschuldet ist. Gottesdienste sollten gerade nicht als Inszenierungen wahrgenommen werden.«

35 Van Schaik/Michel, Das Tagebuch der Menschheit, S. 49.

36 Vgl. Nicol, Weg im Geheimnis, S. 153.

37 Ein instruktives Buch hierzu: Helmut Wenz, Körpersprache im Gottesdienst. Theorie und Praxis der Kinesik für Theologie und Kirche, Leipzig 1995.

38 Ebd., S. 99.

39 Nicol, Weg im Geheimnis, S. 12.

40 Damit greife ich die Strategie der *Willow Creek Church* auf, die am Wochenende einen »seeker service« feiert und unter der Woche einen Gottesdienst für kirchlich verbundene Menschen.

41 Ich beziehe mich dabei auf Anregungen von Bittlinger/ Vogt, Gottesdienst, S. 204, sowie Klaus Douglass/Kai Scheunemann/Fabian Vogt, Go Special. Lust auf offene Gottesdienste, Gütersloh 2004, S. 72.

42 Vgl. Ulrike Egermann, Vom Popsong zur Konfiperfor-
    mance, in: ku-praxis 64, Gütersloh 2019, S. 26–28.

43 Hilfreich in diesem Zusammenhang ist das »Praxisbuch
    neue Gottesdienste« (hg. von Christian Schwarz und Mi-
    chael Herbst, Gütersloh 2010), auch wenn es von seiner
    theologischen Diktion in eine andere Richtung geht als
    die, die mir vorschwebt.

44 Ich sehe die Perikopenordnung, also das vorgeschriebene
    – und kürzlich revidierte – System von Predigttexten für
    den jeweiligen Sonntag, durchaus kritisch. Indem man sich
    an die Perikopenordnung hält, geht man nicht mehr von
    den existenziellen Fragen oder Erlebnissen der Menschen
    aus, sondern von Traditionsvorgaben. Viele Texte bürden
    der Predigtperson dabei eine übergroße Herausforderung
    auf, weil sie sich kaum mit der modernen Erfahrungswelt
    verknüpfen lassen. Ich pflege deshalb einen höchst freien
    Umgang mit dieser Ordnung und betrachte sie lediglich
    als Inspiration und Textangebot.
    Als besonders bedrückend habe ich die unbeirrte Orientie-
    rung an der Perikopenordnung in der Zeit der Coronakrise
    erlebt: Anstatt von den Nöten und Ängsten der Menschen
    auszugehen und zu überlegen, was biblisch hierzu hilfreich
    sein kann, wurde in der Regel zu Texten gepredigt, die
    der seelischen Lage der Menschen nicht gerecht wurden.
    Geradezu drollig wirkten die krampfhaften Versuche, den
    vorgeschriebenen Predigttext doch noch irgendwie auf die
    Coronakrise zu beziehen.

45 Gute Ideen bietet das Buch von Christian Schwarz, Die
    Seele berühren. Neue Gottesdienste, Gütersloh 2008.

46 Taizé, Gemeinsame Gebete für das ganze Jahr, Freiburg i.Br.
    2007.

47 Das Thema »Schuld« befindet sich nach Meinung von Jan
    Ross, Redakteur der Wochenzeitung DIE ZEIT, zu Unrecht
    in der modernen Gesellschaft auf dem Rückzug: In Wahr-
    heit ist »die ganze Tradition von Schuld, Sünde und schlech-

tem Gewissen nicht einfach eine Last, die man besser abwerfen sollte, um dann endlich glücklich zu werden. Die Schuldkultur ist eine Errungenschaft, ein reiches, schweres Erbe des Abendlands, problematisch und kostbar zugleich, eine Erweiterung des Menschenbildes, die nur um den Preis von moralischem und seelischem Verlust rückgängig zu machen ist« (in: ders., Die Verteidigung des Menschen. Warum Gott gebraucht wird, Berlin ³2013, S. 170).

48 Vgl. Kunstmann, Subjektorientierte Religionspädagogik, S. 91. Hauschildt/Pohl-Patalong weisen darauf hin, dass häufig ursprünglich synkretistische Vorgänge dazu führen, »›eigene‹ christliche Traditionen neu zu entdecken wie beispielsweise christliche Meditationspraktiken« (in: dies., Kirche, S. 88).

49 Luz, Hermeneutik, S. 12.

10. KAPITEL: BILDENDE KIRCHE

1 Englert, Grundfragen, S. 283.

2 Vgl. Kunstmann, Subjektive Religionspädagogik, S. 119: »Subjektive und selbst verantwortete Religion kann also nicht die unbesehene Übernahme von Vorgaben sein. Solange die christliche Religion monopolartig kulturprägend war, ließ sich die subjektive Vergewisserung innerhalb der Weitergabe traditioneller Glaubenswahrheit denken ... Heute allerdings ist die Vermittlung vorgegebener Traditionsbestände als Grundvorgang religiöser Bildung an ihr Ende gekommen.«

3 Ebd., S. 98.

4 Antje Rösener, Standards für eine Bildung, die den Menschen dient und der Kirche gut zu Gesicht steht, in: Johannes Zimmermann (Hg.), Darf Bildung missionarisch sein? Beiträge zum Verhältnis von Bildung und Mission, Neukirchen-Vluyn 2010, S. 138.

5 Vgl. Kunstmann, Subjektorientierte Religionspädagogik,

S. 99: »Ohne Emotionalität (geschieht) generell keine innere Verankerung des Lernens.«

6 Rösener, Standards, S. 138.

7 Kunstmann, Subjektorientierte Religionspädagogik, S. 99.

8 Vgl. Rainer Oberthür, Kinder und die großen Fragen. Ein Praxisbuch für den Religionsunterricht, München 1995, S. 14–16.

9 Vgl. Grom, Religionspsychologie, S. 252–269.

10 Vgl. insgesamt hierzu: Gundula Rosenow, Individuelles Symbolisieren. Zugänge zu Religion im Kontext von Konfessionslosigkeit, Leipzig 2016.

11 Kunstmann, Subjektorientierte Religionspädagogik, S. 101. Vgl. insgesamt dazu das Kapitel »Symbolische Deutung und Symbolisierung« (in: ebd., S. 101–109).

12 Ebd., S. 109.

13 Gundula Rosenow, zitiert in: Kunstmann, Subjektorientierte Religionspädagogik, S. 113f.

14 Diese Kategorien und die der folgenden Überschriften entnehme ich dem Artikel von Peter Biehl, Religion wahrnehmen, deuten, gestalten, in: kreuzundquer. Impulse für die Konfirmandenzeit. Das Werkbuch, hg. von Martin Rothgangel und Norbert Dennerlein, Göttingen 2005, S. 9–13.

15 Ebd.

16 Ebd., S. 10.

17 Ebd., S. 9.

18 Ebd.

19 Vgl. hierzu Hubertus Halbfas, Religiöse Sprachlehre. Theorie und Praxis, Ostfildern 2012.

20 Biehl, Religion wahrnehmen, S. 10.

21 Vgl. Schütze, »Gott« II, S. 164: »Aber gleichzeitig werden wir sie [d.h. biblische Texte] in einen heute plausibilisierbaren interpretativen Rahmen einbetten, der eben nicht mehr der Rahmen der alten Dogmen und Glaubensbekenntnisse sein kann.«

22 Biehl, Religion wahrnehmen, S. 11.

23 Wilhelm Gräb, zitiert in: Kunstmann, Subjektorientierte Religionspädagogik, S. 68.

24 Kunstmann, Subjektorientierte Religionspädagogik, S. 105: »Symbol, Bild und Metapher sind die ›Sprache‹ der Religion. Sie erlauben es, komplexe Situationen zu deuten, und setzen eine Fülle von subjektiven Assoziationsmöglichkeiten frei. Denn sie haben einen ›Hof‹ von Bedeutungen. Damit erweisen sie sich in der menschlichen Kommunikation, aber auch im Weltverstehen als höchst leistungsfähig und als nicht ersetzbar.«

25 Ebd., S. 68.

26 Gundula Rosenow, zitiert in: Kunstmann, Subjektorientierte Religionspädagogik, S. 131.

27 Hans-Ulrich Keßler/Burkhard Nolte, Konfis auf Gottsuche. Praxismodelle für eine handlungsorientierte Konfirmandenarbeit, Gütersloh ²2004.

28 Kunstmann, Subjektorientierte Religionspädagogik, S. 92.

29 Ebd., S. 136.

30 Vgl. Kunstmann, Subjektorientierte Religionspädagogik, S. 106.

31 Ebd., S. 136.

32 Vgl. ebd., S. 97: Spirituelle Übungsmethoden »nehmen aus dem alltäglichen Routinefluss heraus und stellen den Menschen in eine Lage erhöhter Bewusstheit«.

33 Siehe hierzu: Gundula Rosenow, Christentum – und nichts verstanden. Bausteine für eine subjektorientierte Religionsdidaktik in Schule und Gemeinde; erscheint voraussichtlich 2021.

34 Kunstmann, Subjektorientierte Religionspädagogik, S. 136.

35 Im Folgenden zitiere ich teilweise wörtlich aus: Hubertus Halbfas, Religionsunterricht in Sekundarschulen. Lehrerhandbuch 5, Düsseldorf 1992, S. 17ff.

36 Vgl. allgemein dazu: Frederik Vester, Denken, Lernen, Vergessen. Was geht in unserem Kopf vor, wie lernt das Gehirn, und wann lässt es uns im Stich?, München ³⁶2004.

37 Hubertus Halbfas, Das dritte Auge. Religionsdidaktische An-
    stöße, Düsseldorf ⁵1992, S. 167.
38 Als Laborschulen bezeichnet man experimentelle Schulen,
    die typischerweise einem pädagogischen Forschungs- und
    Ausbildungsinstitut angegliedert sind.

11. KAPITEL: PLANMÄSSIG SICH ENTWICKELNDE KIRCHE

1 Allein das Thema »fresh expressions« wird derzeit breit
   rezipiert; vgl. beispielhaft: Hans-Hermann Pompe/Patrick
   Todjeras/Carla J. Witt (Hg.), Fresh X – frisch. neu. innova-
   tiv. Und es ist Kirche, Neukirchen-Vluyn 2016.
2 Vgl. hierzu: Klaus-Martin Strunk, Marketing-Orientierung in der Gemeindearbeit, in: Hans-Jürgen Abromeit
   u.a. (Hg.), Spirituelles Gemeindemanagement. Chancen
   – Strategien – Beispiele, Göttingen 2001, S. 42–81.
3 Vgl. Strunk, Marketing-Orientierung, in: ebd., S. 54: »Strategien im Spirituellen Gemeindemanagement verstehen
   wir als einen bedingten, langfristigen, globalen Verhaltens-
   plan zur Erreichung der Gemeindeziele.«
4 Ebd., S. 57.
5 Strunk nennt diesen 5. Schritt »Marketing-Mix«. Diese
   Bezeichnung erscheint mir missverständlich. Im Bereich
   der Wirtschaft wird unter Marketing häufig etwas anderes
   verstanden.
6 Strunk spricht von der notwendigen Kultur: »Wenn die
   Menschen nicht hinter den Zielen, Strategien und Strukturen stehen können, weil sie nicht begeistert und motiviert sind, wird das Ziel nicht erreicht« (in: ders.: Marketing-Orientierung, S. 57)
7 Ich habe in diesem Zusammenhang viel gelernt von Ge-
   meindeaufbaukonzeptionen aus dem evangelikalen Bereich, die ich in meinen theologischen Horizont transformiert habe. Besonders inspirierend waren und sind für
   mich beim Thema Gemeindeaufbau folgende Bücher: Bill

Hybels, Mutig führen. Navigationshilfen für Leiter, Asslar
³2005; ders., Die Mitarbeiter-Revolution. Begeistert in der
Gemeinde mitarbeiten, Asslar ²2005; Rick Warren, Kirche
mit Vision. Gemeinde, die den Auftrag Gottes lebt, Asslar
³2006; Christian A. Schwarz, Natürliche Gemeindeentwicklung. Nach den Prinzipien, die Gott selbst in seine
Schöpfung gelegt hat, Emmelsbüll-Horsbüll ⁴2006.

8   Wie im Zuge des Spirituellen Gemeindemanagements
    Leitung integrativ und zugleich effektiv ausgeübt werden
    kann, beschreibt Hans-Martin Strunk instruktiv, in: ders.,
    Marketing-Orientierung, in: Hans-Jürgen Abromeit u.a.
    (Hg.), Spirituelles Gemeindemanagement, S. 76–78.

9   Herbert Lindner, Kirche am Ort. Ein Entwicklungspro-
    gramm für Ortsgemeinden. Völlig überarbeitete Neuaus-
    gabe, Stuttgart 2000, S. 63.

10 Siehe hierzu: www.ekd.de/ekd_de/ds_doc/ekd_v_
    kmu3014.pdf

11 Deshalb verfängt Matthias Kroegers Werbung für eine dis-
    tanzierte Kirchenmitgliedschaft in seinem Buch »Die Not-
    wendigkeit der unakzeptablen Kirche. Eine Ermutigung zu
    distanzierter Christlichkeit« (München 1997) nicht. Diese
    Form kirchlicher Mitgliedschaft wollen immer weniger
    Menschen.

12 Michael Herbst, Deine Gemeinde komme. Wachstum nach
    Gottes Verheißungen, Holzgerlingen ²2007, S. 127f.

13 Fabian Vogt, Das 1x1 der Emerging Church, Glashüt-
    ten/Emmelsbüll-Horsbüll 2006, auf der viertletzten Seite.

14 Ebd., 3.1. bis 3.6.

15 Vgl. Warren, Kirche mit Vision, S. 137–144.

16 Vgl. hierzu Markus Beile, Herausforderungen und Pers-
    pektiven der Konfirmationspredigt. Empirische Einsich-
    ten und theologische Klärungen, Stuttgart 2016.

17 Ich halte das Modell KU 3 (Konfirmandenunterricht für die
    3. Klasse) als ergänzendes Angebot zur Konfirmandenar-
    beit für sehr sinnvoll.

18 Vgl. hierzu das Projekt der EKD: www.kurse-zum-glauben.de
19 Alexander Garth, Pfarrer im Osten Berlins, erzählt in sei-
    nem Buch »Gottloser Westen« von einem Film, den er zu-
    sammen mit Freunden angeschaut hatte: »›Melancholia‹
    löste eine angeregte Diskussion zwischen meinen athe-
    istischen Freunden und mir aus. Schließlich sagten sie:
    ›Eigentlich macht uns eine Welt ohne Gott, die steuerlos
    auf eine ungewisse Zukunft losrast, Angst. Es wäre schön,
    wenn du Recht hättest mit deinem Gott und deinem Glau-
    ben. Es wäre schön, wenn es einen Gott gäbe, der alles in
    der Hand hält und durch den ganz am Ende eben doch alles
    gut wird.‹ Und dann bedauerten sie, dass sie leider nicht
    glauben könnten« (in: ders., Gottloser Westen? Chancen
    für Glauben und Kirche in einer entchristlichten Welt,
    Leipzig 2017, S. 96f.).
    Es ist für mich keine Überraschung, dass Garth mit seiner
    einseitig theistischen Anschauung – er schreibt ein paar
    Seiten vorher von der »Freundschaft mit Gott als dem
    Kern des Evangeliums« – bei seinen Freunden nichts er-
    reicht. Gegenüber einem Theismus erscheint Atheismus
    tatsächlich als einzige Alternative. Aber genau über diese
    Alternative müssen wir hinauskommen.
20 Kunstmann, Rückkehr, S. 293. Ich selbst habe in meinem
    Buch »Religion für Nichtschwimmer. 5 Trockenübungen«
    (Gütersloh 2014) versucht, mich auf kirchendistanzierte
    Menschen einzustellen, und auf der Basis dieses Buches
    fünf Gesprächsabende für kirchlich distanzierte Menschen
    angeboten.
21 Bartel, Zen leben – Christ sein, S. 137.
22 In: Kunstmann, Rückkehr, S. 293–301.
23 Gute Ideen hierfür bietet Dietrich Nolte/Oliver Teufel,
    Start up – Jugendliche gewinnen. Ein Kurs zur Motiva-
    tion und Qualifikation junger Konfirmierter, Göttingen
    2012.
24 In der badischen Landeskirche wurde, in Adaptation eines

Modells der *Willow Creek Church,* das Gabenseminar »Mitarbeiten am richtigen Platz« entwickelt.

25 Hybels, Die Mitarbeiter-Revolution, S. 25f.
26 Lindner, Kirche am Ort, S. 187.
27 Ebd., S. 188.
28 Garth, Gottloser Westen?, S. 101.
29 Vgl. hierzu Michael Harvey, Ich glaub, ich lad ein. Vom erstaunlichen Potential der Gemeinde – Gottesdienst erleben: Der Back to Church Sunday in Deutschland, eingeführt von Heinrich Bedford-Strohm, Neukirchen-Vluyn 2017.
30 Warren, Kirche mit Vision, S. 41f.
31 Vgl. hierzu auch Lindner, Kirche am Ort, S. 189–201.
32 Genaueres: Markus Beile, Reise in die Welt des Glaubens. Ein Konfi-Kurskonzept für 9 Samstage und ein Wochenende, Gütersloh 2012.
33 Schwarz, Natürliche Gemeindeentwicklung, S. 76.
34 Im diesem Zusammenhang können auch Anregungen der fresh X-Bewegung aufgenommen werden, der es darum geht, neben den traditionellen Kirchengemeinden auch alternative Gemeinschaftsformen zu entwickeln. Vgl. Pompe/Todjeras/Witt (Hg.), Fresh X.

12. KAPITEL: ÖFFENTLICHE KIRCHE

1 Thomas Schlag, Öffentliche Kirche. Grunddimensionen einer praktisch-theologischen Kirchentheorie, Zürich 2012, S. 14.
2 Ebd., S. 15.
3 Stolz u.a., Religion und Spiritualität in der Ich-Gesellschaft, S. 153.
4 Vgl. Schlag, Öffentliche Kirche, S. 38: »Deutlich ist hier folglich, dass die entscheidende öffentliche Artikulation … eben dann doch den amtlichen Repräsentantinnen und Repräsentanten zukommt.«
5 Ebd., S. 35: »So zeigt sich grundsätzlich, dass – bei aller in-

ternen Pluralität – im Zusammenhang öffentlicher Theologie erhebliches Gewicht auf die Kraft prophetischer Utopie gesetzt wird und dabei der Reich-Gottes-Begriff in seiner besonderen Verheißungsdimension stark gemacht wird.«

6 Thomas Schlag empfiehlt im Zusammenhang einer Kirche, die sich im Sinne Jesu gesellschaftlich einbringen will, drei Leitperspektiven, um konkrete gesellschaftliche Problemlagen im Licht des Evangeliums zu bedenken und durch die jeweilige kirchliche Praxis zu bearbeiten: christliche Freiheit, christliche Verantwortung und christliche Hoffnung. Ich betrachte diese Leitperspektiven als sinnvoll und weiterführend, sie ergänzen meine eigenen Überlegungen in hilfreicher Weise.

7 Vgl. Martin Koestler, Stirbt Jesus am Christentum?, S. 50:»Es ist in keiner Weise Zufall, dass das Konsumdenken gerade unter der Christenheit so große Blüten treibt. Unter allen Weltreligionen hat es einzig das Christentum unternommen, die gesamte lebendige und materielle Welt seinen egoistischen Bedürfnissen gefügig zu machen.«

8 Jan Ross, Die Verteidigung des Menschen, S. 159.

9 Thomas Schlag, Öffentliche Kirche, S. 16.

UNTERGANG ODER AUFERSTEHUNG DES PROTESTANTISMUS

1 Stolz u.a., Religion und Spiritualität in der Ich-Gesellschaft, S. 206.

2 Ebd., S. 216.

Bibliografische Information der Deutschen Nationalbibliothek
Die Deutsche Nationalbibliothek verzeichnet diese Publikation
in der Deutschen Nationalbibliografie; detaillierte bibliografische
Daten sind im Internet über https://portal.dnb.de abrufbar.

Druckprodukt
ClimatePartner.com/14044-1912-1001

Penguin Random House Verlagsgruppe FSC® N001967

1. Auflage
Copyright © 2021 Gütersloher Verlagshaus, Gütersloh,
in der Penguin Random House Verlagsgruppe GmbH,
Neumarkter Str. 28, 81673 München

Umschlagmotiv: © Lightspring – shutterstock.com
Notensatz: Susanne Höppner, www.notensetzerin.de
Druck und Bindung: GGP Media GmbH, Pößneck
Printed in Germany
ISBN 978-3-579-07172-5

www.gtvh.de